AF465842

ŒUVRES COMPLÈTES

D'ALEXANDRE DUMAS

QUINZE JOURS AU SINAÏ

ŒUVRES COMPLETES D'ALEXANDRE DUMAS

PUBLIÉES DANS LA COLLECTION MICHEL LÉVY

Titre	Vol.
Acté	1
Amaury	1
Ange Pitou	2
Ascanio	2
Une Aventure d'amour	1
Aventures de John Davys	2
Les Baleiniers	2
Le Bâtard de Mauléon	3
Black	1
Les Blancs et les Bleus	3
La Bouillie de la comtesse Berthe	1
La Boule de neige	1
Bric-à-Brac	1
Un Cadet de famille	3
Le Capitaine Pamphile	1
Le Capitaine Paul	1
Le Capitaine Rhino	1
Le Capitaine Richard	1
Catherine Blum	1
Causeries	2
Cécile	1
Charles le Téméraire	2
Le Chasseur de Sauvagine	1
Le Château d'Eppstein	2
Le Chevalier d'Harmental	2
Le Chevalier de Maison-Rouge	2
Le Collier de la reine	3
La Colombe. — Maître Adam le Calabrais	1
Les Compagnons de Jéhu	3
Le Comte de Monte-Cristo	6
La Comtesse de Charny	6
La Comtesse de Salisbury	2
Les Confessions de la marquise	2
Conscience l'Innocent	2
Création et Rédemption. — Le Docteur mystérieux	2
— La Fille du Marquis	2
La Dame de Monsoreau	3
La Dame de Volupté	2
Les Deux Diane	3
Les Deux Reines	2
Dieu dispose	2
Le Drame de 93	3
Les Drames de la mer	1
Les Drames galants. — La Marquise d'Escoman	2
Emma Lyonna	5
La Femme au collier de velours	1
Fernande	1
Une Fille du régent	1
Filles, Lorettes et Courtisanes	1
Le Fils du forçat	1
Les Frères corses	1
Gabriel Lambert	1
Les Garibaldiens	1
Gaule et France	1
Georges	1
Un Gil Blas en Californie	1
Les Grands Hommes en robe de chambre: César	2
— Henri IV, Louis XIII, Richelieu	2
La Guerre des femmes	2
Hist. de mes bêtes	1
Histoire d'un casse-noisette	1
L'Homme aux contes	1
Les Hommes de fer	1
L'Horoscope	1
L'Ile de Feu	2
Impressions de voyage: En Suisse	3
— Une Année à Florence	1
— L'Arabie Heureuse	3
— Les Bords du Rhin	2
— Le Capit. Arena	1
— Le Caucase	3
— Le Corricolo	2
— Le Midi de la France	2
— De Paris à Cadix	2
— Quinze jours au Sinaï	1
— En Russie	4
— Le Speronare	2
— Le Véloce	2
— La Villa Palmieri	1
Ingénue	2
Isaac Laquedem	2
Isabel de Bavière	2
Italiens et Flamands	2
Ivanhoe de Walter Scott (traduction)	2
Jacques Ortis	1
Jacquot sans Oreilles	1
Jane	1
Jehanne la Pucelle	1
Louis XIV et son Siècle	4
Louis XV et sa Cour	2
Louis XVI et la Révolution	2
Les Louves de Machecoul	3
Madame de Chamblay	2
La Maison de glace	2
Le Maître d'armes	1
Les Mariages du père Olifus	1
Les Médicis	1
Mes Mémoires	10
Mémoires de Garibaldi	2
Mém. d'une aveugle	2
Mémoires d'un médecin : Balsamo	5
Le Meneur de loups	1
Les Mille et un Fantômes	1
Les Mohicans de Paris	4
Les Morts vont vite	2
Napoléon	1
Une Nuit à Florence	1
Olympe de Clèves	3
Le Page du duc de Savoie	2
Parisiens et Provinciaux	2
Le Pasteur d'Ashbourn	2
Pauline et Pascal Bruno	1
Un Pays inconnu	1
Le Père Gigogne	2
Le Père la Ruine	1
Le Prince des Voleurs	2
Princesse de Monaco	2
La Princesse Flora	1
Propos d'Art et de Cuisine	1
Les Quarante-Cinq	3
La Régence	1
La Reine Margot	2
Robin Hood le Proscrit	2
La Route de Varennes	1
Le Saltéador	1
Salvator (suite des Mohicans de Paris)	5
La San-Felice	4
Souvenirs d'Antony	1
Souvenirs dramatiques	2
Souvenirs d'une Favorite	4
Les Stuarts	1
Sultanetta	1
Sylvandire	1
Terreur prussienne	2
Le Testament de M. Chauvelin	1
Théâtre complet	25
Trois Maîtres	1
Les Trois Mousquetaires	2
Le Trou de l'enfer	1
La Tulipe noire	1
Le Vicomte de Bragelonne	1
La Vie au Désert	6
Une Vie d'artiste	1
Vingt Ans après	3

ÉMILE COLIN — IMPRIMERIE DE LAGNY

IMPRESSIONS DE VOYAGE

QUINZE JOURS

AU SINAÏ

PAR

ALEXANDRE DUMAS

ET A. DAUZATS

NOUVELLE ÉDITION

PARIS
CALMANN LÉVY, ÉDITEUR
ANCIENNE MAISON MICHEL LÉVY FRÈRES
3, RUE AUBER, 3

1891

IMPRESSIONS

DE VOYAGE

— QUINZE JOURS AU SINAÏ —

ALEXANDRIE.

Le 22 avril 1830, vers six heures du soir, nous fûmes interrompus au milieu de notre dîner par le cri *terre! terre!* poussé à bord du brick le *Lancier*, qui nous conduisait, messieurs Taylor, Mayer et moi, en Egypte. Nous montâmes rapidement sur le pont, et, aux derniers rayons du soleil couchant, nous saluâmes l'antique sol des Ptolémées.

Alexandrie est une plage de sable, un grand ruban doré étendu à fleur d'eau : à son extrême gauche, ainsi que la corne d'un croissant, s'avance la pointe de Canope ou d'Aboukir, selon que l'on veut penser à la défaite d'Antoine ou à la victoire de Murat. Plus près de la ville s'élèvent la colonne de Pompée et l'aiguille de Cléopâtre, seules ruines qui restent de la cité du Macédonien. Entre ces deux monumens, près d'un bois de palmiers, est le palais du vice-roi, mauvais et pauvre édifice blanc bâti par des architectes italiens. Enfin, de l'autre côté du port, se détache sur le ciel une tour carrée, bâtie par les Arabes, et au pied de laquelle débarqua l'armée française, conduite par Bonaparte. Quant à Alexandrie, cette antique reine de la Basse-Egypte, honteuse sans doute de son esclavage, elle se cache derrière les vagues du désert, au milieu desquelles elle s'élève comme une île de pierre sur une mer de sable.

Tout cela était sorti successivement de la mer, et comme par magie, à mesure que nous approchions du rivage; et cependant nous n'avions pas échangé une parole, tant notre esprit était plein de pensées et notre cœur de joie. Il faut être artiste, avoir rêvé longtemps un pareil voyage, avoir touché, comme nous venions de le faire, à Palerme et à Malte, ces deux relais de l'Orient, puis enfin, vers le soir d'un beau jour, par une mer calme, au cri joyeux des matelots, dans un horizon éclairé comme par le reflet d'un incendie, avoir vu apparaître, nue et ardente, cette vieille terre d'Egypte, mystérieuse aïeule du monde, auquel elle a légué, comme une énigme, l'indéchiffrable secret de sa civilisation; il faut avoir vu tout cela avec des yeux fatigués de Paris, pour comprendre ce que nous éprouvâmes à l'aspect de cette côte, qui ne ressemble à aucun paysage connu.

Nous ne revînmes à nous que pour nous occuper des préparatifs du débarquement; mais le capitaine Bellanger nous arrêta en souriant de notre hâte. La nuit, si rapide à descendre du ciel dans les climats orientaux, commençait à ternir cet horizon brillant, et, aux dernières lueurs du jour, on voyait écumer, comme des vagues d'argent, l'eau qui se brise contre une chaîne de rochers qui ferme presque entièrement le port. Il eût été imprudent de risquer l'entrée de la rade, même avec un pilote turc, et il était cent fois probable que, ne partageant pas notre impatience, aucun de ces guides marins ne se hasarderait de nuit à venir à bord de notre bâtiment.

Il fallut donc prendre patience jusqu'au lendemain. Je ne sais ce que firent mes compagnons de voyage; quant à moi, je ne dormis pas une minute. Deux ou trois fois pendant la nuit je montai sur le pont, espérant toujours apercevoir quelque chose à la lueur des étoiles; mais pas une lumière ne s'alluma sur le rivage, pas une rumeur ne nous arriva de la ville : on eût cru que nous étions à cent lieues de toute terre.

Enfin le jour parut. Un brouillard jaunâtre couvrait tout le littoral, qu'on ne reconnaissait que par une longue ligne de vapeurs d'un ton plus mat. Nous n'en manœuvrâmes pas moins vers le port, et peu à peu le voile qui couvrait cette mystérieuse Isis, sans se lever, devint moins épais, et, comme à travers une gaze de plus en plus transparente, nous revîmes peu à peu le paysage de la veille.

Nous n'étions plus qu'à quelques centaines de pas des brisans, lorsque apparut enfin notre pilote. Il s'approchait sur une barque conduite par quatre rameurs, et ayant à sa proue deux grands yeux peints, dont le regard était fixé sur la mer, comme pour y découvrir ses écueils les plus cachés.

C'était le premier Turc que je voyais, car je ne considérais pas comme de vrais Turcs les marchands de dattes que j'avais rencontrés sur les boulevards, ni les envoyés de la Sublime-Porte que j'avais de temps en temps aperçus au spectacle : aussi je regardai s'approcher ce digne musulman avec cette naïve curiosité du voyageur qui, las des choses et des hommes qu'il a vus, et venant de faire huit cents lieues pour voir de nouveaux hommes et de nouvelles choses, s'accroche au pittoresque aussitôt qu'il le rencontre, et bat des mains d'avoir enfin trouvé cet étrange et cet inconnu qu'il est venu chercher de si loin.

C'était, au reste, un digne fils du prophète, ayant une longue barbe, un habit ample et brillant, des gestes lents et réfléchis, et des esclaves pour bourrer sa pipe et porter son tabac. Arrivé sur notre vaisseau, il monta gravement à l'échelle, salua, en croisant ses mains sur sa poitrine, le capitaine, qu'il reconnut à son uniforme, et alla s'asseoir au gouvernail, à la barre duquel notre pilote lui céda sa place. Comme je marchais à sa suite et ne le quittais pas des yeux, au bout de quelques instans je vis sa figure se contracter comme s'il avait dans la gorge un corps étranger qu'il ne pût ni rendre ni avaler ; enfin, après des efforts inouïs, il parvint à prononcer ces deux mots : *A droite*. Il était temps qu'ils sortissent : une seconde de plus, ils l'étranglaient. Après une légère pause le même paroxysme le reprit ; mais cette fois ce fut pour dire : *A gauche.* Au reste, c'étaient les deux seules phrases qu'il eût apprises : on voit que son éducation philologique s'était bornée au strict nécessaire.

Ce vocabulaire, si restreint qu'il fût, suffit cependant pour nous faire arriver à un excellent mouillage. Le baron Taylor, le capitaine Bellanger, Mayer et moi, nous nous élançâmes dans la chaloupe, et de la chaloupe à terre. Ce qui se passa en moi lorsque je touchai le sol serait impossible à décrire; d'ailleurs je n'eus pas le temps d'approfondir mes sensations, un incident inattendu vint me tirer de mon extase.

Sur le port même, ainsi que nous voyons sur les places de Paris nos conducteurs de fiacres, de cabriolets et de coucous, les âniers attendent les arrivans. Il y en a partout où un homme peut mettre pied à terre : à la tour Carrée, à la colonne de Pompée, à l'aiguille de Cléopâtre. Mais, il faut l'avouer à leur louange, ils dépassent encore en prévenance et en tenacité nos cochers de Sceaux, de Pantin et de Saint-Denis. Avant que je n'eusse eu le temps de me reconnaître, j'avais été pris, enlevé, mis à califourchon sur un âne, arraché de ma monture, transporté sur une autre, renversé de celle-ci sur le sable, et tout cela au milieu de cris et de coups échangés si rapidement, que je n'avais pas eu le temps d'opposer la moindre résistance. Je profitai du moment de répit que me donnait le combat qui se livrait sur mon corps pour regarder autour de moi, et j'aperçus Mayer dans une position encore plus critique que la mienne : il était tout à fait prisonnier, et, malgré ses cris, emmené au galop par son âne et par son ânier. Je courus à son secours, et je parvins à le tirer des mains de son infidèle; nous nous élançâmes aussitôt dans la première ruelle qui se présenta à nous pour échapper à cette huitième plaie de l'Egypte dont ne nous avait pas prévenus Moïse; mais nous ne tardâmes point à être rejoints par nos hommes, qui, pour plus grande diligence, ayant enfourché leurs quadrupèdes, avaient sur nous l'avantage de la cavalerie sur l'infanterie. Cette fois je ne sais pas comment la chose se serait passée, si de bons musulmans, nous reconnaissant à nos habits pour des Français, n'avaient eu pitié de nous, et, sans nous adresser la parole, sans nous prévenir par un geste de leurs bons sentimens à notre égard, ne fussent venus à notre secours en écartant nos officieux assaillans à grands coups de nerf d'hippopotame. La chose faite à notre satisfaction, ils continuèrent leur chemin sans attendre nos remercîmens.

Nous pénétrâmes alors dans la ville; mais nous n'y eûmes pas fait cent pas que nous vîmes quelle imprudence nous avions commise en refusant nos montures; les ânes sont les cabriolets du pays, et il est presque impossible de s'en passer au milieu de la boue. C'est qu'à cause de la chaleur on est obligé d'arroser les rues cinq ou six fois le jour: cette mesure de police est confiée à des fellahs, qui se promènent, une outre sous chaque bras, et les pressent l'une après l'autre pour en faire jaillir l'eau, accompagnant cette éjaculation alternative d'une double phrase arabe qu'ils prononcent d'un ton monotone, et qui veut dire : *Prends garde à droite, prends garde à gauche*. Grâce à cette irrigation portative, qui donne à ces braves gens l'apparence de nos joueurs de musette, l'eau et le sable forment une espèce de mortier romain, dont les ânes, les chevaux et les dromadaires peuvent seuls se tirer avec honneur; quant aux chrétiens, ils s'en défendent grâce à leurs bottes; mais les Arabes y laissent leurs babouches.

Cependant nous n'étions qu'au commencement de nos mésaventures; en sortant de la rue sale et étroite dans laquelle nous nous étions engagés, nous tombâmes au milieu d'un bazar infect; c'était un de ces foyers méphitiques dans lesquels la peste vient, une ou deux fois l'an, puiser les miasmes putrides qu'elle répand ensuite sur toute la ville; mais, quelle que fût notre hâte de le traverser, il présentait un tel encombrement de ballots, d'ânes, de marchands et de dromadaires, que pendant quelques instans nous fûmes poussés, rudoyés, collés contre les boutiques sans pouvoir avancer d'un pas. Nous allions prendre le parti de retourner en arrière, lorsque nous aperçûmes le cadi, qui, comme dans les *Mille et une Nuits*, faisait sa ronde à la tête de ses kaffas. A peine se fut-il aperçu que la voie publique était obstruée, qu'il se dirigea du côté de l'engorgement, et qu'avec une impartialité admirable il se mit, lui et ses aides, à frapper à grands coups de bâton sur le dos des bêtes et la tête des gens.

Le moyen était efficace, une brèche fut pratiquée; le cadi passa le premier, nous le suivîmes; la circulation se rétablit derrière nous, comme un fleuve qui reprend son cours. A cent pas de là, le cadi prit à droite et nous à gauche, lui pour dissiper un nouveau rassemblement, et nous pour nous rendre chez le consul.

Nous suivîmes pendant une demi-heure à peu près des rues étroites, irrégulières et tortueuses, dont les maisons ont toutes des avant-toits saillans, qui, partant des premières fenêtres, vont, en empiétant toujours d'étage en étage, jusqu'au faîte du bâtiment; ce qui resserre tellement l'espace vers le haut, que le jour est presque entièrement intercepté. Sur notre route, nous trouvâmes quelques mosquées, en général peu remarquables; deux ou trois seulement dans toute la ville sont ornées de *madenehs* (1), mais peu élevés et n'ayant qu'une galerie. A leurs portes, que ne franchit jamais un giaour, étaient assis de vrais croyans, qui fumaient ou jouaient au *maugallah* (2); enfin, après avoir mis une heure à peu près à venir du port, c'est-à-dire à faire un quart de lieue, nous arrivâmes chez le consul.

Monsieur de Mimaut nous accueillit avec une grâce parfaite. Homme de lettres distingué, archéologue infatigable, défenseur jaloux non-seulement des droits, mais encore de la dignité de notre nation, tout Français était sûr de trouver auprès de lui hospitalité comme voyageur, protection comme compatriote; il nous reçut dans une grande chambre qui avait autrefois été habitée par Bonaparte, Kléber, Murat, Junot et quelques-uns des généraux les plus braves et les plus renommés de notre expédition. Presque tous avaient adopté, en arrivant, la vie orientale et l'usage du café et des chibouques, qui constituent les plus habituelles distractions. Ils fumaient assis sur les larges divans qui font le tour de la

(1) Espèce de clocher du haut duquel le muezzin appelle les fidèles à la prière.

(2) Morceau de bois massif, taillé en carré long, ordinairement en cèdre et en chêne; il est creusé de trous demi-sphériques, incrusté quelquefois de nacre. C'est une espèce de tric-trac auquel chaque partner joue avec trente-six coquillages.

chambre, et l'on nous montra sur le plancher, en différens endroits, les traces que le feu de leurs longues pipes y avait laissées. Je cite ce détail pour prouver combien les moindres particularités de notre séjour en Égypte sont restées dans la mémoire de ses habitans.

Après une conversation animée comme celle qui s'établit entre compatriotes qui se retrouvent à mille lieues de leur pays, et pendant laquelle monsieur Taylor exposa les motifs de son voyage et la mission dont il était chargé près du pacha, nous fîmes venir des guides et des ânes; car cette fois nous étions guéris des voyages à pied, et nous nous acheminâmes vers la porte Mahmoudié, qui conduit aux ruines de la vieille Alexandrie. Dès lors, à l'abri de la boue et paisiblement installés sur nos montures, nous pûmes nous livrer à des observations plus curieuses en Egypte que partout ailleurs. Tout était, pour nous autres Parisiens, un objet de surprise : l'ordre physique et social nous semblait bouleversé ; c'étaient un ciel et une terre comme on n'en voit nulle part, une langue qui n'a d'analogie avec aucune langue, des mœurs qui n'existent que là, un peuple qui semble avoir pris notre vie au rebours. Chez nous on porte les cheveux longs, le menton rasé, les musulmans se rasent la tête et laissent pousser leur barbe. Nous punissons la bigamie et flétrissons le concubinage ; ils proclament l'une, et ne mettent aucune borne à l'autre. La femme est, dans notre existence, une épouse, une sœur, une amie; dans la leur, ce n'est qu'une esclave, esclave plus malheureuse que tous les autres esclaves ; sa vie est celle d'une prisonnière : nul que son maître n'approche de son habitation. Plus elle est belle plus elle est malheureuse, car alors son existence est suspendue à un fil : si elle lève son voile, sa tête tombe !

En sortant de la porte Mahmoudié, nous nous détournâmes de quelques pas pour voir un petit monticule qui porte encore aujourd'hui le nom pompeux de fort Bonaparte. Alexandrie est une ville si basse que les ingénieurs français n'eurent qu'à amasser quelques pelletées de terre et à les couronner d'une batterie pour la forcer à se rendre. Nos honneurs et nos devoirs rendus à ce souvenir moderne, nous nous jetâmes tout entiers dans l'antiquité.

La vieille Egypte, l'Egypte descendue de l'Ethiopie avec le Nil, n'existait plus que dans les ruines d'Eléphantine et de Thèbes. Memphis la troyenne leur avait succédé, et sous ses murs avait vu tomber avec Psammenit l'empire des Pharaons, légué par Cambyse à ses successeurs. Darius régnait; sa monarchie s'étendait de l'Indus au Pont-Euxin, et du Jaxarte à l'Ethiopie. Continuant l'œuvre de ses prédécesseurs, qui, depuis cent cinquante ans, tenaient en servitude la Grèce d'Asie et attaquaient la Grèce d'Europe tantôt avec des millions d'hommes, tantôt avec de l'or et des intrigues, Darius rêvait une troisième invasion, lorsque dans une province de cette Grèce, bornée à l'orient par le mont Athos, au couchant par l'Illyrie, au nord par l'Hœmus et au midi par l'Olympe, un jeune roi de vingt-deux ans se trouva qui résolut de renverser cet immense empire, et de faire ce que Cimon, Agésilas et Philippe avaient tenté vainement. Ce jeune roi s'appelait Alexandre.

Il lève trente mille hommes d'infanterie, quatre mille cinq cents de cavalerie, rassemble une flotte de cent soixante galères, se munit de soixante-dix talens, prend des vivres pour quarante jours, part de Pella, longe les côtes d'Amphipolis, passe le Strymon, franchit l'Hèbre, arrive en vingt jours à Sestos, débarque sans opposition sur les rivages de l'Asie mineure, visite le royaume de Priam, couronne de fleurs le tombeau d'Achille, son aïeul maternel, traverse le Granique, bat les Satrapes, tue Mithridate, soumet la Mysie et la Lydie, prend Sardes, Milet, Halycarnasse, soumet la Galatie, traverse la Cappadoce, subjugue la Cilicie, rencontre dans les plaines d'Issus les Perses, qu'il chasse devant lui comme une poussière, monte jusqu'à Damas, redescend jusqu'à Sidon, prend et saccage Tyr, fait trois fois le tour des murailles de Gaza, traînant à son char son commandant Bœtis, comme fit autrefois Achille à Hector; va à Jérusalem et à Memphis, sacrifie au dieu des Juifs et aux dieux des Egyptiens, redescend le Nil, visite Canope, fait le tour du lac Mareotis, et arrive sur son bord septentrional, frappé de la beauté de cette plage et de la force de sa situation, se décide à donner une rivale à Tyr, et charge l'architecte Dynocrates de bâtir une ville qui s'appellera Alexandrie.

L'architecte obéit : il traça une enceinte de quinze mille pas, à laquelle il donna la forme d'un manteau macédonien, coupa sa ville par deux rues principales, afin que les vents étésiens qui viennent du nord pussent la rafraîchir. La première de ces rues s'étendait de la mer au lac Mareotis, et elle avait dix stades ou onze cents pas de longueur; la seconde traversait la ville dans toute son étendue, et elle avait quarante stades ou cinq mille pas d'une extrémité à l'autre. Toutes deux avaient cent pieds de large.

Et la ville naissante ne s'agrandit pas peu à peu comme les autres villes, mais se leva tout à coup. Alexandre en jeta les fondemens, partit pour le temple d'Ammon, se fit reconnaître pour le fils de Jupiter, et lorsqu'il revint, la nouvelle Tyr était bâtie et peuplée. Alors le fondateur continua sa course victorieuse. Alexandrie, couchée entre son lac et ses deux ports, écouta le retentissement de ses pas qui s'enfonçaient vers l'Euphrate et le Tigre; une bouffée de vent d'orient lui porta le bruit de la bataille d'Arbelles; elle entendit comme un écho la chute de Babylone et de Suze; elle vit rougir à l'horizon l'incendie de Persépolis ; puis enfin cette rumeur lointaine se perdit derrière Ecbatane, dans les déserts de la Médie, de l'autre côté du fleuve Arius.

Huit ans après, Alexandrie vit rentrer dans ses murs un char funèbre, roulant ses deux essieux autour desquels tournaient quatre roues à la persane, dont les rayons et les jantes étaient dorés. Des têtes de lion, d'or massif, dont la gueule mordait une lance, formaient l'ornement des moyeux. Il y avait quatre timons, à chacun desquels était attaché un quadruple rang de jougs, et quatre mulets à chaque joug. Chacun d'eux avait sur la tête une couronne d'or, des sonnettes d'or aux deux côtés de la mâchoire, et autour du cou des colliers chargés de pierres précieuses. Sur ce char était une chambre d'or voûtée, large de huit coudées et longue de douze; le dôme était orné de rubis, d'escarboucles et d'émeraudes. Au-devant de cette chambre régnait un péristyle d'or, soutenu par des colonnes d'ordre ionique, et dans ce péristyle étaient appendus quatre tableaux. Le premier de ces tableaux représentait un char richement travaillé; un guerrier y était assis tenant en main un sceptre magnifique; autour de lui marchaient la garde macédonienne tout armée et le bataillon des Perses ; l'avant-garde était formée par les oplites. Le second tableau se composait du train des éléphans armés en guerre, portant sur leur cou les Indiens, et en croupe des Macédoniens couverts de leurs armes. On avait figuré dans le troisième des corps de cavalerie imitant les manœuvres et les évolutions du combat. Enfin le quatrième représentait des vaisseaux en ordre de bataille et prêts à attaquer une flotte que l'on voyait dans le lointain. Au-dessus de cette chambre, c'est-à-dire entre le plafond et le toit, tout l'espace était occupé par un trône d'or carré, orné de figures en relief d'où pendaient des anneaux d'or, et dans ces anneaux d'or étaient passées des guirlandes de fleurs, que l'on renouvelait tous les jours. Au-dessus du faîte était une couronne d'or, d'une assez grande dimension pour qu'un homme de haute taille pût se tenir debout dans le cercle qu'elle formait, et lorsque la lumière du soleil frappait dessus, elle renvoyait au loin ses rayons en éclairs. Enfin dans cette chambre il y avait un cercueil d'or massif dans lequel, sur des aromates, était couché le cadavre d'Alexandre.

C'était un de ces douze capitaines que la mort de leur général avait faits rois qui menait le deuil ; dans ce grand partage du monde qui s'était accompli autour d'un cercueil, Ptolémée, fils de Magus, avait pris pour lui l'Egypte, la Cyrénaïque, la Palestine, la Phénicie et l'Afrique. Puis, comme un palladium qui devait, pendant trois siècles et demi, conserver l'empire chez ses descendans, il avait détourné de sa route le corps d'Alexandre ; il le ramenait demander une tombe à cette ville à laquelle il avait donné un berceau.

A compter de ce jour, Alexandrie fut appelée reine, comme l'avait été Tyr, comme l'était Athènes, comme devait l'être Rome ; ses seize rois et ses trois reines ajoutèrent chacun une pierre précieuse à sa couronne. Ptolémée, appelé Soter ou Sauveur par les Rhodiens, fit bâtir la tour du Phare, joignit par une jetée l'île au continent, transporta de Sinope à Alexandrie les images du dieu Sérapis, et fonda la fameuse bibliothèque qui fut brûlée par César. Ptolémée II, surnommé ironiquement Philadelphe à cause de ses persécutions contre les princes de sa famille, recueille, fait traduire en grec les livres hébreux, et nous lègue la version des Septante; Ptolémée III, dit le Bienfaisant, va chercher jusqu'au fond de la Bactriane et rapporte aux bouches du Nil les dieux de la vieille Egypte, enlevés par Cambyse. Le théâtre, le musée, le gymnase, le stade, le pannion, les bains, s'élevèrent sous leurs successeurs. Six canaux furent percés à travers des étendues de terrains immenses; quatre se rendaient du Nil au lac Mareotis; le cinquième conduisait d'Alexandrie à Canope: enfin le sixième traversait l'isthme tout entier, coupait le quartier Rhacotis, et, parti du port Kibetos, allait se jeter dans le lac, à côté de la porte du Soleil.

Aujourd'hui il ne reste plus de l'ancienne ville que la jetée, agrandie et solidifiée par des atterrissemens, et sur laquelle est bâtie la nouvelle ville. Au milieu de ruines presque sans formes, qu'on reconnaît cependant pour avoir été celles des bains, de la bibliothèque et des théâtres, il n'est resté debout que la colonne de Pompée et l'une des aiguilles de Cléopâtre, car l'autre est couchée et à moitié ensevelie dans le sable. Toute la partie qui était autrefois une île, au centre et à l'extrémité orientale de laquelle s'élevait la citadelle, et cette fameuse tour du Phare qui éclairait à trente mille pas de distance, n'est plus qu'une plage rase et aride, qui s'avance en forme de croissant pour ceindre la nouvelle cité.

La colonne de Pompée est un jet de marbre surmonté d'un chapiteau corinthien et reposant sur un massif composé de débris antiques et de fragmens égyptiens. Le titre qu'elle porte et qui lui a été donné par les voyageurs modernes n'a aucun rapport avec son origine, qui, si l'on en croit l'inscription grecque qui en dépend, remonterait seulement à Dioclétien; elle a éprouvé, vers la partie du sud, une inclinaison d'environ sept pouces; au reste, ni le chapiteau, ni la base n'ont jamais été achevés. Quant à sa hauteur, je ne l'ai pas mesurée; mais elle dépasse de près de deux tiers les palmiers qui poussent autour d'elle.

Quant aux aiguilles de Cléopâtre, dont l'une, ainsi que nous l'avons dit, est encore debout et dont l'autre est couchée, ce sont des obélisques de granit rouge à trois colonnes de caractères sur chaque face: ce fut le Pharaon Mœris qui, mille ans avant le Christ, les tira des carrières de la chaîne libyque, ainsi que d'un écrin, et les dressa de sa main puissante devant le temple du Soleil. Alexandrie les envia, dit-on, à Memphis, et Cléopâtre, malgré les murmures de la vieille aïeule, les lui enleva comme des bijoux qu'elle n'était plus assez belle pour posséder. Les dés antiques qui servaient de base à ces obélisques existent encore et reposent sur un socle de trois marches : ils sont de construction gréco-romaine, et viennent appuyer par leur date architecturale la tradition populaire, qui fait remonter leur seconde érection à l'an 58 ou 40 avant le Christ.

Nous errions depuis deux heures à peu près au milieu de ces ruines, notre Strabon et notre Plutarque à la main, lorsque mes yeux tombèrent par hasard sur le pantalon blanc de Mayer ; il était noir depuis le dessous des pieds jusqu'au genou, et gris depuis le genou jusqu'au haut de la cuisse. Je crus d'abord que, pressé de visiter les ruines, il avait gardé celui avec lequel il avait traversé les rues boueuses d'Alexanderie ; mais je m'aperçus bientôt, en prêtant une attention plus sérieuse au phénomène, que cette teinte sombre, qui allait en se dégradant à mesure qu'elle s'éloignait du sol, était mouvante et devait tenir à une cause particulière. Je portai immédiatement et par instinct mon regard sur moi-même, et un seul coup d'œil me suffit pour reconnaître l'épouvantable vérité : nous étions couverts de puces.

Ce qu'il y avait de mieux à faire dans une pareille extrémité, c'était de nous rendre sans retard aux bains dont si souvent nous avions entendu parler comme d'un délicieux délassement ; aussi à peine l'idée fut-elle émise par l'un de nous que la caravane l'adopta à l'unanimité. Nous fîmes signe à nos guides d'amener nos ânes, nous les enfourchâmes, avec plus ou moins de dextérité, selon nos études sur l'équitation et nos souvenirs de Montmorency, et nous revînmes au galop vers la ville ; mais à peine eûmes-nous communiqué à notre interprête l'intention qui nous ramenait que son visage prit une expression d'effroi tout à fait inquiétante : les bains nous étaient fermés pour toute la journée, et il y allait de notre tête de nous les faire ouvrir. Voici la cause de cette interdiction.

Le vendredi est le dimanche des Turcs. Or, le Coran enjoint à tout bon musulman de remplir ses devoirs conjugaux pendant la nuit du vendredi au samedi, sous peine de payer en entrant au paradis un chameau par chaque fois qu'il y aurait manqué : il en résulte que le samedi est consacré aux ablutions féminines, et les bains exclusivement réservés à la purification des harems. En conséquence, nous vîmes passer de véritables troupeaux de femmes couvertes d'une mante de soie noire ou blanche, chaussées de brodequins jaunes, le visage voilé d'une petite pièce d'étoffe longue d'un pied et demi et de la largeur du visage; cette espèce de barbe, pareille à celle d'un masque de domino, et terminée comme elle en pointe, pend devant la figure à partir des yeux, et se rattache au voile qui couvre le front par une chaîne d'or, de perles ou de coquillage, selon la fortune ou le caprice de celle qui le porte. Ces femmes, qui ne sortent jamais à pied, étaient montées sur des ânes et conduites par un eunuque, marchant en tête, un bâton à la main. Nous vîmes de ces escadrons qui montaient à soixante, à quatre-vingts et même à cent femmes : quelques-uns étaient suivis de leurs maîtres, ce qui, vu la circonstance religieuse à laquelle cette sortie faisait allusion, nous parut, de la part de ces derniers, le comble de la fatuité.

LES BAINS.

Le lendemain je me présentai aux bains dès qu'ils furent ouverts. Les bains sont, après les mosquées, les plus beaux monumens des villes orientales. Celui auquel on me conduisit était un vaste bâtiment d'une architecture simple et recouverte d'ornemens ingénieux; on entre d'abord dans un grand vestibule, ayant à droite et à gauche des chambres où l'on dépose le manteau. Au fond et en face de l'entrée est une porte hermétiquement fermée; on la franchit et l'on se trouve dans une atmosphère plus chaude que l'air extérieur. Arrivé là, il est encore temps de se retirer, mais dès qu'on a mis le pied dans un des cabinets qui sont contigus à cette chambre, on ne s'appartient plus. Deux domestiques s'emparent de vous, et vous devenez la chose de l'établissement.

C'est ce qui m'arriva, à mon grand étonnement; à peine entré, deux vigoureux garçons de bain m'appréhendèrent au corps; en un instant je me trouvai nu comme la main, puis l'un d'eux me noua un châle de lin autour de la ceinture, tandis que l'autre me bouclait aux pieds une paire de patins gigantesques, qui me grandirent immédiatement d'un pied. Cette chaussure insolite me rendit aussitôt non-seulement toute fuite impossible, mais encore, exhaussé démesurément comme je l'étais, je n'aurais pas même pu conserver mon centre de gravité, si mes deux esclaves ne m'eussent soutenu chacun sous une épaule. J'étais pris; il n'y avait pas à reculer; je me laissai conduire.

Nous passâmes dans une autre chambre; mais là, quelle que fût ma résignation, la vapeur était si intense et la chaleur si grande, que je me sentis suffoqué. Je crus que mes guides s'étaient trompés et étaient entrés dans un four; je voulus me débattre, mais ma résistance avait été prévue; je n'étais d'ailleurs ni en costume ni en situation favorable pour soutenir la lutte, aussi m'avouai-je vaincu. Il est vrai qu'au bout d'un instant je fus moi-même étonné de sentir, à mesure que la sueur me coulait le long du corps, ma respiration revenir et mes poumons se dilater. Nous passâmes ainsi dans quatre ou cinq chambres, dont la température suivait une marche progressive si rapide qu'enfin je commençai à croire que depuis cinq mille ans l'homme s'était trompé d'élément, et que sa véritable vocation était d'être bouilli ou rôti. Enfin nous entrâmes dans l'étuve; là, le brouillard était si épais, que je ne pus, au premier abord, rien apercevoir à deux pas de moi, et la chaleur si insupportable que je me sentis défaillir. Je fermai les yeux et me laissai aller à la merci de mes guides, qui me firent faire quelques pas encore, m'enlevèrent ma ceinture, me dégrafèrent mes patins et m'étendirent à moitié évanoui sur l'estrade qui s'élevait au milieu de la chambre, et qui ressemblait à la table de marbre d'un amphithéâtre.

Cependant cette fois encore, au bout de quelques instans, je commençai de m'habituer à cette température infernale; je profitai du retour graduel de mes facultés pour jeter discrètement les yeux autour de moi. Comme mes autres organes, ma vue se familiarisait avec l'atmosphère qui m'enveloppait, si bien que je parvins, malgré le brouillard, à voir assez distinctement les objets environnans. Mes deux bourreaux paraissaient m'avoir momentanément oublié; je les voyais occupés à l'autre bout de la chambre, et je songeai à mettre à profit le moment de relâche qu'ils voulaient bien me donner.

Je m'orientai donc petit à petit, et je finis par me rendre compte de ma situation : j'étais au centre d'un grand salon carré, incrusté, jusqu'à hauteur d'homme, de marbres de différentes couleurs; des robinets ouverts versaient incessamment sur les dalles une eau fumante qui allait, aux quatre coins de la salle, se perdre dans quatre bassins pareils à des chaudières, à la surface desquels je voyais s'agiter des têtes rasées qui exprimaient leur béatitude par des expressions de physionomie des plus grotesques. J'étais si occupé de ce tableau que je ne prêtai qu'une attention médiocre au retour de mes deux garçons de bains. Ils revenaient à moi, tenant, l'un une large sébille de bois dans laquelle il avait fait dissoudre du savon, l'autre un paquet de filasse fine. Tout à coup il me sembla que des milliers d'aiguilles m'entraient dans la tête, par les yeux, le nez et la bouche; c'était mon scélérat de baigneur qui venait de m'inonder le visage avec cette préparation, et qui, pendant que son camarade me maintenait par les épaules, me frottait avec rage la figure, les cheveux et la poitrine. La douleur était si insupportable qu'elle me rendit toute mon énergie; il me parut ridicule de me laisser ainsi torturer sans me défendre, j'écartai l'un d'un coup de pied, je culbutai l'autre d'un coup de poing, et, ne voyant pas d'autre remède à mon mal qu'une immersion complète, je me dirigeai vers celui des quatre bassins qui me parut le mieux habité, et je m'y élançai hardiment; l'eau était bouillante. Je jetai un cri de brûlé, et m'accrochant à mes voisins, qui ne comprenaient rien à mon agitation, je remontai sur le bord de la cuve presque aussi rapidement que j'y étais descendu. Cependant, si courte qu'eût été l'ablution, elle avait produit son effet; j'avais le corps rouge comme un homard.

Je restai un instant stupéfait et me crus sous l'empire d'un cauchemar. J'avais devant les yeux des hommes qui cuisaient dans une espèce de court-bouillon, et qui paraissaient prendre le plus grand plaisir à ce supplice. Cela bouleversait toutes mes idées sur le plaisir et sur la douleur, puisque ce qui était douleur pour moi était plaisir pour eux; aussi pris-je la résolution de ne plus m'en rapporter à moi-même, de ne plus croire à mes sensations, et de me laisser tout bonnement faire, quelque chose qu'on me fît; mes deux bourreaux me trouvèrent donc parfaitement résigné lorsqu'ils revinrent à moi, et je les suivis sans résistance vers l'un des quatre bassins. Arrivé aux marches, ils me firent signe de descendre; j'obéis passivement, et je me trouvai dans une eau qui me parut avoir de 35 à 40 degrés. Cela me parut une chaleur fort tempérée.

De ce bassin je passai à un autre d'une température plus élevée, mais supportable encore. J'y restai, comme dans le premier, à peu près trois minutes. Au bout de ce temps, mes hommes me conduisirent dans un troisième, qui pouvait avoir 10 ou 12 degrés de plus que le second; enfin de ce troisième ils me dirigèrent vers le quatrième, qui était celui où j'avais fait mon apprentissage de damné. Je m'en approchai avec la plus grande répugnance, quelque résolution que j'eusse prise de tout supporter. Aussi, arrivé à la descente, je commençai par tâter l'eau du bout du pied; elle me parut toujours chaude, mais non plus au degré que je lui avais connu. Je risquai une jambe, puis l'autre, enfin tout le corps, et je fus on ne peut plus étonné de ne plus éprouver la même cuisson. C'est que cette fois j'étais arrivé par gradation, et que les autres bassins m'avaient préparé à celui-ci. Au bout de quelques secondes, je n'y pensai plus, et cependant je crois pouvoir répondre que l'eau avait de 60 à 65 degrés de chaleur; seulement, lorsque je sortis, ma peau avait encore foncé en couleur : du ponceau j'étais passé au cramoisi.

Mes deux traîtres me reprirent et me renouèrent de nouveau une ceinture autour des reins; puis ils me roulèrent un châle sur la tête, et me ramenèrent successivement dans les salles où nous étions déjà passés, ayant soin, à chaque changement d'atmosphère, de me mettre une nouvelle ceinture et un nouveau turban. Enfin j'arrivai dans la première chambre, où j'avais laissé mes habits. J'y trouvai un bon tapis et un oreiller, on m'enleva encore une fois ma ceinture et mon turban pour m'envelopper tout le corps d'un grand peignoir de laine, on me coucha comme un enfant, puis on me laissa seul.

J'éprouvai alors un sentiment de bien-être indéfinissable : je me sentais parfaitement heureux, mais d'une faiblesse telle que, lorsqu'on rouvrit, une demi-heure après, la porte de ma chambre, on me retrouva exactement dans la même position où on m'avait laissé.

Le nouveau personnage qui entrait en scène était un jeune Arabe vigoureux et bien découplé ; il s'approcha de mon lit en homme qui avait affaire à moi. Je le regardai s'avancer avec une espèce d'effroi, bien naturel à un homme qui vient de passer à travers de pareilles épreuves; mais j'étais si faible, que je n'eus pas même l'idée de me soulever ; il commença par me prendre la main gauche, dont il fit craquer toutes les articulations ; puis il passa à la main droite, à laquelle il rendit le même service. Après le tour des mains vint celui des pieds et des genoux ; enfin, par un dernier effort habilement combiné, il me mit dans la position d'un pigeon à la crapaudine, et, comme on donne le coup de grâce à un patient, il me fit craquer l'épine dorsale. Pour cette fois je jetai un véritable cri de terreur, je croyais avoir la colonne vertébrale brisée. Quant à mon masseur, satisfait du résultat qu'il avait obtenu, il abandonna le premier exercice pour passer à un autre, et se mit à me pétrir les bras, les jambes et les cuisses, avec une dextérité admirable ; cela dura environ un quart d'heure, au bout duquel il me quitta. J'étais plus faible encore qu'auparavant; de plus, toutes les jointures me faisaient mal. Je voulus tirer mon tapis pour me recouvrir ; je n'en eus pas la force.

Un domestique m'apporta du café, une chibouque et des cassolettes ; puis, me voyant nu, il me jeta une couverture de laine sur le corps, et me laissa m'enivrer de parfums et de tabac. Je passai ainsi une demi-heure entre la veille et le sommeil, perdu dans les vagues méditations d'une ivresse délicieuse, éprouvant un sentiment de bien-être inconnu et dans une parfaite insouciance des choses de ce monde. Je fus tiré de mon extase par le barbier, qui commença par me raser, puis me peigna la barbe et les moustaches, et finit par me proposer de m'épiler entièrement ; comme je n'avais aucun goût pour ce genre de cérémonie, la proposition demeura sans résultat.

Le barbier fut remplacé par un enfant de quatorze à quinze ans, qui entra sous le prétexte de me frotter les talons avec de la pierre ponce. Ignorant complétement ses intentions ultérieures, je lui livrai mes pieds ; mais voyant que, l'opération terminée, il demeurait debout et comme attendant quelque chose, je lui demandai ce qu'il voulait : il me répondit par une phrase arabe dont je ne compris pas un mot. Je secouai la tête en signe de non intelligence ; il développa alors sa proposition par un geste si expressif qu'il n'y avait pas moyen de s'y tromper. Je ripostai par un autre qui l'envoya rouler à dix pas de moi.

Au bruit qu'il produisit en tombant, le masseur rentra : je lui fis signe que je voulais sortir ; il m'apporta mes habits et m'aida à m'en revêtir, car j'étais si faible et si disloqué encore, qu'à peine si je pouvais me tenir debout. Il me reconduisit alors dans la chambre qui s'ouvre sur le vestibule, où je retrouvai mon manteau ; puis je payai pour ce bain, qui avait duré trois heures, pour les domestiques, le masseur, le barbier, la pipe, le café, les parfums, la proposition qu'on m'avait faite, et le coup de pied que j'avais donné, une piastre et demie, c'est-à-dire onze sous de notre monnaie. — C'est merveilleux !

Je trouvai des ânes à la porte, et cette fois je ne me fis pas prier. J'enfourchai ma monture, et m'en allai tranquillement au pas. Quoiqu'il fût dix à onze heures du matin, il me semblait que l'air était très frais. Cela tenait à la comparaison, et je compris dès lors le fanatisme des Turcs pour ce délassement qui m'avait paru, à moi, une fatigue si intolérable.

En rentrant au consulat, j'appris que nous serions reçus le jour même par Ibrahim Pacha, en l'absence de son père, qui était dans le Delta. L'audience était pour midi. J'avais deux heures devant moi, j'en profitai pour me mettre au lit.

A l'heure indiquée, un officier du prince arriva pour prendre la conduite du cortége, et se plaça à sa tête. La caravane se composait de monsieur de Mimaut, du baron Taylor, du capitaine Bellanger, de Mayer et de moi. Elle était éclairée sur ses flancs par deux *kaffas*, dont l'office était d'écarter à coups de bâton les curieux qui auraient pu gêner la marche de l'ambassade.

Un grand changement somptuaire venait d'être fait par le pacha. Depuis six mois à peu près, il avait répudié l'ancien costume militaire et adopté le nouveau, nommé *nizamjedid*. Le cortége rencontra plusieurs corps d'infanterie affublés de cet uniforme, qui consiste dans un tarbouch rouge, une veste rouge, une culotte rouge et des pantoufles rouges. Cet habit est scrupuleusement adopté, et les régimens présentent un ensemble de couleur assez satisfaisant. Il est vrai que les figures des soldats offrent par opposition un assortiment de nuances les plus variées, depuis la peau blanche et mate du Circassien jusqu'au teint d'ébène de l'enfant de la Nubie; mais tous les efforts du pacha n'ont encore pu remédier à cet inconvénient.

Un autre, qui n'est pas moins grand, est celui que j'ai déjà signalé. Ces régimens, qui s'avancent dans les rues boueuses d'Alexandrie au son des tambours qui battent des marches françaises, malgré toute la discipline qu'essaient de maintenir les sergens placés en serre-file, ne peuvent non-seulement marquer le pas, mais encore conserver leurs rangs. Cela tient à ce que, de cinq minutes en cinq minutes, les babouches rouges des soldats restent dans la boue, et que leurs propriétaires sont obligés de s'arrêter pour ne pas les perdre. Cette manœuvre perpétuelle, qui n'a point été prévue par l'école du fantassin, met dans les rangs de la milice égyptienne un désordre qui, au premier abord, pourrait la faire prendre pour la garde nationale du pays. La méprise serait d'autant plus innocente, que, sous ce climat brûlant où tout poids est un fardeau, chacun porte son fusil à volonté, et de la manière qui lui est la plus commode.

Enfin le cortége vainquit tous les obstacles et arriva au palais. Dans la cour nous trouvâmes un régiment des mêmes troupes qui nous attendait sous les armes. Nous passâmes entre deux haies, montâmes l'escalier, et traversâmes une suite de grandes salles blanches sans aucun ameublement, au milieu de chacune desquelles s'élançait un jet d'eau. Dans l'avant-dernière, monsieur Taylor s'arrêta pour disposer les présens destinés au prince Ibrahim. Ils consistaient en armures de colonels de cuirassiers et de carabiniers, en fusils de chasse et en pistolets de combat. Cette disposition faite, nous entrâmes dans la salle de réception.

Elle était en tout pareille aux précédentes, et sans autre meuble qu'un énorme divan, qui en faisait le tour. Dans l'angle le plus obscur de cette salle, une peau de lion était jetée sur le divan et sur cette peau de lion, accroupi, une jambe pendante par dessus l'autre, était Ibrahim, tenant un rosaire de la main gauche et jouant de la droite avec les doigts de son pied.

Monsieur Taylor salua et s'assit à la droite du prince, monsieur de Mimaut à sa gauche, et le reste du cortége ainsi qu'il lui plût. Pas un mot ne fut échangé dans cette première partie de la réception. Aussitôt que chacun eut pris sa place, Ibrahim fit un signe; on apporta des chibouques tout allumées, et l'on fuma. Pendant les cinq minutes que dura cette opération, nous eûmes le temps d'examiner à loisir le prince Ibrahim. Il était coiffé d'un bonnet grec, portait le nouvel uniforme militaire, et paraissait avoir quarante ans. Du reste, il était petit, trapu, robuste, avait les yeux vifs et brillans, le visage rouge, et la moustache et la barbe de la couleur de la peau de lion sur laquelle il était assis.

Lorsque les pipes furent vidées, on apporta le café. La pipe et le café réunis constituent les grands honneurs. Dans les audiences ordinaires, on n'offre généralement que l'un ou l'autre. Le café bu, Ibrahim se leva lentement, marcha vers la porte, et, suivi de monsieur Taylor et de nous tous, entra dans la salle des présens. Il les examina les uns après les autres avec une satisfaction visible ; les armures de carabiniers, ornées de leur soleil d'or, semblèrent surtout lui faire grand plaisir. Cependant l'inspection finie, il parut encore chercher autre chose ; mais ne trouvant point ce qu'il cherchait, il adressa quelques mots à son interprète, qui, se tournant vers monsieur Taylor :

— Son Altesse, dit-il, demande si vous avez pensé à lui apporter du vin de Champagne.

— Oui, dit le prince accompagnant ces trois mots français d'un geste expressif de la tête ; oui, du champagne ! du champagne !

Monsieur Taylor répondit qu'on avait prévenu les désirs de Son Altesse, et que plusieurs caisses remplies de ce liquide devaient déjà être déposées au palais.

Dès ce moment, Ibrahim se montra de l'humeur la plus charmante : il rentra dans la salle de réception, parla beaucoup de la France, qu'il regardait, disait-il, comme une seconde patrie, étant petit-fils d'une Française. Puis, pour dernière marque d'honneur, des esclaves entrèrent avec des cassolettes tout allumées, et, les approchant de nos poitrines, ils en parfumèrent notre barbe et notre visage. Cette cérémonie achevée, monsieur Taylor se leva et prit congé du prince en portant successivement sa main droite au front, à la bouche et à la poitrine, ce qui veut dire, dans le langage figuré et poétique de l'Orient : « Mes pensées, mes paroles et mon cœur sont à toi ! »

Puis l'ambassade rentra au consulat dans le même ordre qu'elle en était sortie.

Le soir, monsieur de Mimaut nous offrit d'aller au spectacle. Il y avait à Alexandrie comédie bourgeoise : l'on jouait deux vaudevilles de Scribe.

DAMANHOUR.

Cependant, pour que nous ne perdissions pas à Alexandrie, où il était forcé d'attendre le pacha, un temps précieux, monsieur Taylor nous envoya d'avance, Mayer et moi, dessiner les mosquées de cette ville des *Mille et une Nuits*, que les Arabes nomment *el Masr* et les Français le Caire. Le 2 mai au matin, nous quittâmes Alexandrie, montés chacun sur un âne et suivis de nos deux âniers et de notre domestique Mohammed, qui marchait à pied.

Ce dernier était un Nubien jeune, vigoureux, alerte et intelligent, parlant un peu le français et portant le costume de son pays; ce costume, des plus simples et en même temps des plus pittoresques, consistait en un caleçon blanc et une tunique bleue, dont les larges manches étaient relevées et retenues par un cordon de soie qui formait une croix au milieu du dos. Sa tête était couverte du tarbouch et entourée d'un turban blanc; il portait sur ses épaules le manteau noir, appelé *abbaye*, et sa taille était serrée par une ceinture qui soutenait un poignard à manche d'ivoire; sa tête, pleine d'expression et de finesse, était encadrée par des cheveux noirs, longs et ondoyans; sa moustache retombait aux deux côtés de sa bouche parfaitement dessinée, et sa barbe, rare sur les faces, se réunissait plus touffue au menton, où elle se terminait en pointe.

Outre nos deux âniers et notre Nubien, notre escorte était encore renforcée de deux *cavas*, espèces de gardes du corps appartenant à la milice de la ville, et que le gouverneur d'Alexandrie nous avait donnés pour nous faciliter les débuts du voyage: ils portaient un uniforme particulier, ressemblant à celui des mameluks, et avaient mission d'obtenir pour nous aide et protection de la part des autorités turques. Nous ne tardâmes point à avoir besoin de leurs bons offices.

Nous suivions depuis quelques heures le chemin qui conduit d'Alexandrie à Damanhour, lorsque nous rencontrâmes le canal Mahmoudié, qui pourrait bien n'être autre que l'ancienne Fossa, qui conduisait les eaux du Nil de Schedia à Alexandrie; le défilé était gardé par des troupes turques, auxquelles nous justifiâmes de nos *tekeriks* ou passeports. Le chef s'inclina devant les hiéroglyphes dont ils étaient ornés, et nous déclara que nous étions parfaitement libres de continuer notre route, mais à pied et sans suite. Nous demandâmes l'explication de cette étrange décision, et nous présentâmes de nouveau nos passeports; à cette seconde exhibition, le chef répondit, en s'inclinant toujours, que nos laissez-passer étaient parfaitement en règle, portaient à leur centre, il est vrai, le plan et l'élévation du temple de Salomon, et à leurs quatre angles, le sceau de Saladin, le cachet de Solyman, le sabre et la main de justice de Mahomet, mais rien qui concernât notre domestique, nos ânes et nos âniers. Nous appelâmes alors nos cavas à notre aide; mais nous les trouvâmes sans aucune opinion sur la question qui nous divisait. Cependant ils nous donnèrent un avis, c'était d'offrir une dizaine de piastres au chef du poste. Comme la piastre égyptienne vaut à peine sept ou huit sous de notre monnaie, nous ne vîmes aucun inconvénient à suivre leur conseil; au reste, nous ne tardâmes pas à nous apercevoir qu'il était le meilleur. Les barrières du canal s'ouvrirent, et nous passâmes triomphalement, nous, nos bêtes et nos gens; quant aux cavas, ils n'allèrent pas plus avant, leur mission se bornant à nous faire ouvrir les barrières du canal : on vient de voir comment ils l'avaient remplie. Nous ne leur en donnâmes pas moins le *batchis*, qui est le pourboire de France, le *trenkgeld* des Allemands, la bonne-main d'Espagne, la clef d'or de tous les pays.

Nous suivîmes les bords du canal, et, après deux heures de marche par un pays monotone et plat, nous fîmes halte à la porte d'un Grec nommé Tuitza, qui nous reçut dans sa petite maison carrée, et nous donna l'autorisation de manger à l'ombre, à condition que nous nous fournirions notre déjeuner et qu'il en prendrait sa part. Cette hospitalité me rappela celle de Sicile, où ce sont les voyageurs qui nourrissent les aubergistes.

Le repas terminé, nous prîmes congé de notre hôte, et nous nous remîmes en route. Le chemin d'Alexandrie à Damanhour n'a de remarquable que sa stérilité; nous marchions dans une mer de sable où nos ânes et nos hommes enfonçaient jusqu'aux genoux. De temps à autre quelque brûlante rafale de vent mêlée de poussière nous aveuglait en passant, et nous reconnaissions à l'oppression momentanée de notre poitrine que nous venions de respirer la chaude haleine du désert. Parfois, à notre droite et à notre gauche, nous apercevions sur des points élevés, qui, lors des débordemens du fleuve, deviennent des îles, des villages ronds, dont les maisons, de forme conique, bâties de briques et de terre, étaient percées de petits trous carrés destinés à laisser pénétrer dans l'intérieur la lumière strictement nécessaire et le moins de chaleur possible. Enfin, à des intervalles inégaux, mais assez rapprochés, nous rencontrions au bord de la route quelques tombeaux isolés de solitaires ou de derviches, ombragés par un palmier, religieux ami du sépulcre, et au dessus duquel tournaient avec des cris aigus une nuée rapide d'éperviers.

Il était trois heures à peu près quand nous aperçûmes de loin Damanhour; c'était la première ville franchement arabe que nous allions visiter, car Alexandrie, avec sa population cosmopolite, n'est qu'un mélange de peuples divers, dont le caractère et l'originalité s'effacent peu à peu par le frottement.

Le mirage nous montrait la ville comme une île entourée d'eau et de brouillards; à mesure que nous approchions, les vapeurs de ce lac factice s'évaporaient peu à peu, et les objets nous apparaissaient sous leur véritable forme; nos ombres s'allongeaient aux derniers rayons du soleil couchant, les palmiers balançaient gracieusement leur parasol de verdure au vent frais du soir, lorsque nous mîmes pied à terre aux portes de la ville, dont les élégans *madenehs* s'élançaient au-dessus des murailles des mosquées, peintes alternativement de bandes rouges et blanches.

Nous nous arrêtâmes un instant avant de franchir les portes, pour contempler ce paysage si nouveau pour nous. Un ciel pur, transparent et d'une finesse de tons dont aucun pinceau ne pourrait donner l'idée, des étangs qui bordent réellement un côté de la cité et qui reflètent ses murailles dans leurs eaux dormantes, de longues files de chameaux conduites par les paysans arabes, et se glissant lentement dans la ville, tout donnait à ce merveilleux tableau un air de vie, de calme et de bonheur, plus remarquable encore après cette préface du désert que nous venions de traverser.

Damanhour ne possède qu'une auberge, quoique sa population soit de huit mille âmes. Mohammed, après nous avoir fait traverser des rues d'une sauvage originalité, nous conduisit à ce bienheureux caravansérail, dont nous nous faisions d'avance, et d'après les descriptions des *Mille et une Nuits*, une idée tout à fait féerique. Malheureusement nous ne fûmes point à même de comparer la poésie à la réalité : l'hôtellerie était pleine à n'y pas loger une souris, et, quoi que nous pussions dire et quelque offre que nous fissions, il nous fallut retourner sur nos pas. Quoique déjà désappointés sur bien des choses, le souvenir de l'hospitalité arabe, si souvent vantée par les voyageurs et célébrée par les poëtes, me revint à l'esprit, et j'invitai Mohammed à faire quelque tentative auprès des propriétaires des maisons les plus comfortables que nous rencontrâmes sur notre route ; mais toutes furent inutiles: nous en fûmes pour nos avances, et fort humiliés des refus dont nous étions l'objet, force nous fut de rejoindre nos amis, qui, plus prudens que nous et ne voulant pas faire des pas inutiles, nous attendaient à la porte de Damanhour. Il n'y avait pas deux partis à prendre ; je regardai autour de nous pour chercher un endroit favorable à notre campement, et, ayant avisé un massif de dattiers, je fis étendre nos tapis sous leur feuillage; puis je donnai le premier l'exemple de la résignation aux décrets de la Providence, en serrant la ceinture de mon pantalon, et en me couchant le dos tourné à la ville inhospitalière qui nous avait repoussés de son sein.

Malheureusement, du côté opposé à la ville, et juste dans le cercle qu'embrassait mon rayon visuel, s'élevait une charmante maison arabe, dont les murs blancs se détachaient sur un bosquet de mimosas d'un vert délicieux. Je ne pus résister au désir de faire une dernière tentative, et j'envoyai

Mohammed en ambassade au propriétaire de cet oasis Il était à la ville, et en son absence ses serviteurs n'osaient prendre sur eux de recevoir un étranger.

Une demi-heure après je vis sortir de Damanhour et s'avancer vers nous un cavalier richement vêtu, monté sur un magnifique cheval blanc et suivi d'une escorte nombreuse; je présumai que c'était notre homme, et je fis ranger notre petite caravane, en lui recommandant de prendre l'air le plus piteux possible, sur le bord de la route où il devait passer. Lorsqu'il fut à dix pas de nous nous le saluâmes, il nous rendit notre salut, et, nous reconnaissant à nos habits pour des voyageurs francs, il s'informa du motif qui nous retenait hors de la ville à une heure aussi avancée. Nous lui racontâmes alors notre mésaventure dans les termes les plus propres à l'attendrir. Notre récit fit un effet merveilleux, et, quoique la traduction eût dû lui faire perdre de son intérêt, il ne nous en invita pas moins à le suivre et à venir passer la nuit dans cette petite maison blanche aux mimosas verts, qui était depuis une heure l'objet de tous nos désirs.

On nous conduisit d'abord dans une grande chambre, autour de laquelle régnait un large divan recouvert de nattes. Nous étendîmes nos tapis par dessus, ce qui, malgré cette précaution, n'en faisait pas un matelas bien moelleux. A peine avions-nous achevé ces préparatifs nocturnes que trois domestiques entrèrent, portant chacun un plat de porcelaine recouvert d'un dôme d'argent d'un joli travail : l'un contenait une espèce de ragoût de mouton, l'autre du riz, et le troisième des légumes ; ils posèrent ce service à terre. Nous nous accroupîmes, Mayer et moi, en face l'un de l'autre. Un esclave nous apporta un bassin à laver les mains, et nous commençâmes notre apprentissage de gastronomes orientaux en nous servant chacun avec nos doigts ; ce qui, malgré notre appétit, ôta un peu de charme à notre repas. Quant à notre boisson, c'était tout bonnement de l'eau de citerne, dans une gargoulette à bouchon d'argent. Le souper terminé, le même esclave nous donna de nouveau de quoi nous laver les mains et la bouche ; puis on apporta le café et les chibouques, et on nous laissa libres de veiller ou de dormir.

Nous nous regardâmes quelque temps encore à travers la

fumée de nos pipes ; puis, après avoir rendu grâce à l'hospitalité de notre hôte, nous fermâmes les yeux en le recommandant au prophète.

Le lendemain je me réveillai avec le jour ; en deux sauts je fus sur pied et hors de la maison. Je fis le tour de la ville, pour en trouver le meilleur aspect; puis, après en avoir dessiné une vue générale, je fis deux ou trois croquis de mosquées, et je revins tout courant retrouver ma caravane et donner l'ordre du départ. Avant de quitter la maison, je voulus remercier le maître; mais notre sage musulman était dans son harem, il n'y eut donc pas moyen de le voir; je demandai son nom, afin de le transmettre à la postérité : il s'appelait Rustum-Effendi. Je donnai le batchis aux esclaves, nous enfourchâmes nos montures, et à cinq cents pas de Damanhour nous nous retrouvâmes au milieu du désert.

Nous marchâmes six à sept heures dans le sable ; puis enfin nous arrivâmes sur une crête peu élevée, du sommet de laquelle nous aperçûmes tout à coup et sans préparation le Nil.

Aux plaines arides succédaient des paysages délicieux: au lieu de quelques palmiers rares et perdus dans un horizon brûlant, nous rencontrions des forêts d'arbres chargés de fruits et des champs couverts de maïs. L'Égypte est une vallée, au fond de laquelle coule un fleuve, dont les bords sont un immense jardin que des deux côtés le désert ronge; au milieu de ces bosquets de mimosas et de dalhias, au-dessus de ces plaines de maïs et de riz, voltigeaient des oiseaux inconnus, au chant brillant, au plumage de rubis et d'émeraude. De grands troupeaux de buffles et de moutons, conduits par des pasteurs maigres et nus, suivaient le cours du Nil, que nous remontions. Deux énormes loups, attirés sans doute par l'odeur du bétail, sortirent d'un massif d'arbres à cinquante pas devant nous, s'arrêtèrent sur la route comme pour nous barrer le passage, et ne prirent la fuite que lorsque nos âniers leur jetèrent des pierres. La nuit descendait rapidement, et le chemin, coupé par les canaux nécessaires à l'irrigation, devenait de plus en plus difficile; quelquefois il était détrempé au point que nos ânes enfon çaient jusqu'aux genoux et s'arrêtaient court. Malgré notre répugnance à marcher dans ces espèces de marécages, nous fûmes forcés de mettre pied à terre; bientôt ce fut de véritables torrens que nous fûmes forcés de traverser; nous étions mouillés jusque sous les aisselles, et ces bains, quoique plus rafraîchissans que ceux d'Alexandrie, étaient infiniment moins agréables. Alors la lune se leva, et, tout en éclairant quelque peu notre route, donna à ce paysage merveilleux un nouveau caractère. Malgré les difficultés du chemin, nous ne pouvions rester insensibles aux beautés des sites que nous traversions; au sommet des monticules qui séparent la vallée du désert nous voyions se balancer gracieusement des palmiers qui se détachaient en vigueur sur le ciel, tandis qu'à chaque pas nous rencontrions des mosquées dont le Nil baignait la base, et qu'entouraient d'ombre et de verdure des sycomores aux branches longues et inclinées vers le sable. Malheureusement, de cinq minutes en cinq minutes, nous étions arrachés à notre extase par quelque canal où nous devions descendre, par quelque marécage où il nous fallait enfoncer; de sorte que, lorsque nous aperçûmes Rosette, nous étions si parfaitement trempés, que nos souliers, comme ceux de Panurge, prenaient l'eau par le col de nos chemises.

A mesure que nous approchions de la ville, nos idées reflétaient une teinture plus riante; nous nous voyions d'avance dans une chambre bien close, où nous troquions nos habits mouillés contre ceux de quelque bon musulman, car nos malles étaient à Alexandrie, et notre garde-robe se bornait à ce que nous avions sur le corps. L'estomac, de son côté, commençait à crier famine; nous nous rappelions avec délices notre souper de la veille, et nous en demandions un semblable, dussions-nous le manger avec nos doigts; quant au lit, nous étions si horriblement fatigués que le premier divan venu eût fait parfaitement notre affaire. Nous étions, comme on le voit, on ne peut plus accommodans. Ce fut dans ces dispositions que nous arrivâmes aux portes de Rosette. Elles étaient fermées!

Ce fut un coup de foudre : de toutes les possibilités, cette fermeture était la seule qui ne se fût pas présentée à notre esprit; nous frappâmes en désespérés; mais les gardes ne voulurent rien entendre. Nous parlâmes de batchis, ce grand moyen de conciliation; malheureusement les fentes de la porte n'étaient point assez larges pour introduire une pièce de cinq francs. Mohammed pria, supplia, menaça; tout fut inutile. Alors il se retourna et nous dit avec la tranquillité de la conviction qu'il n'y avait pas moyen, pour ce soir-là, d'entrer à Rosette; au reste, nous vîmes qu'il disait la vérité à la résignation vraiment musulmane de Mohammed et de nos âniers, qui regardèrent immédiatement autour d'eux afin de chercher l'endroit le plus favorable à un campement. Quant à nous, nous étions si furieux, que nous restâmes seuls à la porte encore plus d'un quart d'heure. Enfin Mohammed revint nous annoncer qu'il avait découvert un bivouac parfaitement convenable. Il n'y avait pas d'autre parti à prendre que de le suivre; nous nous y décidâmes en jurant. Il nous conduisit près d'une mosquée entourée de lilas en fleurs, où nous trouvâmes nos tapis étendus sous deux magnifiques palmiers; nous nous y couchâmes l'estomac vide et le corps mouillé : mais nous étions si fatigués, qu'après avoir grelotté quelque temps, puis frissonné, nous finîmes par tomber dans un engourdissement qui, pour ceux qui nous auraient vus étendus et sans mouvement, ressemblait assez au sommeil. Le lendemain, quand nous ouvrîmes les yeux, la rosée du matin était venue en aide à l'eau de la veille, de sorte que nous étions raides de froid; nous voulûmes nous lever, mais pas une jointure ne pliait, nous étions rouillés dans nos habits comme des couteaux dans leur gaîne. Nous appelâmes Mohammed et les âniers à notre secours; plus familiarisés que nous avec les nuits passées à la belle étoile, ils se secouèrent et accoururent. Nous étions tout d'une pièce : ils nous relevèrent par les épaules comme Paillasse relève Arlequin, et ils nous posèrent contre nos palmiers, le visage tourné vers le soleil levant; au bout de quelques minutes nous éprouvâmes la bienfaisante influence de ses rayons, la vie revenait avec la chaleur; petit à petit nous dégelâmes; enfin, vers les huit heures du matin, nous nous trouvâmes assez ingambes de corps et assez secs de vêtemens pour faire notre entrée dans la ville.

NAVIGATION SUR LE NIL.

Les maisons de Rosette sont en briques, plusieurs ont quatre ou cinq étages; les arcades du bas sont supportées par des colonnes de granit rose, de dimensions variées, qui proviennent toutes des ruines de l'ancienne Alexandrie. Le Nil, qui passe au pied de la ville, où il forme un port commode, est encaissé dans de larges et belles rizières, dont la couleur d'un vert tendre contraste gracieusement avec les masses sombres des noirs sycomores et les palmiers élancés qui se perdent à l'horizon.

L'agent consulaire français, monsieur Camps, nous reçut avec empressement, et nous présenta à sa femme et à sa fille. Nous trouvâmes auprès de ces dames un compatriote nommé monsieur Amon; c'était un artiste vétérinaire, élève de l'Ecole d'Alfort et engagé depuis cinq ou six ans au service du pacha d'Égypte; il s'était marié à Rosette et avait épousé une jeune fille cophte. Les Cophtes, comme on le sait, sont chrétiens, de sorte que cette union n'engageait en rien sa conscience religieuse; cependant il y avait eu quelque peu d'étrangeté dans la manière dont elle s'était accomplie. Lorsque monsieur Amon avait été bien décidé à prendre femme, il s'était informé s'il y avait dans le pays quelque jeune fille à marier. La personne à qui il s'était adressé, et qui faisait la commission en ce genre, s'était alors mise en quête, et deux ou trois jours après était revenue avec une réponse satisfaisante. Elle avait découvert une Cophte jeune, jolie et âgée de quatorze ans. Monsieur Amon demanda à la voir. Comme cette demande était contre tous les usages, on lui répondit que la chose était impossible; mais qu'au reste il pouvait interroger, et qu'on répondrait fidèlement à toutes ses questions, même à celles qui, au premier abord, paraîtraient les plus indiscrètes. Il paraît que les renseignemens furent parfaitement favorables à la future, car le lendemain une dot convenable fut offerte aux parens et acceptée par eux. En conséquence, le jour fut pris pour la cérémonie, et, au moment fixé, monsieur Amon d'un côté, et les parens de la future de l'autre, se réunirent chez le cadi. La somme fut comptée, la jeune fille servit de quittance, et l'époux emmena son épouse. Ce ne fut que chez lui qu'il enleva le voile. On lui avait tenu parole sur tous les points, et monsieur Amon se félicite encore aujourd'hui de ce mariage à la Colin-Maillard.

Cependant que l'on ne croie pas qu'il en est toujours ainsi. Il arrive parfois de cruels désappointemens. Dans ce cas, le mari trompé renvoie tout bonnement l'épouse chez ses parens, en lui donnant une seconde dot de la même valeur que la première. Il conserve encore ce droit lorsque la déception est purement morale, et qu'au bout d'un certain temps les deux conjoints s'aperçoivent que leurs caractères ne peuvent sympathiser. Alors les mariés redeviennent libres, et, le lendemain de ce divorce par consentement mutuel, il leur est loisible de convoler en deuxième, troisième et quatrième noces.

Monsieur Amon nous donnait ces détails en nous menant voir, hors de Rosette, la mosquée d'Abou-Mandour, qui s'élève au bord du Nil. Cet édifice, tout oriental, et placé au milieu d'un paysage charmant, s'avance dans le fleuve, en laissant un étroit passage entre sa base et l'autre rive, couverte de petites maisons entourées de rizières. Un dôme en forme de cœur renversé, surmonté d'un croissant, domine les murailles blanches et festonnées ; un madeneh d'une rare élégance élève à l'un des angles ses galeries aux parapets découpés comme une dentelle, tandis que la partie opposée semble soutenir une masse énorme de sable disposée en monticule sur la déclivité de la montagne; tout autour s'élancent d'un seul jet de hauts palmiers, dont quelques-uns traversent, en le couronnant comme d'une aigrette, le dôme plat et sombre d'un large sycomore.

Les vrais croyans disent que c'est le saint derviche Abou-Mandour qui soutient avec ses épaules les montagnes de sable qui semblent prêtes à engloutir la mosquée et à combler le Nil.

Un spectacle curieux pour des Européens nous attendait en rentrant à Rosette : sur les marches et à l'ombre d'une mosquée, un santon absolument nu était indolemment couché ; il attendait, dans ce costume et dans cette position qui lui étaient habituels, que les dévotes du quartier lui apportassent sa nourriture ; lorsque, parmi ses pourvoyeuses, il en distinguait par hasard une qui lui plaisait, il l'honorait à l'instant de ses caresses, que celle-ci tenait toujours à honneur de recevoir. Ce spectacle étrange ne choquait personne, et l'on citait, comme d'une susceptibilité tout à fait exagérée, un honnête musulman qui, quelques jours auparavant, avait jeté son manteau sur un groupe qui rappelait par trop celui du cynique Cratès et de sa femme Hipparchie.

Monsieur Camps et monsieur Amon nous avaient offert tous deux l'hospitalité ; mais, de peur de les gêner, nous n'acceptâmes point, et nous allâmes nous établir dans une ancienne maison de capucins, édifice vaste et délabré, où il ne restait plus qu'un moine de cet ordre, ruine vivante au milieu de ces ruines mortes. Le pauvre vieillard avait mangé, comme les soldats d'Ulysse, les fruits du lotos qui font perdre la mémoire; depuis vingt ans, aucun bruit du monde, qui l'avait oublié, n'était parvenu jusqu'à lui, et il rendait à l'Europe indifférence pour indifférence. Ses mœurs régulières, son vêtement ample, coupé à la manière orientale, lui avaient attiré la considération des Arabes ; j'oubliais sa barbe, qui n'y avait pas peu contribué.

Nous allâmes passer la soirée chez un des amis de monsieur Amon, estimable Turc qui avait sacrifié le précepte le plus connu du Coran à son amour pour le vin. L'appartement où il nous reçut était simple, comme presque tous les salons orientaux ; selon les habitudes de l'ameublement, un grand divan régnait tout autour ; un jet d'eau, placé au milieu, retombait d'une belle fontaine de marbre blanc dans un bassin octogone ; quelques fleurs rares et brillantes, toutes couvertes de perles liquides, comme si la rosée du matin vînt de s'abaisser sur elles, étaient disposées avec goût autour de ce bassin, et donnaient un aspect joyeux et charmant à cet immense salon. Le Turc nous y reçut au milieu de ses amis, nous fit prendre place dans le cercle, et nous présenta la pipe et le café. Une demi-heure après on nous servit une limonade préparée par ses femmes ; cela ne réchauffa que médiocrement la conversation, qui était des plus languissantes, car il fallait que l'on traduisît ce que nous disions et ce que l'on nous répondait. Il n'y a pas de dialogue, si spirituel qu'il soit, qui tienne à cette épreuve : aussi ce travail d'esprit finit par tellement ennuyer interlocuteurs et interprètes, que nous nous levâmes d'un commun accord et nous retirâmes. Le Turc, de son côté, il faut lui rendre cette justice, ne fit aucun effort pour nous retenir.

Le lendemain, nous vîmes arriver d'Alexandrie monsieur Taylor, le commandant Bellanger, et monsieur Eydoux, le chirurgien-major. Ce dernier était venu moins par curiosité que par un sentiment philanthropique, qui lui fit auprès de nous le plus grand honneur. Il avait entendu parler d'une manière effrayante des ophthalmies d'Égypte, et il exposait ses yeux pour sauver les nôtres.

Comme rien ne nous retenait à Abou-Mandour, et que nous avions hâte de voir le Caire, le lendemain, 6 mai. nous nolisâmes une djerme de la plus grande dimension ; celle que nous choisîmes pouvait avoir quarante pieds de long, et portait deux voiles latines et triangulaires d'une effroyable grandeur. Au moment du départ, et quand tout fut préparé, il se trouva que le vent était contraire : nous prîmes patience en allant au bain.

Comme à Alexandrie, c'était le plus vaste et le plus beau monument de la ville ; comme à Alexandrie, je repassai par les épreuves de la vapeur condensée et de l'eau bouillante ; mais soit que mes poumons se fussent dilatés à respirer du sable, soit que ma peau se fût endurcie aux rayons du soleil égyptien, je n'éprouvai plus aucune souffrance : l'opération du massage elle-même se passa à ma plus grande satisfaction, et je pris sans effort, entre les mains de mon baigneur, des positions qui auraient fait honneur à Mazurier et à Auriol.

Le 7 mai au matin on vint nous réveiller en nous annonçant que le vent avait changé : c'était une bonne nouvelle à nous apprendre. Nous commencions à ne pas nous amuser d'une manière fougueuse à Abou-Mandour, et, quelle que fût maintenant ma sympathie pour le bain, je ne pouvais cependant pas renoncer à l'élément qui m'est naturel ; il en résulta que nous nous mîmes en route avec une vive satisfaction. Le jour était magnifique : le vent soufflait comme s'il eût été à nos ordres, et nos mariniers, en exécutant leur manœuvre, chantaient pour se donner du courage et pour opérer en mesure. Nous nous fîmes traduire deux de ces chansons : la première était composée de quelques versets à la louange de Dieu; la seconde était un assemblage de sentences et de réflexions philosophiques cousues les unes aux autres, et dont la plus saillante nous parut être celle-ci : « La terre n'est rien, et tout est misère dans ce monde. »

Comme nous étions en gaîté et que ces vérités nous parurent trop sérieuses pour notre disposition d'esprit, nous invitâmes nos Arabes à nous chanter quelque chose de plus jovial. Ils allèrent aussitôt chercher les deux instrumens nécessaires à l'accompagnement : l'un était une sorte de pipeau rappelant la flûte antique; l'autre, un simple tambour dont la caisse en terre cuite s'évasait par le haut; la partie la plus développée était recouverte d'une peau très fine que l'on fit tendre en l'approchant du feu. Alors commença un charivari qui absorba tellement notre attention par sa sauvage étrangeté, que nous ne pensâmes point à demander le sens des paroles, tout occupés que nous étions à tâcher de démêler, au milieu de ce sabbat, une phrase musicale quelconque. Bientôt notre curiosité fut distraite de la poésie et de son accompagnement par un gros Turc à turban vert, descendant de Mahomet, qui, excité par cette mélodie, se leva lentement, se balança alternativement et en cadence sur chacune de ses jambes, puis enfin, prenant son parti, se mit décidément à exécuter une danse grossière et lascive. Quand il eut fini, nous lui adressâmes des complimens sur le plaisir inattendu qu'il nous avait procuré; il nous répondit d'un air dégagé que c'était ainsi que les almées dansaient sur les places publiques du Caire : heureusement, en notre qualité de Parisiens, nous n'avions pas grande foi dans les prospectus, et nous prenions le sien pour ce qu'il valait.

La journée se passa au milieu de ces récréations mélodiques et chorégraphiques. Pendant toute notre navigation, le

Nil nous avait offert gracieusement ses deux rives bordées de chaque côté d'une verdure merveilleuse; le soir, le soleil s'abaissa rapidement, et ses derniers rayons éclairèrent de leur chaude teinte un charmant village tout couronné de palmiers.

Nous nous retirâmes à l'arrière de la djerme; nos matelots y avaient construit une tente, ou plutôt une espèce d'arche de pont en toile, soutenue par des roseaux flexibles et arrondis : nous y étendimes nos tapis, sur lesquels nous ne fîmes qu'un somme.

Lorsque nous nous réveillâmes, le paysage avait le même aspect que la veille; seulement, à mesure que nous remontions le fleuve, les villages devenaient moins considérables et moins nombreux. La journée se passa au milieu des mêmes amusemens; mais le descendant de Mahomet nous parut moins facétieux que la veille, nous nous familiarisions avec le grotesque.

Le lendemain les chants étaient commencés que nous dormions encore; nous crûmes, en ouvrant les yeux, que c'était une sérénade que nous donnait notre équipage; point, le vent était devenu contraire, ce qui forçait les matelots à travailler rudement pour vaincre le courant. Le patron de la barque chantait de toute sa force une litanie, à tous les versets de laquelle les Arabes répondaient : *Eleyson*. A chaque refrain nous avions reculé de cinquante pas !

Comme le patron jugea qu'à ce train-là nous serions retournés à Abou-Mandour la nuit suivante, ou le lendemain matin au plus tard, il donna l'ordre d'amarrer près d'un village devant lequel nous passions à reculons. A peine la barque fut-elle fixée, que je sautai à terre et me dirigeai vers la maison la plus proche; j'y obtins à grand'peine un peu de lait dans une jatte; nous nous abritâmes derrière une muraille de terre pour échapper aux tourbillons de poussière ardente que le vent soulevait, et nous nous mîmes à déjeuner.

Une abominable *santone* s'approcha de nous dans un costume exactement pareil à celui de son confrère de Damanhour : si l'homme nous avait paru médiocrement gracieux, la vieille nous parut atroce. A mesure qu'elle s'avançait, une crainte affreuse s'emparait de mon esprit, c'est qu'il ne lui prît envie, en notre qualité d'étranger, de nous honorer de ses caresses ; je me hâtai de communiquer cette idée à la société, qui en frissonna de tout son corps. Heureusement nous en fûmes quittes pour la peur : la vieille se contenta de nous demander l'aumône; nous nous hâtâmes de lui donner du pain, des dattes et quelques pièces de monnaie. Moyennant cette rançon, elle s'éloigna de nous, et nous laissa achever notre repas. Deux heures après, le vent s'étant abaissé, nous nous remîmes en voyage.

Nous avancions lentement : à l'inconvénient du vent contraire avait succédé celui des bas-fonds, et quoique nous tirassions à peine trois pieds d'eau, nous touchions parfois le sable. Nous fîmes ainsi deux ou trois lieues en quatre ou cinq heures, et avec une grande fatigue. Vers le soir, nous vîmes lentement s'élever, sur un horizon rougeâtre, trois monts symétriques dont les contours se dentelaient sur le ciel : c'étaient les pyramides ! les pyramides, qui grandissaient à vue d'œil, tandis qu'à notre gauche les premiers mamelons de la chaîne libyque encaissaient le Nil dans ses flancs de granit.

Nous restâmes immobiles ; nos yeux ne pouvaient se détacher de ces constructions gigantesques, auxquelles se rattachaient un souvenir antique si grand et un souvenir moderne si glorieux ! Là aussi le moderne Cambyse avait eu son champ de bataille, où nous pouvions, comme Hérodote avait vu les cadavres des Perses et des Egyptiens, retrouver à notre tour les ossemens de nos pères ! A mesure que le soleil descendait, son reflet montait sur les flancs des pyramides, dont la base se couvrait d'ombre; bientôt le sommet seul étincela comme un coin rougi ; puis un dernier rayon sembla flotter à l'extrémité du sommet aigu, pareil à la flamme qui brûle à la pointe d'un phare. Enfin cette flamme elle-même se détacha, comme si elle fût remontée au ciel pour allumer les étoiles, qui, un instant après, commencèrent à briller.

Notre enthousiasme tenait de la folie, nous battions des mains et nous applaudissions à cette décoration magnifique. Nous appelâmes le patron pour lui demander de ne pas avancer d'un pas pendant la nuit, afin que nous ne perdissions rien, le lendemain, du paysage grandiose qui allait se dérouler devant nous. Cela tomba à merveille : il venait, de son côté, nous dire que la difficulté de la navigation exigeait que nous jetassions l'ancre. Nous restâmes encore longtemps sur le pont, regardant du côté des pyramides, quoique l'obscurité ne nous permît plus de les distinguer ; puis nous nous retirâmes dans notre tente pour en parler encore, ne pouvant plus les voir.

Le lendemain, je m'éveillai le premier et m'étonnai, quoiqu'il fît grand jour, que tout le monde dormît encore. J'éprouvais un malaise pareil à un cauchemar ; je réveillai mes compagnons ; le malaise avait atteint tout le monde ; nous sortîmes de notre tente : l'air était lourd et suffocant, le soleil s'élevait triste et blafard derrière un rideau de sable ardent enlevé par le vent du désert. Nous nous sentîmes oppressés comme lorsqu'on descend dans une atmosphère trop épaisse ; l'air que nous respirions brûlait notre poitrine. Ne comprenant rien à ce phénomène, nous regardâmes autour de nous : nos matelots et notre patron étaient assis immobiles sur le pont de la djerme, enveloppés de leurs manteaux, dont un des plis, en leur couvrant la bouche, leur donnait l'apparence de ces figures dantesques dessinées par Flaxman ; leurs yeux seuls semblaient vivans ; ils étaient fixés sur l'horizon, qu'ils interrogeaient avec anxiété. Notre arrivée sur le pont ne parut nullement les distraire de leur préoccupation ; nous leur adressâmes la parole, mais ils restèrent muets ; enfin je m'enquis près du patron lui-même de la cause de cet abattement ; alors il étendit la main vers l'horizon, et sans découvrir sa bouche :

— Le kramsin, dit-il.

Ce mot fut à peine prononcé que nous reconnûmes en effet tous les signes de ce vent désastreux si fort redouté des Arabes. Les palmiers, mus par des souffles capricieux, se balançaient dans des directions différentes, de sorte qu'on eût cru que des courans se croisaient dans le ciel ; le sable soulevé fouettait notre visage, et chaque grain nous brûlait comme une étincelle sortie d'une fournaise. Les oiseaux, inquiets, quittaient les régions élevées et rasaient la terre pour l'interroger sur le mal qui la tourmentait; des nuées d'éperviers aux ailes longues et étroites tournaient avec des cris aigus, puis tout à coup s'abattaient sur la cime des mimosas, d'où ils s'élançaient de nouveau vers le ciel, rapides et perpendiculaires comme des flèches, car ils sentaient les arbres frissonner eux-mêmes, comme si les objets inanimés avaient partagé la terreur des êtres vivans. Aucun de ces symptômes visibles pour nous n'échappait à nos Arabes; mais, dans leurs yeux impassibles et fixes, et sur leur physionomie impénétrable, il était impossible de distinguer s'ils étaient propices ou inquiétans.

Comme, à une forte oppression près, le kramsin ne paraissait pas devoir amener de malheurs bien terribles, nous descendîmes à terre avec nos fusils, et nous nous mîmes en quête d'oiseaux à longues pattes: nous longeâmes les bords du fleuve, comme de véritables chasseurs de la plaine Saint-Denis, habitués à suivre le canal; seulement la contrée était plus giboyeuse. Nous tuâmes quelques hérons et une quantité d'alouettes et de tourterelles.

Vers le soir, un cri de rappel suivi de chants nous ramena vers la cange, où nous trouvâmes notre équipage dans la jubilation; nous étions à la fin du kramsin, et nos matelots sautaient de joie et se trempaient la figure et les bras dans le Nil pour se rafraîchir. Cette manière de se baigner à l'européenne rentrait dans ma spécialité: aussi je ne voulus pas que la fête se terminât sans que j'en prisse ma part. En un tour de main je me mis en costume de santon, et, prenant mon élan de la cange, je piquai par-dessus le bord une tête à la hussarde, qui dénonçait du premier coup son caleçon rouge. Lorsque je revins sur l'eau, je vis tout l'équipage occupé à me regarder avec la plus grande attention; je savais qu'il n'y avait de crocodiles dans le Nil qu'au dessus de la première cataracte; de sorte que, ne concevant aucune crainte, je ne pus m'expliquer l'intérêt de la galerie que d'une manière tout à fait flatteuse pour mon amour-propre. Mon agilité et mon adresse en redoublèrent; tout ce que le répertoire de la natation contient, depuis la simple brasse jusqu'à la double culbute, fut exécuté avec un succès croissant sous les yeux de mes spectateurs basanés. J'en étais à la planche raide, lorsque tout à coup je reçus à la cuisse droite une espèce de décharge électrique si violente que je me sentis toute la moitié du corps paralysé; je me retournai aussitôt sur le ventre pour nager vers la cange; mais je vis à l'instant que je ne pourrais sans aide regagner le bâtiment. Moitié riant, moitié buvant, je demandai la perche, tendant le bras droit hors de l'eau et essayant de me soutenir avec le bras gauche : quant à la jambe droite, elle était sans aucune connaissance et refusait tout mouvement. Heureusement Mohammed, comme s'il eût prévu l'accident qui venait de m'arriver, se tenait sur le bord de la djerme avec une corde qu'il me lança; j'en attrapai un bout, il me tira par l'autre, et j'abordai le bâtiment d'une manière beaucoup moins triomphante que je ne l'avais quitté. Cependant, à l'insouciance presque goguenarde avec laquelle nos Arabes m'entourèrent, je jugeai que l'aventure n'avait rien de bien inquiétant; je ne désirai pas moins en connaître la cause, ne fût-ce que pour m'en garantir désormais. Mohammed m'apprit qu'outre une foule de poissons fort agréables au goût et fort curieux à étudier, on trouvait dans le Nil une espèce de torpille dont la vertu électrique était si bien connue de nos Arabes que, redoutant la sensation douloureuse que j'avais éprouvée, ils s'étaient contentés, comme je l'avais vu, de se laver avec précaution la figure et les mains dans le fleuve. Ce qui me parut le plus clair dans tout ceci, c'est que, si l'électricité leur était désagréable pour eux-mêmes, ils ne répugnaient pas à étudier ses effets sur l'Européen; au reste, l'explication n'était pas terminée que la douleur avait cessé, ma jambe et mon bras avaient repris leur service accoutumé.

Le vent était tout à fait tombé. Nous pensâmes à dîner du produit de notre chasse, ce que nous fîmes à bord de la djerme pour nous soustraire plus certainement à la visite de quelque nouvelle santone, puis nous allâmes visiter nos tapis, de peur qu'il ne prît à quelque scorpion l'envie de renouveler la facétie de la torpille, ce qui aurait été infiniment moins drôle; aussi, cette fois, ce furent nos Arabes qui nous invitèrent à prendre cette précaution. Ce soin accompli, nous nous endormîmes dans le gracieux espoir de voir le lendemain le Caire, dont nous n'étions plus éloignés que de sept ou huit lieues.

LE CAIRE.

Le lendemain, au point du jour, on leva l'ancre, et nous approchâmes rapidement des pyramides, qui, de leur côté, semblaient venir au devant de nous et s'incliner sur nos têtes. Au bas de la chaîne libyque, nue et stérile, à travers les vapeurs sablonneuses qui épaississaient l'atmosphère, nous commençions à apercevoir les tours et les dômes des mosquées, surmontés de leurs croissans de bronze. Peu à peu ce rideau, chassé devant nous par le vent du nord, qui poussait notre barque, s'éleva en fuyant au-dessus du grand Caire, et nous découvrit les hautes dentelures de la ville, dont la base était encore cachée par les rives exhaussées du fleuve. Nous avancions à grands pas, et nous étions déjà presque à la hauteur des pyramides de Ghyzé. Plus loin, et sur la même rive, se balançait gracieusement la forêt de palmiers qui s'élève sur l'emplacement où fut autrefois Memphis, et longe le rivage où se promenait la fille de Pharaon lorsqu'elle sauva Moïse des eaux; et au-dessus de ces palmiers, dans une brume, non pas de brouillards, mais de sable, nous distinguions les sommets rougeâtres des pyramides de Sakkara, ces vieilles aïeules des pyramides de Ghyzé. Un moment nous croisâmes plusieurs bateaux chargés d'esclaves : l'un d'eux contenait des femmes. Aussitôt que le patron les vit, il planta un couteau dans le grand mât et jeta du sel dans le feu : cette double opération avait pour but de neutraliser le mauvais œil. La conjuration fut efficace : une heure après nous débarquâmes sans accident à Schoubra, sur la rive droite du Nil. On nous montra, à quelque distance, la maison de campagne du pacha : c'était une charmante habitation, entourée de fraîcheur et de verdure.

Nous retrouvâmes là les ânes et les âniers, les uns plus beaux et plus grands que ceux d'Alexandrie, les autres plus empressés et plus batailleurs encore, s'il est possible, que leurs confrères du bord de la mer. Cette fois, instruits par l'expérience, nous nous gardâmes bien de faire les difficiles, et, prenant une délicieuse allée de sycomores dont le dôme sombre interceptait les rayons du soleil, nous nous mîmes en mesure de franchir rapidement la lieue qui nous restait encore à faire.

Toute la différence que le débarquement avait produite dans notre manière de voyager était qu'au lieu de remonter le Nil en bateau, nous suivions sa rive à âne. Au reste, comme nous nous étions élevés d'une trentaine de pieds, l'horizon était plus étendu, nous voyions en face de nous l'île de Roudah, base du monument où l'on conserve le nilomètre, instrument destiné à mesurer la hauteur des inondations du Nil : des lignes tracées indiquent les années où la crue du fleuve, atteignant un niveau inaccoutumé, amena des époques d'une fertilité mémorable. C'est là que, chaque année, les cheiks des mosquées donnent, en publiant l'élévation des eaux, la mesure des réjouissances auxquelles on peut se livrer, ou, en musulmans résignés, annoncent la stérilité prochaine, le jeûne et la famine auxquels la crue insuffisante du fleuve condamne les habitans de ses rives. Alors nous avions à notre droite les pyramides de Ghyzé, que nous découvrions de leur cime à leur base, ainsi que le monticule formé par le grand sphinx qui les garde depuis trois mille ans, et qui tourne vers la tombe des Pharaons son visage de granit, mutilé par les soldats de Cambyse. Enfin notre vue s'étendait, à gauche, sur le champ de bataille d'Héliopolis, illustré par Kléber, et dont l'immense solitude, qui s'étend à perte de vue, n'est animée que par un seul sycomore qui verdit au milieu du sable ardent du désert. Nos guides nous le firent remarquer, car une tradition arabe rapporte que ce fut sous cet arbre que se reposa Marie lorsque, fuyant le courroux d'Hérode, *Joseph*, dit saint Mathieu, *prit de nuit le petit enfant et sa mère et se retira en Égypte.* C'est donc, selon les Mahométans eux-mêmes, à l'abri qu'il prêta à la mère du Christ que cet arbre sacré doit sa longévité miraculeuse et sa verdure éternelle.

Cependant nous étions arrivés à Boulacq, espèce de faubourg du Caire, sentinelle de la ville chargée de garder le port. Nous n'avions plus qu'une demi-lieue à faire ; nous jetâmes un coup d'œil sur la rade animée par une multitude de canges et de djermes, qui apportent en remontant le Nil les récoltes de ses jardins, ou en le descendant les fruits plus savoureux de la Haute-Egypte, que ne peut mûrir le soleil trop pâle du Delta. Dans le village, la population, par son nombre et son activité, dénotait l'approche d'une grande ville ; je montrai les murailles à Mohammed : il comprit mon désir. — *El Masr*, s'écria-t-il : et, lançant son âne au galop, il nous invita du geste à le suivre. Nous ne nous fîmes pas répéter l'invitation, et nos montures, qui sentaient qu'elles retournaient chez elles, secondèrent de leur mieux notre impatience. Bientôt nous aperçûmes le Caire parfaitement isolé, dans un océan de sable, dont les vagues brûlantes viennent battre sans cesse ses flancs de granit, où elles finiraient par faire brèche, si, deux fois l'an, le Nil, puissant auxiliaire, ne délivrait momentanément la ville de cet incommode assiégeant. A mesure que nous approchions, nous distinguions les teintes alternées des édifices et les dessins élégans des coupoles, puis, au-dessus des dents coloriées qui couronnent les remparts, s'élançant pareils aux pièces d'un immense jeu d'échecs, les madenehs de trois cents mosquées ; enfin, nous atteignîmes la porte de la Victoire, la plus belle des soixante et onze qui entourent le Caire, et par laquelle Bonaparte entra le lendemain de la bataille des Pyramides, le 29 juillet 1798.

A peine entré dans la ville, monsieur Taylor, qui savait l'inconvénient de se promener au Caire comme un provincial arrivant à Paris, enfila au galop une des rues qui se présentait à nous : force nous fut de le suivre, de peur de nous perdre ; effectivement nous voyions que nos habits à l'européenne attiraient sur nous l'attention d'une manière peu favorable : il y a des momens où l'on devine le danger sans le voir, par instinct et comme par pressentiment. L'uniforme des officiers de marine surtout préoccupait singulièrement les serviteurs du prophète. Nous redoublâmes donc de vitesse, coudoyant Turcs et Arabes, qui passaient avec leurs brillans costumes devant nos yeux éblouis, et nous criaient : *yamin* ou *chemal*, c'est-à-dire, à droite ou à gauche, selon que cette manœuvre leur paraissait nécessaire de notre part, pour ne pas les déranger dans la ligne droite et invariable qu'ils suivaient gravement soit à pied, soit à cheval. Enfin, après une de ces courses comme on en fait en songe, au milieu d'êtres inconnus et fantastiques, à travers les rues étroites et tortueuses que monsieur Taylor nous faisait prendre, parce que c'était le chemin le plus court, nous arrivâmes au milieu du quartier franc, et nous descendîmes à la porte d'une auberge italienne.

Notre premier soin fut de faire demander un tailleur; notre aubergiste nous en procura un aussitôt : c'était un Turc pur sang. Il nous fit choisir des étoffes, puis, tirant de la poche de son pantalon un fil auquel pendait un plomb, il suspendit ce plomb de manière à ce qu'il se trouvât au niveau de mon coude-pied, appuya le fil sur mon épaule, lut le degré qui était marqué sur le fil, en fit autant à chacun de nous et sortit : la mesure était prise.

Cette opération achevée, nous songeâmes à une autre non moins urgente : la préoccupation des grands souvenirs qui se présentaient à notre esprit, l'aspect grandiose du paysage, le désir immodéré d'arriver au Caire, nous avaient fait oublier le déjeuner ; mais à peine fûmes-nous dans nos chambres, où le défaut de vêtement nous consignait jusqu'au soir, que notre estomac réclama d'une manière pressante la double ration qui lui était due. La chose était trop juste pour que nous ne nous empressassions pas de le satisfaire. Nous rappelâmes notre hôte, tous enchantés de trouver à qui parler sans interprète, et nous lui commandâmes à dîner. Une demi-heure après, un couvert à l'européenne se dressait dans notre chambre ; j'avoue que ce ne fut pas une médiocre satisfaction pour moi que de m'asseoir chrétiennement à une table. Cependant notre préoccupation gastronomique ne nous fit pas oublier Mohammed ; nous l'appelâmes par la fenêtre de la cour, et, sur notre invitation, il prit place par terre près de nous.

Si nous l'avions amusé au commencement de notre voyage, lorsqu'il nous avait fallu remplacer par nos doigts seulement la cuillère, la fourchette et le couteau, c'était nous, à cette heure, qui triomphions ; le pauvre diable était tout ébahi de nous voir jongler aussi adroitement avec des instrumens qui lui étaient inconnus. Il n'essaya pas moins de nous imiter ; mais, après s'être piqué les lèvres et les gencives deux ou trois fois, il revint au système naturel, et destitua cuillère, fourchette et couteau. La somptuosité de notre repas n'avait pas non plus médiocrement étonné sa frugalité arabe; mais, sur ce deuxième point, il fut plus accommodant que sur le premier : il mangea de tout et trouva tout parfaitement bon.

Le soir venu, nous profitâmes de l'obscurité pour parcourir les rues qui conduisaient au consulat de France. Le vice-consul, enchanté de voir des compatriotes, voulut nous donner une petite fête : une demi-douzaine de musiciens du pays arrivèrent, s'accroupirent en rond en face du divan sur lequel nous étions assis, accordèrent leurs instrumens avec un sérieux imperturbable, et commencèrent à jouer des airs nationaux interrompus par des chants. Il faut avoir entendu la musique turque ou arabe pour se faire une idée du degré où peut être porté le charivari ; le nôtre était des plus complets, et sans la précaution que les musiciens avaient prise de nous bloquer, je crois que mes souvenirs des Bouffes l'emportant sur ma politesse naturelle, j'aurais pris la fuite à la quatrième mesure. Après deux heures des plus atroces que j'aie passées de ma vie, les exécutans se levèrent enfin, toujours graves et raides, malgré la mauvaise plaisanterie qu'ils venaient de nous faire, et sortirent. Le vice-amiral nous dit alors que, pour nous rendre les honneurs qui nous étaient dus, ils nous avaient joué leurs airs les plus graves, mais qu'une autre fois nous entendrions des cavatines plus vives et plus gaies.

Nous revînmes à l'hôtel, conduits par un kaffa, qui marchait devant nous en nous éclairant avec une lanterne de papier collé sur une spirale en fil de fer ; les rues étaient parraitement désertes, nous rentrâmes sans rencontrer âme qui vive, et nous nous couchâmes dans des lits : c'était la première fois depuis Alexandrie.

Cependant, quelque supériorité qu'eussent les couchettes sur les divans, et les matelas sur les tapis, j'avais les nerfs si prodigieusement agacés par la musique infernale dont nous avions été régalés, que je ne pus dormir. Bientôt une cause étrangère et physique vint se joindre à l'irritation nerveuse qui me tenait éveillé : je sentis sauter et courir sur mon lit des animaux que je ne pouvais distinguer dans l'obscurité, et qui, malgré ma promptitude à les poursuivre de la main, aussitôt que je les sentais peser sur quelque partie de mon corps, m'échappaient avec une adresse et une sagacité qui dénonçaient de leur part une grande pratique de ce genre d'exercice ; pendant un moment de repos, où je me tenais à l'affût, j'entendis Mayer, couché à l'autre bout de la chambre, faire la même chasse. Dès lors il n'y eut plus de doute, c'était une attaque en règle et combinée ; nous nous ralliâmes aussitôt par la parole, et nous étant informés mutuellement de la situation critique dans laquelle nous nous trouvions, nous nous appuyâmes aux dossiers de nos lits pour n'être point surpris par derrière, et nous commençâmes une défense en règle. Mais le geste et la parole étaient impuissans ; comme le mamelouck,

Qui charge, combat, fuit, et revient fuir encore.

nos ennemis étaient insaisissables; je pris le parti de faire, ma chandelle éteinte à la main, une sortie jusque dans l'antichambre, où brûlait une lampe, et je rentrai immédiatement avec de la lumière. Cette fois, si nous n'avions pas pu toucher nos antagonistes, nous pûmes au moins les voir : c'étaient d'énormes rats, vieux et gras comme des patriarches ; à l'aspect de la chandelle allumée, ils opérèrent leur retraite dans le plus grand désordre et avec des cris d'effroi, par-dessous la porte, qui joignait le plancher à quatre pouces près. Nous nous ingéniâmes alors à qui mieux mieux pour leur fermer cette issue ; après plusieurs moyens proposés sans résultats acceptables, je vis que l'heure était venue

3.

d'un grand dévouement, et, nouveau Curtius, je sacrifiai ma redingote que je roulai comme un bourrelet, et avec laquelle je calfeutrai la porte. A peine recouchés et la lumière éteinte, le siége recommença; mais cette fois les issues étaient bouchées, et nous nous endormîmes dans la certitude que ma tactique avait réussi.

J'avais mis, le soir, une redingote sous la porte, le lendemain j'en retirai une veste ronde, irrégulièrement rongée : les pans avaient disparu; c'étaient les dépouilles opimes.

Ce déficit dans ma toilette, joint à l'impossibilité de sortir sans avanie du quartier franc, où il n'y a rien de bien curieux à voir, me retint à l'hôtel. Je profitai de ce jour de quarantaine pour jeter sur le papier quelques réflexions architecturales, résultat des anciennes études que j'avais faites avec monsieur Taylor dans le Nord, et des nouvelles que je venais de commencer avec lui en Orient.

L'architecture arabe présente, au premier abord, un caractère d'étrangeté individuelle qui la ferait regarder, ainsi que certaines plantes indigènes poussées sur le sol, comme appartenant essentiellement à la terre, et sans analogue au delà d'un certain rayon oriental. Cependant, si mystérieusement que cette fille ingrate s'abrite sous sa coupole d'or, ceigne sa tête de versets, écrits dans une langue inconnue, qui lui serrent le front comme les bandelettes hiéroglyphiques d'une momie égyptienne, et enveloppe sa taille de son manteau de marbre aux mille couleurs, une fois que l'œil de l'archéologue, familiarisé avec l'éblouissante richesse de son ornementation, descend des détails particuliers au plan général, une fois qu'on a enlevé la première couche, une fois enfin que le sujet est écorché, on reconnaît aux muscles, aux organes, la famille antique, l'origine commune, la source fraternelle, où le Nord et l'Orient, le christianisme et le mahométisme, ont été chercher ce qui leur manquait à chacun en propre, c'est-à-dire la main qui devrait tracer le plan des mosquées du Caire et des basiliques de Venise.

Car voilà en quelques mots l'histoire complète de l'architecture. Née avec la civilisation antique de l'Inde, elle commença par creuser des cavernes avant d'élever des palais; elle eut des temples monolithes avant d'avoir des cathédrales aériennes; puis, peu à peu, ce qui était dessous monta à la surface, et ce jour-là apparut à la lumière l'art des grandes nations et des grandes époques.

L'architecture indienne traversa-t-elle la mer Rouge pour passer en Éthiopie? c'est ce que l'on ignore. L'Égyptienne fut-elle sa sœur ou seulement sa fille? on ne sait. Seulement elle partit de Méroé, grave et puissante comme une aïeule; elle bâtit Philœ, Éléphantine, Thèbes et Tentyra, puis s'arrêta regardant les remparts des Memphis s'élever sous les mains d'hommes étrangers, qui remontaient le Nil, qu'elle descendait. C'est la seconde époque. C'est l'époque du progrès qui précède l'époque de l'art; c'est l'époque où l'on élève, par des moyens dynamiques inconnus de nos jours, des masses gigantesques sur des fûts monolithes; c'est l'époque où l'architrave d'un seul bloc, se rejoignant sur le centre du chapiteau, forme la voûte carrée plate et massive; c'est l'époque enfin où tous les monumens, quelle que soit leur destination, auront l'air d'avoir été bâtis pour des géans, car le mot grandeur est l'idée dominante de cette époque, et il est écrit de Babylone à Palanqué, et d'Éléphantine aux murs de Sparte, non pas avec des pierres, mais avec des rochers.

La Grèce succède à l'Égypte : la fille gracieuse et coquette à la mère silencieuse et voilée; l'art à l'idéalité, le beau à la grandeur. Alors naissent des mots inconnus, la pureté, la proportion, l'élégance : Athènes, Corinthe, Alexandrie, éparpillent un peuple joyeux de nymphes sous quatre ordres de colonnes; la construction reste stationnaire, l'ornementation s'élève à son apogée.

Puis vient Rome la laborieuse, avec son monde de laboureurs et de soldats, pour qui le granit, le porphyre et le marbre sont rares, à cause de la dépense qu'en ont faite ses aînées, et qui ne possède que son travertin. Il faut que les petits matériaux succèdent aux grands; mais la science vient au secours de la pauvreté, et elle invente la voûte semi-circulaire. Le plein cintre forme dès lors le principal caractère de l'art romain, car il l'applique à tout, à ses temples, à ses aqueducs, à ses arcs de triomphe; seulement, aux extrémités et sur les limites de son empire, il reflète les pays qui l'avoisinent. A Petra, il creuse des palais monolithes comme dans l'Inde; à Persépolis, il remplace le chapiteau toscan ou corinthien par la tête des éléphans de Darius ou des chevaux de Xerxès.

Tout à coup cette immense Babel est interrompue; l'Orient pousse le nord sur le couchant, et tous deux viennent rouler ensemble à travers le vieux monde, qu'ils enveloppent comme un serpent, qu'ils inondent comme une mer, qu'ils dévorent comme un incendie. Rome, la reine du monde, prépare à la hâte son arche sainte, qui aborde à Byzance avec la semence de chaque art, comme Noë aborde au mont Ararat avec le germe de chaque race.

Cependant, non-seulement un monde a succédé à un autre, mais, au milieu de ce cataclysme, une voix du ciel s'est fait entendre, une idée nouvelle a été formulée, un symbole inconnu a resplendi; il faut des monumens qui représentent cette idée, une base pour élever ce symbole; les barbares tournent les yeux vers Byzance, et ils reconnaissent la croix sur la coupole de Sainte-Sophie; le symbole et le monument sont réunis, l'idée chrétienne est complète.

Mais, si la foi est partout, là est l'art, là est la lumière; c'est là que le chrétien doit aller chercher ses artistes, et l'Arabe ses architectes; car l'Arabe est ignorant, barbare et fervent comme le chrétien. Byzance est donc la source commune; ses fils, appelés à la réédification du monde, viennent, descendans dégénérés de leurs pères, avec leurs souvenirs antiques et leur inhabileté présente; ils essaient, ils tâtonnent, ils copient; dans cette première période, la basilique du Christ et la mosquée de Mahomet sont sœurs, et ce n'est que lorsque les exigences de l'Évangile et du Coran ont parlé assez haut pour que les pierres, le granit et le marbre leur obéissent, que les deux filles de la même mère se séparent pour ne plus se rapprocher.

Alors les deux pensées en travail réunissent autour de leur symbole visible tout ce qui peut le compléter; la basilique prend d'abord la forme de la croix grecque, puis bientôt celle de la croix latine, qui est la croix du Christ; elle élève un clocher auprès de son porche pour y montrer de son doigt de pierre le ciel à ceux que ses cloches appellent; elle bâtit douze chapelles en mémoire de ses douze apôtres; elle incline le cœur à droite, parce que Jésus a incliné la tête sur l'épaule droite en mourant, et elle perce dans ce chœur trois fenêtres, parce que Dieu est triple, et que toute lumière vient de Dieu. Maintenant viennent les vitraux aux mille couleurs, qui, brisant les rayons du jour, feront à toute heure un crépuscule pour la méditation et la prière; maintenant vienne l'orgue, cette grande voix des cathédrales, qui parle toutes les langues, depuis celle de la vengeance jusqu'à celle de la miséricorde, et la pensée chrétienne tout entière sera arrivée à son plus haut degré de perfection dans la cathédrale gothique du quinzième siècle.

Chez le musulman, au contraire, où tout doit s'adresser à la matière et rien à l'âme, où la récompense des vrais croyans, après le plaisir dans ce monde, sera la volupté du paradis, le monument religieux prend un tout autre caractère. Son premier soin est d'ouvrir la voûte au sourire éternel de son ciel : il fait jaillir, sous le prétexte de ses ablutions, des fontaines d'argent liquide dont le murmure seul rafraîchit; il les entoure d'arbres touffus et odoriférans, sous l'ombrage desquels il appelle ses rossignols et ses poëtes, ne réservant qu'un espace étroit et carré, où reposera le corps du saint musulman abrité par un dôme enrichi d'ingénieuses arabesques, et près duquel s'élèvera le madeneh, tour à plusieurs étages, d'où le muezzin appellera trois fois par jour les fidèles à la prière, en leur rappelant les maximes fondamentales de leur foi. Puis après l'influence religieuse viendra l'influence locale. L'art mahométan, quoique fils de Byzance, ne passera pas impunément si près de Persépolis et de Delhy; ses arcs, élargis à leur centre, se refermeront à leur base avec une grâce persane, et l'Inde lui fournira des combinaisons légères et déliées avec lesquelles il recouvrira ses murs d'une dentelle de pierre. Alors, à son tour, la pensée mahométane sera complète et se résumera dans sa mosquée, ainsi que la pensée chrétienne en sa cathédrale.

Au reste, les architectes des deux pensées ont eu cela de commun que, chacun de son côté, ils ont détruit pour construire. Tous ont rebâti leur nouveau monde avec les débris de l'ancien. Ils ont trouvé le squelette étendu sur le sable, et ils lui ont volé ses ossemens les plus forts, ses merveilles les plus élégantes : aux chrétiens le Parthénon, le Colysée, le temple de Jupiter Stator, la maison dorée de Néron, les thermes de Caracalla, les amphithéâtres de Titus ; aux Arabes les pyramides, Thèbes, Memphis, le temple de Salomon, les obélisques de Carnac et les colonnes de Sérapis. Et cela par cette volonté immuable qui ne permet pas que rien se crée de nouveau, mais qui veut que tout s'enchaîne, et qui, par cet enchaînement, a donné aux hommes l'explication de l'éternité.

Parmi tous ces architectes et ces faiseurs de villes, ce fut Ahmed-Ebd-Tayloun, dont le père était le chef de la garde des califes à Bagdad, qui fonda le Vieux-Caire. Ce conquérant nomade l'appela *Fostat*, ou la tente, et y fit bâtir la mosquée de Tayloun. Le Fatimite Djouhaar s'empara, en 969, de ce campement de pierres, traça l'emplacement de la nouvelle ville, et l'appela Mars-el-Kakirah, la *Victorieuse*. Au commencement du douzième siècle, Salah-Eddin, lieutenant de Nour-Eddin, conquit l'Égypte, et enveloppa la *Victorieuse* dans sa conquête. Ce fut sous lui que Caracoush, son capitaine, fit bâtir la citadelle et les murailles d'enceinte. Quelques années plus tard, Beybar, le chef des mamelouks, poignarda le visir et régna à sa place ; enfin ses descendans possédèrent tranquillement le Caire jusqu'à ce qu'en 1517 Sélim fît de l'Égypte une province turque. Ce fut pendant le cours de ces différens règnes que, tandis que tombait la ville d'Ahmed-Ebd-Tayloun, celle de Djouhaar vit successivement s'élever ses splendides édifices.

Le Caire, qui occupe une immense étendue de terrain, et dont la population s'élève à trois cent mille âmes, est divisé en plusieurs quartiers, comme les villes européennes du moyen âge : le quartier des Arabes, des Grecs, des Juifs et des chrétiens ; seulement chaque quartier est séparé par des portes auxquelles veillent la nuit des gardes. Nous étions, comme nous l'avons dit, dans le quartier des chrétiens, qu'on appelle le quartier franc, et dont il est dangereux de sortir avec son costume à l'européenne, danger auquel le lecteur doit cette longue discussion archéologique et chronologique, dont nous lui demandons humblement excuse, mais que nous avons crue nécessaire une fois pour toutes dans un ouvrage de ce genre.

Le lendemain, à l'heure dite, notre marchand d'habits arriva. C'est encore à cette exactitude que je fus forcé, comme sur beaucoup d'autres choses, de reconnaître la supériorité du tailleur turc sur le tailleur français. Quelques compatriotes, attirés par la curiosité de l'opération, étaient venus pour assister à notre métamorphose. Le tailleur avait amené avec lui un barbier, entre les mains ou plutôt entre les jambes duquel il nous fallut passer avant d'arriver à lui. La cérémonie commença par moi ; monsieur Taylor, qui avait à traiter de sa mission, s'était rendu chez le consul, et nous avait laissés aux soins de notre toilette.

Le barbier se plaça sur une chaise et me fit asseoir à terre. Puis, il tira de sa ceinture un petit instrument de fer que je reconnus pour un rasoir en le lui voyant frotter sur la paume de la main. L'idée que cette espèce de scie allait me courir sur la tête me fit dresser les cheveux, mais presque aussitôt je me trouvai le front pris entre les genoux de mon adversaire, comme dans un étau, et je compris que ce qu'il y avait de mieux à faire était de ne pas bouger. En effet, je sentis courir successivement sur toutes les parties de mon crâne ce petit morceau de fer si méprisé, avec une douceur, une adresse et un velouté qui m'allèrent à l'âme. Au bout de cinq minutes, le barbier desserra les jambes, je relevai le front, j'entendis tout le monde rire ; je me regardai dans une glace, j'étais complétement rasé, et sur tout le crâne il ne me restait de ma chevelure que cette charmante teinte bleuâtre qui décore le menton à la suite des barbes bien faites. J'étais stupéfait de cette promptitude ; puis je ne m'étais jamais vu ainsi, et j'avais quelque peine à me reconnaître. Je cherchai, au-dessus de la bosse de la théosophie, la mèche par laquelle l'ange Gabriel enlève les musulmans au ciel, elle n'y était même pas. Je crus que j'avais le droit de la réclamer ; mais, au premier mot que j'en dis, le barbier me répondit que cet ornement n'était adopté que par une secte dissidente, peu vénérée parmi les autres à cause de l'irrégularité de ses mœurs. Je l'arrêtai au milieu de sa phrase en l'assurant que j'avais à cœur de n'appartenir qu'à une secte parfaitement pure, attendu que mes mœurs avaient toujours été, en Europe, l'objet de l'admiration générale. Ce point accordé, je passai sans regret entre les mains du tailleur, qui commença par mettre sur ma tête rase une calotte blanche, sur cette calotte blanche un tarbouch rouge, et sur le tarbouch un châle roulé, qui me transformait presque en vrai croyant. On me passa ensuite ma robe et mon *abbaye;* la taille, comme la tête, fut serrée avec un châle, et dans ce châle, auquel je suspendis fièrement un sabre, je passai un poignard, des crayons, du papier et de la mie de pain. Dans cet accoutrement, qui ne me faisait pas un pli sur le corps, mon tailleur m'assura que je pouvais me présenter partout Je n'en fis aucun doute; aussi attendis-je avec la plus grande impatience, et comme un acteur qui va entrer en scène, que le travestissement de mes compagnons fût opéré. Il leur fallut, à leur tour, subir sous mes yeux l'opération que j'avais subie sous les leurs; et décidément, ce n'était point encore moi qui avais la plus drôle de tête. Enfin, la toilette achevée, nous descendîmes l'escalier, nous franchîmes le seuil de la porte et nous débutâmes.

J'étais assez embarrassé de ma personne : mon front était alourdi par mon turban; les plis de ma robe et de mon manteau embarrassaient ma marche; mes babouches et mes pieds, encore mal habitués l'un à l'autre, éprouvaient de fréquentes solutions de continuité. Mohammed marchait sur nos flancs, marquant le pas avec les mots : Doucement, doucement. Enfin, lorsque la pétulance française fut un peu calmée, qu'un peu plus de lenteur cadencée nous eut permis d'observer le balancement du corps nécessaire pour donner la grâce arabe à notre allure, tout alla pour le mieux. En somme, ce costume, parfaitement approprié au climat, est infiniment plus commode que le nôtre, en ce qu'il ne serre que la taille et laisse toutes les articulations parfaitement libres. Quant au turban, il forme autour de la tête une espèce de muraille à l'aide de laquelle celle-ci transpire à son aise, sans que le reste du corps ait à s'en inquiéter, ce qui ne laisse pas que d'être fort satisfaisant.

Une demi-heure passée à nous mahométaniser, nous commençâmes nos investigations. Notre première visite fut pour le palais du pacha ; le chemin qui y conduit était rempli de fragmens d'un goût exquis, à la contemplation desquels il fallait que Mohammed nous arrachât à toute minute. Rien ne peut donner une idée de la finesse et de l'ingéniosité de l'ornementation arabe ; c'est qu'aussi partout le Caire est grand par ses détails comme par son ensemble, lorsqu'il laisse seulement apercevoir le bout d'une rue ou le coin d'une mosquée, comme lorsqu'il découvre dans une vue générale ses trois cents madenehs, ses soixante-douze portes, sa ceinture de murailles, ses tombeaux des califes, ses pyramides, son Nil et son désert.

Nous traversâmes rapidement des bazars somptueux et des rues couvertes de tentes ; puis nous arrivâmes à la mosquée géante du sultan Hassan, séparée par une place de la citadelle, vers laquelle est tournée sa principale façade. Nous prîmes le chemin escarpé qui conduit au Divan de Joseph, près duquel était un fameux puits que monsieur Taylor nous avait désigné. C'est un édifice quadrangulaire destiné à fournir de l'eau à la citadelle, et dont la profondeur est, dit-on, égale à celle du fleuve : il est creusé dans le roc, et l'on y descend par des degrés, qu'éclairent d'abord des jours ménagés dans la cage du milieu ; mais, arrivé à une certaine profondeur, il est indispensable d'allumer des flambeaux.

Quant à la mosquée connue sous le nom du *Divan de Joseph*, elle est soutenue sur des colonnes monolithes d'un marbre admirable, qui supportent au-dessus de leurs chapiteaux corinthiens des arcs un peu rentrans, dont le contour est orné de lettres arabes indiquant des versets particuliers du Coran. En continuant de gravir, on arrive à la plate-forme; c'est sur ce point culminant que s'élève le palais du pacha, amas de pierres, de colonnes en bois et de peintures itaiennes d'un goût détestable; le tout fort mal approprié aux exigences du climat.

Ce fut Caracoush, capitaine et premier ministre de Sallah-Eddin, qui, comme nous l'avons dit, fit bâtir la citadelle, creuser le puits et tracer les murailles de la nouvelle ville; aussi son souvenir est-il des plus populaires, et, comme il était petit et bossu, on donna son nom à une espèce de polichinelle, qui jouit de la plus grande liberté dans les rues du Caire, où il débite en geste et en paroles les obscénités les plus prodigieuses. La célébrité de leur nom a valu chez nous quelque chose de pareil à messieurs de Marlborough et de La Palisse.

Nous étions accompagnés dans notre excursion par monsieur Msara, interprète du consulat, ancien drogman des mameloucks de la garde, que nous avions, en arrivant, trouvé établi à notre hôtel; il joignait à cette antique recommandation une industrie nouvelle, celle du commerce des antiquités ; il possédait, en outre, une foule d'anecdotes qui le rendaient un cicerone des plus intéressans. Ce fut lui qui nous expliqua le magnifique panorama que nous avions sous les yeux du point élevé où nous étions parvenus.

La citadelle domine tout le Caire. En tournant la face à l'orient et le dos au fleuve, on a à sa droite le midi, à sa gauche le nord, et l'on embrasse un demi-cercle immense; sur les ailes, à nos pieds, s'élevaient les tombeaux des califes, ville morte, silencieuse et inhabitée, mais debout comme une ville vivante : c'est la Nécropolis des géans. Chaque sépulcre est grand comme une mosquée, et chaque monument a son gardien, muet comme le sépulcre. Nous irons la visiter plus tard avec des flambeaux, évoquer ses spectres et effrayer ses oiseaux de proie, qui, tout le jour, se tiennent sur les flèches qui la surmontent, et la nuit rentrent dans les tombeaux, comme pour dire aux âmes des califes que c'est à leur tour de sortir. Derrière cette ville monumentale et mortuaire passe la chaîne du Mocattan, rocher à pic et aride, qui renvoie jusqu'au Caire les rayons ardens du soleil.

En faisant volte-face, on a sous ses pieds la ville vivante au lieu de la ville morte ; en plongeant dans les rues emmêlées et tortueuses, au fond desquelles on voit circuler lentement et gravement quelques Arabes à pied, vêtus de leur magnifique *msallah*, ou quelques Turcs à âne; puis des encombremens d'où partent des cris de chameaux et de marchands, et qui sont des bazars; un toit de coupoles qui semblent des boucliers de géans, une forêt de madenehs pareils à des mâts ou à des palmiers, à gauche, le Vieux-Caire ou la *tente* de Tayloun ; à droite Boulacq, le désert, Héliopolis; en face, au delà de la ville, le Nil avec son île de Roudah, et sur son autre rive le champ de bataille d'Embabeh; au delà, le désert; au sud ouest, Gyzeh, le sphinx, les pyramides, une forêt de palmiers immenses, où dort le colosse et où fut Memphis; au-dessus de leurs cimes, des pyramides encore; puis le désert, le désert à tous ses horizons: un océan de sable, immense comme l'Océan véritable, avec son flux et son reflux; ses caravanes qui le fendent comme des flottes; ses dromadaires qui le sillonnent comme des barques; son simoun qui l'agite comme un ouragan.

C'est sur la plate-forme où nous étions que le pacha d'Egypte fit mitrailler, en 1818, je crois, toute cette vieille milice de mamelouks qu'il avait fait appeler comme pour une fête: elle était venue, ainsi que d'habitude, revêtue de ses plus beaux costumes, armée de ses plus belles armes, portant avec elle toutes ses richesses. A un signal donné par le pacha, la mort éclata de tous côtés; les bouches des canons croisèrent leur flamme et leur fer, et chevaux et hommes roulèrent dans le sang. Alors toute cette troupe éperdue se dispersa, heurtant du front les murailles avec des cris insensés de vengeance et de fureur, se mêlant en tourbillons, se divisant en groupes, s'éparpillant comme les feuilles que le vent chasse, se réunissant tout à coup et revenant dans un dernier effort briser le poitrail de ses chevaux aux embouchures grondantes des canons; puis repartant pareils à des volées d'oiseaux effarouchés poursuivis dans leur course par la pluie de bronze qui les suivait. Plusieurs alors se précipitèrent du sommet de la citadelle, et s'abîmèrent eux et leurs montures; cependant, parmi ceux-ci, deux se relevèrent; chevaux et cavaliers, étourdis, frémirent un instant comme des statues équestres dont un tremblement de terre secoue la base; puis les deux cavaliers et les deux chevaux repartirent avec la rapidité de l'éclair, traversèrent la porte de la ville, qui n'était pas fermée, et se trouvèrent hors du Caire. Ils se dirigèrent aussitôt vers la ville des califes, traversèrent la cité silencieuse, qui retentit comme une catacombe, puis arrivèrent au pied de la chaîne du Mocattan, au moment où une troupe de cavalerie de la garde du pacha sortait de la ville pour les poursuivre; l'un prit le chemin d'El-Arich, l'autre s'enfonça dans la montagne : l'escorte se partagea et les poursuivit.

Ce fut quelque chose de merveilleux que cette course de vie et de mort et que ces chevaux du désert lâchés à travers la montagne, bondissant par dessus les rochers, franchissant les torrens, côtoyant les précipices. Trois fois le cheval d'un des mamelouks tomba, à bout de son haleine et presque à la fin de sa vie ; trois fois, en entendant le galop qui le poursuivait, il se releva et reprit sa course ; enfin il s'abattit pour ne plus se relever. L'homme alors donna un touchant exemple de réciproque fidélité : au lieu de se laisser glisser de quelque rocher dans quelque gorge et de gagner des pics inaccessibles aux chevaux, il s'assit auprès de son coursier, la bride au bras, et il attendit ; alors les soldats le tuèrent sans qu'il proférât une plainte, sans qu'il poussât un soupir. Quant à l'autre mamelouk, plus heureux que son camarade, il traversa El-Arich, gagna le désert, et devint gouverneur de Jérusalem, où nous l'avons vu, seul et dernier débris de ce corps redoutable qui, trente ans auparavant, rivalisait de courage avec l'élite de notre jeune armée.

Ce que nous remarquâmes surtout dans cette première course, c'est la quantité d'oreilles et de nez qui manquaient aux visages que nous rencontrions, et qui donnaient aux braves gens mutilés de cette façon l'aspect le plus fantastique. J'interrogeai Mohammed sur cet étrange phénomène : il me répondit que ces honorables invalides étaient tout bonnement des pratiques du tribunal correctionnel du Caire. Cela demandait une explication : monsieur Msara, toujours officieux et causeur, nous la donna à l'instant.

Au Caire, pays primitif et qui n'a pas encore eu le temps d'arriver à notre civilisation, il n'y a pas une armée de mouchards pour surveiller l'armée des voleurs ; d'ailleurs les plus minutieuses recherches, la surveillance la plus exacte, seraient facilement déçues. Le surveillé franchit les murs du Caire, et il est dans le désert. Or la justice a horreur du sable comme de l'eau ; toute mer l'épouvante : il fallait remédier à cet inconvénient. Les cadis, que cela regardait particulièrement, cherchèrent dans leur tête et trouvèrent un moyen ingénieux de distinguer les voleurs des honnêtes gens.

Quand un vol a été commis et que le voleur est pris, ce qui arrive quelquefois, le cadi fait venir l'accusé, l'interroge, dresse sa procédure, et quand sa conviction est établie, ce qui est vite fait, il prend d'une main l'oreille du voleur, de l'autre un rasoir, et passe adroitement l'instrument entre sa main et la tête du prévenu ; assez habituellement le résultat de cette manœuvre est que le morceau lui reste entre les doigts, et que le prévenu s'en va déferré d'une oreille.

On comprend combien un pareil procédé simplifie l'action de la police. Si un voleur déjà repris de justice commet un second vol, il n'y a pas de dénégation possible, à moins que l'oreille n'ait repoussé, ce qui est rare; alors on coupe l'autre, en vertu de cet axiome de droit : *Non bis in idem.* Si le voleur est incorrigible et qu'il retombe une troisième fois dans la même faute, le cadi s'en prend alors au milieu du visage et coupe le nez comme il a coupé les oreilles : c'est alors aux bourgeois du Caire de se tenir pour avertis quand ils voient s'approcher d'eux une tête qui manque de quelques-uns de ses accessoires ; car les propriétaires ont le ridicule de tant les regretter, qu'ils les cherchent dans toutes les poches qu'ils trouvent sur leur route. Au reste, si vous sentez au Caire une main dans votre poche, tirez votre poignard, coupez-la et allez-vous-en avec ; s'il y a des bagues aux doigts, tant mieux pour vous : vous pouvez être tranquille, le propriétaire ne la réclamera pas.

Monsieur Msara finissait de nous donner cette explication, lorsque nous vîmes le cadi en exercice. Le cadi sort le matin, sans prévenir où il doit se rendre; il prend son vol à travers la ville, et, suivi de ses exécuteurs, s'abat sur le premier bazar qu'il rencontre : là, il s'assied au hasard dans une boutique, vérifie les poids, les mesures et les marchandises, écoute la clameur publique, interroge le marchand pris en contravention ; puis, sans avocat, sans juge et surtout sans retard, prononce l'arrêt, applique le châtiment, et se remet en quête d'un nouveau délinquant. Les peines changent alors de caractère : on ne peut pas, malgré la ressemblance, traiter les marchands comme les voleurs, cela ôterait la confiance au commerce : aussi les condamnations sont-elles or, dinairement, les plus douces, la confiscation ; les modérées- la fermeture des boutiques; et les sévères, l'exposition. Cette exposition se fait d'une manière toute particulière : on adosse le patient contre sa boutique, on lui fait lever les talons de manière que tout le poids de son corps porte sur la pointe des pieds, puis on lui cloue l'oreille contre sa porte ou contre son volet, ce qui lui donne l'air de faire des pointes à la manière d'Elssler ou de la Brugnoli. Ce supplice ingénieux dure deux, quatre ou six heures. Il est inutile de dire que le patient peut l'abréger en pratiquant une déchirure, mais cela arrive rarement; les marchands turcs tiennent à leur honneur, et pour rien au monde ils ne voudraient ressembler à un voleur par l'absence du plus petit morceau d'oreille.

Je m'arrêtai devant un de ces malheureux qui venait d'être cloué à l'instant même; j'allais m'apitoyer sur son sort, lorsque Mohammed me dit que c'était un habitué, et que si je regardais ses oreilles de près, je les trouverais comme des écumoires. Cela changea complétement mes dispositions à son égard ; il en avait encore pour sept quarts d'heure : c'était beaucoup plus qu'il ne m'en fallait pour faire son portrait. J'invitai le reste de la société à continuer son chemin accompagnée de monsieur Msara, et à me laisser Mohammed, avec qui je me tirerais d'affaire ; mais mon fidèle Mayer ne voulut pas m'abandonner. Nous restâmes donc tous les trois : les autres continuèrent leur route.

Le tableau était tout composé. Le boulanger, cloué par l'oreille, se tenait debout, raide et tout d'une pièce, sur l'extrémité des gros orteils, et près de lui, assis sur le seuil, le garde chargé de l'exécution fumait une chibouque dont la charge paraissait avoir été calculée sur le temps du supplice. Autour des deux personnages, un demi-cercle de curieux s'élargissait ou se rétrécissait, selon que de nouveaux venus arrivaient, ou que d'anciens arrivés s'en allaient. Nous prîmes place sur une des ailes, et je commençai mon travail.

Au bout de dix minutes, le boulanger, voyant qu'il n'y avait aucune pitié à attendre du public, parmi lequel d'ailleurs il reconnaissait peut-être quelques-unes de ses pratiques, se hasarda d'adresser la parole à son gardien :

— Frère, lui dit-il, une loi de notre saint prophète est que les hommes doivent s'entr'aider.

Le gardien ne parut avoir rien à objecter contre ce précepte, et continua tranquillement de fumer sa pipe.

— Frère, reprit le patient, m'as-tu entendu?

Le gardien ne donna d'autre signe d'adhésion qu'une large bouffée de fumée qui monta au nez de son voisin.

— Frère, ajouta celui-ci, l'un de nous deux pourrait aider l'autre et être agréable à Mahomet.

Les bouffées de fumée se succédaient avec une régularité désespérante pour le malheureux qui demandait autre chose.

— Frère, continua-t-il d'une voix dolente, mets une pierre sous mes talons, et je te donnerai une piastre, — silence absolu, — deux piastres, — pause, — trois piastres, — fumée, — quatre piastres.

— Dix piastres (1), dit le gardien.

L'oreille et la bourse du boulanger se livrèrent un combat qui se refléta sur sa physionomie; enfin la douleur l'emporta, et les dix piastres tombèrent aux pieds du gardien, qui les ramassa, les compta les unes après les autres, les mit dans sa bourse, posa sa chibouque contre le mur, se leva, alla chercher un caillou gros comme un œuf de mésange, et le plaça délicatement sous les pieds de son voisin.

— Frère, dit le patient, je ne sens rien sous mes pieds.

— Il y a cependant une pierre, dit le gardien en reprenant sa place et sa chibouque et en se mettant à fumer; seulement je l'ai choisie proportionnée à la somme. Donne-moi un talari (cinq francs), et je te mettrai sous les pieds une pierre si belle et si bien appropriée à ta situation, que tu regretteras dans le paradis la place que tu avais à la porte de ta boutique.

Le résultat de tout cela fut que le gardien eut ses cinq francs et le boulanger sa pierre. Je ne sais pas, au reste,

(1) Il est bien entendu que la piastre dont nous parlons est toujours la piastre égyptienne, qui vaut 6 ou 7 sous de France.

comment la séance se termina, mon dessin ayant été achevé au bout d'une demi-heure.

Comme la chaleur commençait à être fatigante, et que notre tournée était loin d'être achevée, Mohammed fit un signe, et deux ânes magnifiquement caparaçonnés nous furent amenés. C'étaient bien les bêtes les plus pétulantes que nous eussions encore rencontrées ; mais nous sortions pour dessiner et non pour gagner le prix de Chantilly. Nous les forçâmes donc de marcher à notre allure, ce qui ne fut pas chose facile, surtout pour Mayer, qui, en sa qualité d'officier de marine, n'avait pas le moindre goût pour l'équitation. Mohammed nous assura qu'avant l'arrivée des Français au Caire jamais on n'avait vu un âne galoper ; mais les pacifiques quadrupèdes n'eurent pas plus tôt tâté des moyens ingénieux qu'employaient les nouveaux venus, tels que la pointe de la baïonnette ou les mèches d'amadou allumées sous la queue, qu'ils adoptèrent ce galop éternel qui s'est perpétué de génération en génération. Cependant Mohammed prétendait qu'en général ils avaient l'intelligence de sentir à quelle race appartenait leur cavalier. En effet, j'ai vu des animaux, que je reconnaissais pour avoir eu toutes les peines du monde à les dompter la veille, marcher tranquillement sous la conduite d'un grave Turc, ou trotter convenablement entre les jambes d'un marchand cophte ; quant à ceux que j'ai vus à la solde des voyageurs français, c'étaient toujours de véritables Bucéphales.

Nous visitâmes successivement plusieurs bazars : chaque bazar est presque toujours affecté à un seul genre de marchandises, comme chaque commerçant à un seul genre de commerce, et chaque esclave à un seul genre de service. Nous commençâmes par le bazar des comestibles : il y avait d'abord, et surtout, du riz, qui est la denrée la plus facile à transporter et la principale nourriture de la population ; puis de la pâte d'abricot roulée comme des tapis, et dont chaque pièce avait de vingt-cinq à trente pieds de longueur sur trois ou quatre de large ; cette pâte se vend à l'aune, ce qui dérange un peu les idées de confitures que nous avons en Occident ; puis des dattes choisies, puis des dattes trop mûres et des dattes trop vertes, pilées ensemble et agglomérées en cubes qui pèsent de cent à cent cinquante livres : c'est, avec le riz, la principale nourriture du peuple ; seulement l'un est considéré comme dîner et l'autre comme dessert : cette pâte, au reste, lui est vendue à vil prix.

Les bazars de costumes sont riches ; les châles des Indes y sont en grande quantité ; leur prix m'a paru coté à peu près à la moitié de ce qu'ils coûtent en France. Le bazar des armes est somptueux ; les armes blanches surtout sont magnifiques, mais rares et recherchées. Presque jamais on n'y trouve ni poignards ni sabres tout montés ; il faut acheter la lame, la faire emmancher chez un armurier, la porter ensuite chez le gaînier pour qu'il y fasse un fourreau, puis chez l'argentier pour qu'il la garnisse, puis chez le passementier pour qu'il y suspende les cordons, puis enfin chez le vérificateur pour qu'il y applique le poinçon. Quelques lames sont d'un prix exorbitant ; elles valent jusqu'à 2,000, 2,500 et 3,000 francs.

Pour faciliter les achats, les Juifs parcourent les bazars, et proposent de changer l'or et l'argent, ou de prêter des fonds aux personnes connues qui auraient besoin d'une somme plus forte que celle qu'elles auraient apportée : on les reconnaît, au premier coup d'œil, à leurs costumes noirs, les lois somptuaires du Caire leur interdisant toute autre couleur.

Pour terminer la journée, nous allâmes au bazar des femmes. Le bâtiment qui les renferme est divisé en misérables cours carrées, contre les murs desquelles sont appliquées des cages ; au milieu de chaque cour passe une cloison qui la sépare en deux : le premier étage est occupé par des appartemens un peu plus comfortables réservés aux esclaves de prix.

Nous entrâmes dans les cours, et nous trouvâmes la marchandise que nous voulions visiter parfaitement nue, afin que nous pussions d'abord apprécier sa qualité, puis ensuite assortie par couleur, par nation et par âge ; il y avait des Juives aux traits graves, au nez droit, aux yeux longs et noirs ; des Arabes à la teinte basanée, avec des anneaux d'or aux jambes et aux bras ; des Nubiennes avec leurs cheveux nattés en tresses, d'une finesse extrême et qui se partagent sur le milieu de la tête pour retomber à droite et à gauche. Parmi celles-ci, qui toutes étaient noires, il y avait cependant deux classes et deux tarifs: c'est que quelques-unes appartenaient à une race qui a le privilége, quelle que soit la chaleur, de conserver une peau froide comme celle d'une couleuvre, ce qui est d'un prix inappréciable pour le maître, dans ce climat ardent, où tout ce qui respire passe dix heures par jour à chercher la fraîcheur. Enfin il y avait de jeunes Grecques, enlevées à Scio, à Naxos et à Milo, et parmi celles-ci une jeune enfant ravissante de grâce et de beauté, dont je demandai le prix, et que l'on me fit trois cents francs.

Toutes ces esclaves sont toujours joyeuses en apparence, car, horriblement nourries par leurs marchands, battues à la moindre faute qu'elles commettent, ou plutôt au moindre caprice de leurs maîtres, aucune condition n'est pire pour elles que celle de rester en magasin. Aussi n'y a-t-il pas de mines, de sourires, de promesses muettes et lascives que ces malheureuses ne fassent aux acheteurs qui les visitent. Les marchands les traitent absolument comme du bétail; il n'y a pas de cheval au marché sur lequel la curiosité de l'amateur puisse s'exercer d'une manière plus naïve et plus étendue que sur ces malheureuses créatures. Au reste, sous ce climat de feu, une femme n'est plus jeune à vingt ans.

Dans ces derniers bazars on retrouve encore les Juifs; mais là ils vendent des costumes. Comme la livraison se fait au moment même de l'achat, et que la marchandise est complétement nue, l'acheteur ne peut l'emmener sans la revêtir au moins d'une couverture.

Il y a aux environs de chaque bazar de magnifiques fontaines : ce sont de beaux et somptueux monumens presque toujours isolés, et dont un grillage en bronze ferme les ouvertures. A chaque fenêtre un bol en cuivre est suspendu par une chaîne; on passe le bras à travers le grillage, on puise de l'eau, on boit, et on laisse retomber le bol, qu'attend presque toujours une autre bouche altérée. Il y a éternellement, près de chaque fontaine, une douzaine d'Arabes assis : ils tournent autour du monument avec le soleil; de sorte qu'ils ont toujours les deux choses les plus précieuses dans ce climat, de l'eau et de l'ombre.

Nous sortions du bazar si préoccupés de ce que nous venions de voir, que nous laissions nos ânes maîtres de nous conduire, lorsque nous nous trouvâmes, en prenant une rue qui conduisait au quartier franc, marcher au devant d'une troupe de femmes qui allait au bain; elles étaient toutes montées sur des mules, couvertes de mantes de soie blanche, et s'avançaient conduites par un eunuque aux armes du pacha. Chacun se rangeait sur le chemin qu'elles allaient parcourir, les hommes se jetant le visage contre terre, ou se collant la figure le long des murailles, de sorte qu'il n'y avait que Mayer et moi au milieu de la rue. Mohammed, qui vit le danger, saisit aussitôt mon âne par le licol, et le tira dans un rentrant de maison, criant à Mayer :—A gauche! à gauche! seigneur Français! à gauche! Mais le conseil, à ce qu'il paraît, était plus facile à donner qu'à suivre; Mayer, en sa qualité de marin, n'entendait que lorsqu'on lui parlait par tribord et babord : aussi, de peur de commettre une faute, tira-t-il les deux côtés de la bride en même temps; de sorte que son âne s'arrêta court, comme celui de Balaam. En ce moment il se trouvait face à face avec l'eunuque; celui-ci, habitué à écarter tous les obstacles d'un signe, leva son bâton et en frappa la tête de l'âne. L'âne se cabra, Mayer perdit les arçons, et manqua tomber; mais, se rattrapant moitié au pommeau de la selle, moitié au cou de la bête, il reprit son aplomb, et, marchant à son tour à l'eunuque, qui ne pensait à rien, il l'étendit à terre du plus beau coup de poing que jamais face d'eunuque ait reçu : puis, en véritable Parisien, il tira sa carte, qu'il avait fait passer de la poche de son gilet dans celle de son *abbaye*; afin que si l'eunuque n'était pas content, il sût où le trouver. Mais celui-ci, effrayé d'un traitement auquel il était si peu habitué, se releva sur les deux genoux; et voyant que Mayer lui présentait un papier, il le baisa humblement. Mayer, satisfait de cette démonstration, opéra enfin la manœuvre indiquée par Mohammed, et, prenant à gauche, vint nous rejoindre, tandis que le cortége, un instant arrêté, continuait sa route vers le bain.

A peine Mayer nous eut-il rejoints, que Mohammed, sans dire un seul mot, saisit de chaque main la bride de nos ânes, et, prenant le galop, nous entraîna dans un millier de petites rues au bout desquelles nous entrâmes toujours courant dans la cour du consulat de France. Là nous demandâmes enfin à notre interprète la raison de cette course muette et forcenée; mais il ne nous répondit pas autre chose que ces mots : *Dis au consul, dis au consul.*

En effet, c'était le plus court pour savoir à quoi nous en tenir; nous montâmes chez le vice-consul pour lui dire ce qui s'était passé; il nous écouta avec terreur, puis, le récit achevé :

— Allons, dit-il, tout a fini pour le mieux; mais si l'eunuque vous avait fait poignarder sur la place, je n'aurais pas même osé redemander vos cadavres.

Ce qui nous avait sauvés, c'est que l'imbécile, en se sentant châtié de la sorte, avait pensé que nous ne pouvions être que deux grands personnages, et avait pris la carte de Mayer pour notre firman.

Nous restâmes cachés au consulat jusqu'au soir, et, lorsque la nuit fut venue, on nous fit directement reconduire à notre quartier.

MOURAD. — LES PYRAMIDES.

Le 1er juillet 1798, Bonaparte toucha la terre d'Égypte, près du fort du Marabout, à quelque distance d'Alexandrie.

Voici quel était l'état politique de l'Égypte lorsque arriva cet événement. Ce court exposé nous amènera naturellement aux causes de l'expédition, dont il est indispensable que nous rapportions les principaux événemens, tant ils ont laissé de traces dans les lieux que nous allons parcourir.

La Porte n'avait plus qu'une autorité fictive en Égypte ; son pacha, Seid-Abou-Beker, était plutôt captif dans la citadelle du Caire que commandant de la ville; la puissance réelle était aux deux beys Mourad et Ibrahim, le premier, émir-el-hadj, ou prince des pèlerins; le second, cheik-el-belad, ou prince du pays,

Il y avait vingt-huit ans que ces deux hommes, si opposés l'un à l'autre, se partageaient l'Égypte, comme un lion et comme un tigre se partagent une proie : — comme un lion et comme un tigre, l'un enlevait bien par force et l'autre par ruse quelque lambeau de ce riche pays à son allié, mais jamais la querelle n'était longue. Aux rugissemens de joie que poussaient les autres beys témoins de leurs dissensions, ils revenaient à leurs intérêts véritables, et faisaient face ensemble au danger commun. Une fois ils avaient essayé, — ce conseil politique avait été donné par Ibrahim, — de se faire reconnaître par la Porte ottomane, et par conséquent ils avaient député un de leurs fidèles au grand-seigneur, avec des chevaux, des armes et des étoffes, en signe de tribut volontaire; mais, voyant qu'on avait donné à leur agent le titre de *vekhel*, c'est-à-dire de lieutenant du sultan en Égypte, et celui-ci, à son retour, leur ayant raconté les offres qui lui avaient été faites pour les espionner , ils craignirent qu'un autre envoyé moins loyal ne leur rapportât un jour, en échange de leurs présens, quelque poignard caché ou quelque poison subtil : ils cessèrent donc de ménager la Porte, et le premier signe d'indépendance qu'ils donnèrent fut de ne plus lui envoyer de tribut. Dès lors il y eut entre ces deux hommes un pacte de rapine et de sang que rien ne fut plus capable de rompre. Ibrahim, par ses extorsions basses et honteuses, Mourad, par ses expéditions au grand jour et ses violences publiques, se gorgèrent d'or : Ibrahim, pour entasser son butin dans ses caves; Mourad, pour le jeter à poignées à ses mamelouks, pour couvrir ses femmes de perles, ses chevaux de broderies et ses armes de diamans. Maîtres de l'Égypte, ces deux hommes l'affamaient à leur gré ; puis ils ouvraient aux bazars leurs magasins qui regorgeaient de riz et de maïs. Ces extorsions amenèrent des révoltes, et les révoltes des contributions ; c'était toujours ce que voulaient Mourad et Ibrahim, et ces contributions, réparties avec un sentiment de justice tout arabe, tombèrent également sur les Égyptiens et les étrangers. Les négocians français furent taxés ; le consul se plaignit au directoire, et le directoire prit prétexte de cette plainte pour envoyer une armée française en Égypte : cette armée venait ostensiblement pour venger les avanies faites à la nation, et réellement pour ruiner le commerce de Londres avec Alexandrie, et mettre une garde à Suez, que Bonaparte avait déjà désigné comme le futur relais de l'Inde.

Quand les deux hommes extraordinaires qui commandaient au Caire apprirent le débarquement de l'armée française à Alexandrie, leur double caractère, comme toujours, se révéla à cette nouvelle : Ibrahim éclata en reproches contre Mourad, qu'il accusa d'avoir attiré ces étrangers ; Mourad sauta sur son cheval de bataille, parcourant les rues du Caire avec ses mamelouks, ordonna lui-même aux muezzins d'annoncer la nouvelle, et dit « que c'était bien, et que s'il avait attiré les Français en Égypte, il saurait les en chasser. »

Dès lors, pour Mourad, il n'y eut plus ni repos ni trêve ; cette belle organisation sauvage s'exalta, et il marcha, avec ce qu'il put ramasser à la hâte de mamelouks, au-devant de ces nouveaux venus, dont on disait tant de merveilles : une flottille de djermes, de canges, de chaloupes-canonnières, descendait le Nil en même temps que lui ; quant à Ibrahim, il resta au Caire pour emprisonner les négocians français et piller leurs magasins.

Ce fut à Rhamanieh que Bonaparte apprit que les mamelouks s'avançaient à sa rencontre. Le général Desaix qui, depuis Alexandrie, formait l'avant-garde, écrivait, le 14, du village de Minieh-Salamé, qu'un détachement de douze à quatorze cents chevaux manœuvrait à trois lieues de distance, et que cent cinquante mamelouks s'étaient présentés le matin aux avant-postes. Bonaparte avait pris le chemin que nous avions suivi nous-mêmes, accompagné comme Mourad d'une flottille qui remontait le fleuve, et que lui amenait de Rosette le chef de division Perrée : c'était le chemin le plus difficile et le plus dangereux, mais c'était le plus court; Bonaparte l'avait choisi. Mourad, de son côté, lui avait épargné la moitié de la route par terre et par eau en lui envoyant son avant-garde : les premières troupes de l'Orient et de l'Occident se trouvaient en face.

Le choc fut rude : djermes, canges et chaloupes se heurtèrent proue à proue, flancs à flancs; mamelouks et Français se joignirent à la pointe de la baïonnette, au tranchant du sabre. Cette milice, couverte d'or, rapide comme le vent, dévorante comme la flamme, chargeait jusque sur nos carrés, dont elle hachait les canons de fusils avec ses sabres de Damas; puis, lorsque le feu partait de ces carrés comme d'un volcan, elle se déroulait pareille à une écharpe d'acier, d'or et de soie, visitait au galop tous ces angles de fer, dont chaque face lui envoyait sa volée, et, lorsqu'elle voyait toute brèche impossible, elle fuyait enfin comme une longue ligne d'oiseaux effarouchés, laissant autour de nos bataillons une ceinture, mouvante encore, d'hommes et de chevaux mutilés, et elle allait se reformer plus loin pour revenir tenter une nouvelle charge, inutile et meurtrière comme l'autre.

Au milieu de la journée ils se rallièrent une fois encore; mais, au lieu de revenir sur nous, ils prirent la route du désert et disparurent à l'horizon dans un tourbillon de sable; ils allaient porter à Mourad la nouvelle de sa première défaite.

Cet engagement avait eu lieu juste à l'endroit du Nil où nous avions rencontré les bas-fonds.

Ce fut à Gyzeh que Mourad apprit l'échec de Chebreiss. Il était donc bien vrai, les chiens d'infidèles étaient en chasse du lion! Le même jour, des messagers furent envoyés au Saïd, au Fayoum, au désert, partout : beys, cheiks, mamelouks, tout était convoqué contre l'ennemi commun, chacun devait venir avec son cheval et ses armes. Trois jours après, Mourad avait autour de lui six mille cavaliers.

Toute cette troupe, accourue au cri de guerre, vint camper en désordre sur la rive du Nil, en vue du Caire et des pyramides, entre le village d'Embabeh, où elle appuyait sa droite, et Gyzeh, la résidence favorite de Mourad, où elle étendait sa gauche. Quant à celui-ci, il avait fait planter sa tente auprès d'un sycomore gigantesque, dont l'ombre couvrait cinquante cavaliers. C'est dans cette position, qu'après avoir mis un peu d'ordre dans sa milice, il attendit l'armée française avec la même impatience qu'elle avait de le joindre.

Quant à Ibrahim, il avait rassemblé ses femmes, ses trésors, ses chevaux, et se tenait prêt à fuir dans la haute Égypte.

De son côté, Bonaparte fut informé au village d'Omedinar que les mamelouks l'attendaient en face du Caire. La ville était le prix de la bataille. Il fit visiter les armes.

Le 23, au lever du jour, Desaix, qui marchait toujours à l'avant-garde, aperçut un parti de cinq cents mamelouks envoyés en reconnaissance, et qui se replièrent sans cesser d'être en vue. A quatre heures du matin, Mourad entendit de grandes acclamations ; c'était l'armée tout entière qui saluait les pyramides.

A six heures, les deux armées se trouvèrent en présence.

Que l'on se figure le champ de bataille : c'était le même que Cambyse, l'autre conquérant, qui venait de l'autre bout du monde, avait choisi pour écraser les Égyptiens. Deux mille quatre cents ans s'étaient écoulés ; le Nil, les pyramides étaient toujours là : seulement le sphinx de granit, que les Perses mutilèrent au visage, n'avait plus que sa tête gigantesque hors du sable. Le colosse dont parle Hérodote était couché. Memphis avait disparu, le Caire avait surgi. Tous ces souvenirs distincts et présens à l'esprit des chefs français planaient vaguement au-dessus de la tête des soldats, comme ces oiseaux inconnus qui passaient autrefois au-dessus des batailles et présageaient la victoire.

Quant à l'emplacement, c'est une vaste plaine sablée, comme il en faut à des manœuvres de cavalerie. Un village, nommé Bekir, s'élève au milieu, un petit ruisseau la limite un peu en avant de Gyzeh. Mourad et toute sa cavalerie étaient adossés au Nil, ayant le Caire derrière eux.

Bonaparte voulait non-seulement vaincre les mamelouks, mais encore les exterminer. Il développa son armée en demi-cercle, formant de chaque division des carrés gigantesques au centre desquels était placée l'artillerie. Desaix, toujours habitué à marcher en avant, commandait le premier carré, placé entre Embabeh et Gyzeh ; puis venaient la division Regnier, la division Kléber, commandée par Dugua ; puis la division Menou, commandée par Vial ; enfin, formant l'extrême gauche, appuyée au Nil et la plus rapprochée d'Embabeh, la division du général Bon.

Tous ces carrés devaient se mettre en mouvement, marcher en se rapprochant sur Embabeh, et, villages, chevaux, mamelouks, retranchemens, tout jeter dans le Nil.

Mais Mourad n'était pas homme à attendre derrière quelques buttes de sable. A peine les carrés eurent-ils pris place, que les mamelouks sortirent de leurs retranchemens en masses inégales, sans choisir, sans calculer, et se ruèrent sur les carrés qu'ils trouvèrent le plus près d'eux : c'étaient les divisions Desaix et Regnier.

Arrivés à portée de fusil, les assaillans se divisèrent en deux colonnes ; la première marchait tête baissée sur l'angle gauche de la division Regnier, la seconde sur l'angle droit de la division Desaix. Les carrés les laissèrent approcher à dix pas, puis ils éclatèrent. Chevaux et cavaliers se trouvèrent arrêtés par une muraille de flamme. Les deux premiers rangs de mamelouks tombèrent comme si la terre tremblait sous eux ; le reste de la colonne, emporté par sa course, arrêté par cette muraille de fer et de feu, ne pouvant ni ne voulant retourner en arrière, longea, ignorant qu'il était, toute la face du carré Regnier, dont le feu à bout portant le rejeta sur la division Desaix, qui, se trouvant alors prise entre ces deux tempêtes d'hommes qui tourbillonnaient autour d'elle, leur présenta le bout des baïonnettes de son premier rang, tandis que les deux autres s'enflammaient, et que ses angles, en s'ouvrant, laissaient passer les boulets qui demandaient à leur tour à se mêler à cette sanglante fête.

Il y eut un moment où les deux divisions se trouvèrent complétement entourées, et où tous les moyens furent mis en œuvre pour ouvrir ces carrés impassibles et mortels. Les mamelouks chargeaient jusqu'à dix pas, recevaient le double feu de la fusillade et de l'artillerie ; puis, retournant leurs chevaux qui s'effrayaient à la vue des baïonnettes, il les forçaient d'avancer à reculons, les faisaient cabrer et se renversaient avec eux, tandis que les cavaliers démontés se traînaient sur leurs genoux, rampaient comme des serpens, et allaient couper les jarrets de nos soldats. Il en fut ainsi pendant trois quarts d'heure que cette horrible mêlée dura. Nos soldats, à cette manière de se battre, ne reconnaissaient plus des hommes, ils croyaient avoir affaire à des fantômes, à des spectres, à des démons passant au milieu de la fumée et de la flamme sur des chevaux fantastiques comme eux. Enfin, mamelouks acharnés, cris d'hommes, hennissemens des chevaux, flamme et fumée, tout s'évanouit. Il ne resta entre ces deux divisions qu'un champ de bataille sanglant, jonché de morts, de mourans, hérissé d'armes et d'étendards, se plaignant et remuant encore comme une houle mal calmée.

Sur ces entrefaites, Bonaparte avait expédié le signal de l'attaque générale. Les divisions Bon, Menou et Vial, reçurent l'ordre de détacher les première et troisième compagnies de chaque bataillon, et de les former en colonnes, tandis que les deuxième et quatrième, gardant la même position, resserreraient seulement les carrés, qui, de cette manière, s'avanceraient pour soutenir l'attaque ne présentant plus que trois hommes de hauteur.

Cependant cette colonne de mamelouks, dispersée, évanouie, s'était dirigée vers le petit village d'El-Bekir, où elle comptait se reformer; mais une circonstance bizarre faisait qu'il était en ce moment au pouvoir des Français.

Les divisions Desaix et Regnier étaient, comme nous l'avons dit, arrivées les premières à leurs postes, et s'étaient placées entre le Nil et El-Bekir; quelques soldats eurent l'idée que ce petit village pouvait contenir de l'eau et des vivres, et demandèrent au général la permission de s'y rendre. Cette supposition n'était pas impossible; d'ailleurs il était bon d'éclairer un point couvert, d'où l'ennemi pouvait déboucher à l'improviste. Desaix ordonna donc à quatre compagnies de grenadiers et de carabiniers, à une compagnie d'artillerie du 4e régiment et à un détachement de sapeurs, d'occuper le village sous les ordres des chefs de bataillon Dorsenne et Paige, et d'enlever les vivres qui s'y trouveraient. Nos fourrageurs ne s'étaient pas trompés dans leurs prévisions, et ils étaient à l'œuvre lorsqu'ils entendirent pétiller la fusillade, et gronder au-dessus d'elle les roulemens du canon.

Au premier bruit de l'attaque, le commandant Dorsenne, jugeant que le renfort qu'il porterait aux deux divisions serait de peu d'importance, craignant d'ailleurs d'être enveloppé avec ses six compagnies, les avait dispersées derrière les murs des enclos, dans les maisons et sur les terrasses. Les mamelouks arrivèrent droit sur le village, comme une volée de perdrix qui s'abat ; mais à peine la tête de la colonne fut-elle entrée dans la rue, que les maisons, les enclos, les terrasses pétillèrent à leur tour. Cependant les mamelouks ne reculèrent pas ; la colonne, comme un immense serpent, se déroula au galop dans la rue, ressortit par l'extrémité opposée, toute mutilée et toute sanglante, et s'en alla, formant un demi-cercle immense, passer sur les rives du petit fleuve et reparaître à la droite de la division Desaix.

En ce moment tous les carrés s'avançaient enfermant Embabeh dans leur cercle de fer : tout à coup la ligne du bey s'enflamma à son tour ; trente-sept pièces d'artillerie croisèrent leurs réseaux de feu sur la plaine. La flottille bondit sur le Nil, secouée par le recul de ses bombarbes ; et Mourad, à la tête de trois mille cavaliers, s'élança de son côté pour voir s'il pourrait mordre enfin à ces carrés infernaux : mais la colonne qui avait donné la première le reconnut, et, de son côté aussi, elle revint contre ses premiers et ses mortels ennemis.

Ce dut être une chose merveilleuse à voir, pour l'œil d'aigle qui planait au-dessus de ce champ de bataille, que ces six mille cavaliers, les premiers du monde, montés sur des chevaux dont les pieds ne laissaient pas de traces sur le sable, tournant comme une meute autour de ces carrés immobiles et enflammés, les étreignant de leurs replis, les enveloppant de leurs nœuds, cherchant à les étouffer quand ils ne pouvaient les ouvrir, se dispersant, se reformant pour se disperser encore, en changeant de face, comme des vagues qui battent un rivage ; puis revenant sur une seule ligne, et, pareils à un serpent gigantesque dont on voyait parfois la tête conduite par l'infatigable Mourad, se dresser jusqu'au-dessus des carrés. Tout à coup les batteries des retranchemens changèrent de direction; les mamelouks entendirent tonner contre eux leurs canons, et se virent enlevés par leurs propres boulets : leur flottille prit feu et sauta. Tandis que Mourad et ses cavaliers usaient leurs dents et leurs griffes de lions contre nos carrés, les trois colonnes d'attaque s'étaient emparées des retranchemens, et Marmont, commandant la plaine, foudroyait des hauteurs d'Embabeh les mamelouks acharnés contre nous.

Alors Bonaparte ordonna une dernière manœuvre, et tout fut fini : les carrés s'ouvrirent, se développèrent, se joignirent et se soudèrent comme les tronçons d'une chaîne; Mourad et ses mamelouks se trouvèrent pris entre leurs propres retranchemens et toute la ligne de bataille française. Mourad vit que la bataille était perdue; il rallia ce qui lui restait d'hommes, et, entre cette double ligne de feux, au galop aérien de ses chevaux, tête baissée, il s'élança dans l'ouverture que la division Desaix laissait entre elle et le Nil, passa comme un tourbillon, s'enfonça dans le village de Gyzeh, et reparut un instant après au-dessus, se retirant vers la haute Égypte avec deux ou trois cents cavaliers, restes de sa puissance.

Quant à Ibrahim, il n'avait point pris part au combat, qu'il avait regardé de l'autre rive du Nil ; à peine vit-il la journée perdue qu'il rentra dans le Caire.

Mourad avait laissé trois mille hommes sur le champ de de bataille, quarante pièces d'artillerie, quarante chameaux chargés, ses tentes, ses chevaux, ses esclaves : on abondonna cette plaine, toute couverte d'or, de cachemires et de soie, aux soldats vainqueurs, qui firent un butin immense; car tous ces mamelouks étaient couverts de leurs plus belles armures, et portaient sur eux tout ce qu'ils possédaient en bijoux, en or et en argent.

Bonaparte coucha le même soir à Gyzeh, dans la maison de plaisance de Mourad.

Pendant la nuit, Ibrahim se dirigea sur Belbeis, capitale de la province de Charkieh, emmenant avec lui Seid-Abou-Beker, le représentant du grand-seigneur.

Le lendemain, dans la journée, des négocians français vinrent au quartier-général et annoncèrent cette nouvelle à

Bonaparte. Celui-ci résolut de prendre possession du Caire le soir même, et envoya l'adjudant-général Beauvais au général Bon, à Embabeh, pour lui ordonner de détacher, avec les compagnies de grenadiers de la 32e brigade, le général Dupuy, investi du commandement du Caire. Dupuy rassembla les élus qui devaient l'accompagner, commença immédiatement ses opérations de passage, et s'apprêta tranquillement à aller avec deux cents hommes occuper une ville de trois cent mille âmes; ses instructions portaient de profiter de la nuit pour pénétrer jusqu'au quartier franc et s'y retrancher: sur les huit heures du soir, le passage du Nil s'opéra d'Embabeh à Boulacq.

La nuit était close lorsque la petite troupe arriva dans les murs du Caire. Elle trouva les portes fermées, mais sans gardes pour les défendre; les Français n'eurent qu'à les pousser, elles cédèrent et s'ouvrirent, laissant apercevoir une ville sombre et muette : on eût cru entrer dans les tombeaux des califes.

Le général Dupuy ordonna que le tambour battît, afin que ceux qui marchaient à la queue de la colonne ne s'égarassent point au milieu de ces rues tortueuses et inhospitalières. L'ordre fut accompli, et ce bruit nocturne et inusité, loin de tirer les Arabes de leur léthargie, leur inspira encore une terreur plus profonde.

Cependant, trouver le quartier franc au milieu d'une ville inconnue où, le jour, on a peine à se diriger sans guide, n'était pas chose facile pour nos soldats ; aussi s'égarèrent-ils, non-pas individuellement, mais en masse. A une heure du matin, et après une marche de trois heures sur le sol inégal et rocailleux des rues du Caire, le général Dupuy, fatigué, fit faire halte, et ordonna d'enfoncer les portes d'une grande maison en face de laquelle on était arrivé ; le hasard voulut qu'elle appartînt à un chef de mamelouks qui avait suivi Mourad et qu'elle fût inhabitée. Les Français y entrèrent, s'y établirent en attendant le jour, et, après avoir disposé des sentinelles, s'y endormirent aussi tranquillement que s'ils eussent été au milieu de Paris, au quartier Popincourt ou dans la caserne de Babylone.

Telle fut le premier acte de la prise de possession du

Caire; le même jour Bonaparte fit, avec tout son état-major, son entrée dans la capitale de l'Egypte.

Nous restâmes deux ans maîtres du Caire et de tout le Delta.

SOLEYMAN-EL-HALEBY.

Ces souvenirs, en notre qualité de Français, furent les premiers auxquels nous rendîmes hommage; et lorsque notre curiosité fut apaisée par l'excursion que j'ai racontée, nous allâmes visiter la place Erbekieh : c'est sur une des terrasses de cette place que fut assassiné Kléber.

Le siége qu'avait soutenu le Caire après sa seconde révolte avait été très désastreux pour la ville; beaucoup de rues avaient été brûlées, et un plus grand nombre endommagées et mises hors d'état d'être habitées; celle du général Kléber était au nombre de ces dernières. Kléber s'était retiré momentanément à Gyzeh, dans la maison de plaisance de Mourad, et de là il venait au Caire pour diriger les opérations et les travaux. Le 25 prairial de l'an VIII, il se promenait sur une galerie dominant la place, et donnait à un architecte, monsieur Protain, ses instructions dernières, lorsqu'un jeune Arabe s'élança d'un puits à roues près duquel ils passaient, et, avant que le général eût eu le temps de se mettre en défense, le frappa de quatre coups de poignard, dont l'un pénétra dans l'oreillette droite du cœur. Monsieur Protain essaya de défendre son compagnon avec une canne qu'il tenait à la main, mais il fut frappé à son tour de six blessures, et s'évanouit : lorsqu'il revint à lui, l'assassin avait disparu, et Kléber, debout encore, mais sans force et sans voix, s'appuyait contre la balustrade. Alors monsieur Protain alla à lui, lui représenta l'imprudence qu'il y avait à sortir sans escorte; mais Kléber étendit doucement la main vers lui : — Mon ami, lui dit-il, ce n'est pas le moment de me donner des conseils; je me sens bien mal... et il tomba mort.

Le même jour, les maréchaux-de-logis Perrin et Robert trouvèrent dans le jardin des bains français, attenant à celui de l'état-major, un jeune Arabe caché entre de petites murailles à moitié démolies et en quelques endroits tachées de sang; à ses pieds un poignard était enterré dans le sable, et le sable collé à sa lame était ensanglanté. Cet Arabe était un homme au teint brun, aux yeux vifs, petit de taille et grêle de formes. Amené devant la commission militaire assemblée pour le juger, il déclara se nommer Soleyman-el-Haleby, natif de la Syrie, âgé de vingt-quatre ans, écrivain de profession, établi à Alep; quant au reste, il se renferma dans une dénégation absolue.

L'accusé persistant dans ses dénégations, dit le procès-verbal, le général a ordonné qu'il reçût la bastonnade suivant l'usage du pays; elle lui a été infligée aussitôt, jusqu'à ce qu'il ait déclaré être prêt à dire la vérité. Ramené devant le conseil, nous reproduisons textuellement les demandes qui lui ont été adressées et les réponses qu'il a faites.

Interrogé depuis quand il est au Caire,

Répond qu'il y est depuis trente et un jours, et qu'il est venu de Gaza en six jours sur un dromadaire.

Interrogé pourquoi il y est venu,

Répond qu'il y est venu pour assassiner le général en chef.

Interrogé par qui il a été envoyé pour commettre ledit assassinat,

Répond qu'il a été envoyé par l'agha des janissaires; qu'au retour de l'Égypte les troupes musulmanes ont demandé à Alep quelqu'un qui pût assassiner le général en chef; qu'on a promis de l'argent et des grades militaires, et qu'il s'est présenté pour cet objet.

Interrogé quelles sont les personnes auxquelles il a été adressé en Egypte, s'il a fait part à quelqu'un de son projet, et ce qu'il a fait depuis son arrivée au Caire,

Répond qu'il n'a été adressé à personne et qu'il est allé s'établir à la grande mosquée.

En face de pareils aveux, le jugement ne se fit pas attendre : Soleyman, convaincu d'avoir assassiné le général en chef Kléber, fut condamné à avoir la main droite brûlée, à être empalé, à expirer sur le pal, et à y rester jusqu'à ce que son cadavre fût dévoré par les oiseaux de proie.

Cette exécution eut lieu au retour du convoi funéraire du général Kléber, sur la butte du fort de l'Institut, en présence de l'armée en deuil et des habitans effrayés : car, habitués à la justice des pachas et des beys, où toute une ville répond du crime d'un homme, ils ne pouvaient croire que le châtiment s'arrêterait au coupable. Au reste, Soleyman fut bien le digne assassin arabe, qui se croit l'homme de la fatalité et marche au supplice sans ostentation et sans crainte, calme et ferme comme un martyr. Arrivé au lieu du supplice, on le dépouilla de la veste qui lui couvrait la poitrine, et l'on étendit son poignet au-dessus du brasier. Le supplice durait depuis cinq minutes à peu près sans qu'il eût poussé une plainte, lorsqu'un charbon ardent sauta du brasier et retomba sur son bras à l'endroit de la saignée ; alors toute sa fermeté disparut pour un moment : il se débattit et demanda qu'on lui ôtât ce charbon. L'exécuteur lui fit observer alors qu'il était bien étonnant qu'un homme qui, comme lui, avait montré tant de courage quand sa main tout entière se consumait, poussât des plaintes pour une si petite brûlure.

— Ce n'est pas la douleur qui m'arrache des cris, dit Soleyman, c'est mon droit que je réclame. Ce charbon-là n'est pas dans mon jugement.

Lorsque le poignet eut été brûlé, l'exécuteur fit monter Soleyman au minaret de la mosquée voisine, et l'empala sur une flèche de la coupole ; il resta ainsi quatre heures et demie sans mourir, disant des versets du Coran et ne s'interrompant que pour demander à boire. Enfin le muezzin eut pitié de lui, il lui monta un verre d'eau : Soleyman le but et expira ; puis le cadavre resta là un mois à peu près, pendant lequel les oiseaux de proie accomplirent la dernière partie du jugement.

Le squelette de ce malheureux a été rapporté en France

en même temps que le cadavre de sa victime. Il est déposé dans les bâtimens attenans au Jardin du Roi, dans la première salle d'anatomie, à gauche de la porte d'entrée ; c'est celui d'un homme de cinq pieds deux pouces à peu près. Les os du poignet droit sont brûlés, et l'on y voit encore les effets du feu ; le pal, de son côté, avait brisé deux vertèbres dorsales : elles sont remplacées par deux vertèbres en bois, qui imitent les vertèbres naturelles au point qu'il faut une grande attention pour les distinguer des véritables.

Nous résolûmes d'étendre nos courses le lendemain jusqu'aux pyramides, en passant par le champ de bataille et en revenant par Gyzeh. Au point du jour, on nous amena des ânes de premier ordre, avec lesquels, en moins de dix minutes, nous fûmes à Boulacq ; nous y passâmes le Nil, et nous nous trouvâmes immédiatement sur le champ de bataille où trente-deux ans auparavant s'était décidée cette dernière querelle de l'Orient et de l'Occident. L'investigation fut courte; des hauteurs d'Embabeh nous le découvrîmes entièrement. Au reste, tout est là pour le souvenir et la pensée, rien pour la description.

Nous prîmes, à vol d'oiseau, notre course vers les pyramides ; bientôt nous fûmes forcés de marcher au pas : nos montures enfonçaient jusqu'aux genoux dans le sable ; de sorte que nous mîmes près de cinq heures à atteindre la première, qu'il nous semblait, en débarquant, pouvoir toucher en allongeant le bras.

La plus grande des pyramides, celle sur laquelle on monte de préférence, repose sur une base de six cent quatre-vingt-dix-neuf pieds de long, et paraît, d'en bas, légèrement échancrée à son sommet. Formée de pierres superposées, dont les assises vont en rentrant, elle présente un escalier gigantesque, dont chaque marche a quatre pieds de haut et dix pouces de large. L'ascension, au premier abord, nous parut, sinon impossible, du moins médiocrement commode à exécuter ; mais Mohammed s'attaqua à un angle, enjamba la première assise, attrapa la seconde, et, nous faisant signe de le suivre, continua son chemin comme s'il nous invitait à la chose la plus simple. Quelque médiocre que fût le plaisir d une montée de quatre cent vingt et un pieds sous un soleil ardent, et avec la réflexion de la pierre contre laquelle nous grimpions comme des lézards, nous n'en eûmes pas moins honte de rester en arrière. Quant à Mayer, habitué à courir sur les bastingages et les vergues de son bâtiment, il triomphait à son tour et sautait d'assise en assise comme une chèvre en gaîté. Enfin après vingt minutes de travail laborieux, après nous être suffisamment retourné les ongles et écorché les genoux, nous arrivâmes au sommet, d'où il nous fallut penser presque aussitôt à redescendre, sous peine de voir fondre immédiatement le peu de graisse que le soleil d'Égypte nous avait laissée sur les os. Cependant j'eus le temps d'embrasser à mon aise tout le paysage. En tournant le dos au Caire, j'avais à ma gauche l'immense forêt de palmiers qui recouvre Memphis; au delà de cette forêt, les pyramides de Sakkara; au delà des pyramides de Sakkara, le désert; en face de moi, le désert; à ma droite, le désert, c'est-à-dire une vaste plaine couleur de feu, et qui ne présente, d'espace en espace, pour tout accident de terrain, que quelques monticules mobiles formés par le sable et que le vent amasse et nivelle tour à tour; du côté opposé, l'Égypte, c'est-à-dire le Nil coulant au fond de sa vallée d'émeraude; puis le Caire, cité vivante, entre Fostat et les tombeaux des califes, ses deux sœurs mortes; au delà des tombeaux des califes, la chaîne stérile du Mocattan qui ferme l'horizon comme une muraille de granit.

Je me promenai un instant sur la plate-forme, qui me parut avoir trente à trente-cinq pieds de longueur; quelques pierres énormes restées debout semblent les pics déchirés d'une crête de montagnes. Ces rochers sont couverts de noms, parmi lesquels étaient encore visibles ceux d'une partie des généraux de l'expédition; à côté de ces noms illustres je trouvai ceux de Charles Nodier et de Châteaubriand, que monsieur Taylor avait écrits dans un précédent voyage.

De là je ramenai les yeux au-dessous de nous, et je vis nos ânes et nos âniers gros comme des scarabées et des fourmis; j'essayai de leur jeter une pierre, mais, avec quelque force que je la lançasse, elle tomba le long des flancs de la pyramide, et ce ne fut qu'en bondissant d'assise en assise qu'elle arriva enfin à terre.

Ce dernier exercice m'avait fait songer à la descente; et, il faut le dire, la chose au premier abord me parut bien autrement difficile que la montée : chaque bord de marche, attendu la disproportion de la hauteur avec la largeur, cache les bords qui le suivent, de sorte qu'il semble qu'il n'y a d'autre moyen de regagner le sol que de s'asseoir sur cette pente inclinée en se laissant couler sur le derrière. Heureusement qu'on réfléchit à deux fois avant de risquer une pareille glissade; d'ailleurs, une fois descendu sur la première marche, on voit la seconde, et ainsi de suite. Cependant, je le répète, la route n'est pas commode, et les personnes qui sont sujettes au vertige feront bien de se priver de l'ascension.

Arrivé au bas, je tombai sur le sable; je mourais de chaud et de soif: je ne m'en étais pas aperçu pendant tout le temps du voyage, tant j'étais occupé du besoin de veiller sur toute ma personne. Mohammed me fit alors un long discours sur la nécessité de ne boire qu'à petites gorgées; je lui arrachai la bouteille des mains et l'avalai d'un seul trait. Mais je n'eus pas plutôt cessé d'avoir soif qu'il se trouva que j'avais faim. Heureusement que chacun de nous avoua franchement qu'il se trouvait dans les mêmes dispositions, de sorte que le déjeuner fut décrété à l'unanimité. On fit venir l'âne aux provisions, et nous reconnûmes avec satisfaction qu'il ne lui était arrivé aucun accident.

Nous fîmes le tour de la pyramide pour trouver un peu d'ombre. Malheureusement le soleil était à son zénith, de sorte qu'il ruisselait également sur les quatre pans de la tombe de Chéops. Nous tournâmes tout autour sans trouver une place où l'on pût demeurer plus de cinq minutes immobile sans devenir fou. Alors nos Arabes nous montrèrent, au tiers de la pyramide, du côté du nord, l'entrée par laquelle on pénètre dans le monument. Cette gueule sombre, que le colosse ouvrait comme pour respirer, nous parut si pleine d'ombre et de fraîcheur, que, tout fatigués que nous fussions, nous nous remîmes en route, et que nous l'atteignîmes en moins de cinq minutes. Nous y trouvâmes l'emplacement d'une salle à manger, sinon très commode, du moins très fraîche; c'était tout ce que nous demandions.

Le repas fini, nous fîmes monter des torches, afin de visiter, puisque nous nous y trouvions tout portés, l'intérieur de la pyramide. On pénètre dans ce monument par un corridor carré, qui offre une ouverture d'un mètre en tout sens, à peu près, et qui descend dans l'intérieur par une inclinaison de 45 degrés. A mesure qu'on s'éloigne de l'entrée, on sent la chaleur diminuer; mais à l'atmosphère épaissie par la fumée des torches il se mêle une poussière impalpable soulevée par les pas des visiteurs, qui rend l'air très fatigant à respirer. Enfin on arrive à deux chambres, que l'on appelle, l'une la chambre du roi, l'autre celle de la reine; dans la première est un sarcophage de granit dont le couvercle est brisé, la seconde est vide.

Nous sortîmes des chambres de Leurs Majestés, où il n'y a rien à voir absolument que les murs, pour aller saluer Son Altesse le sphinx ; il est de quelques centaines de pas plus près du Nil que les pyramides : c'est le chien gigantesque qui garde ce troupeau de granit. Avec l'aide de mes Arabes, je parvins à lui monter sur le dos et du dos sur la tête ; ce qui n'est pas encore un médiocre travail. Mayer m'y suivit immédiatement. Je me laissai glisser aussitôt sur les épaules du colosse et de ses épaules à terre, et je me mis à le dessiner pendant que Mayer, debout sur son oreille, lui servait de plumet : cela me donna tout naturellement mon échelle de proportion.

Près de la grande pyramide, il y en a une autre plus petite, dont la cime est parfaitement conservée et se termine en pointe ; on la gravit rarement, et le premier qui monta dessus, nous dirent nos Arabes, est un tambour français qui, poursuivi par des mamelouks, ne trouva rien de mieux que d'escalader cette muraille, où ses ennemis ne pouvaient le poursuivre. Arrivé à l'extrémité la plus élevée, il eut l'idée, pour appeler à son aide, de battre le rappel de toute sa force : le vacarme qu'il fit fut entendu à une lieue à la ronde, et le général Régnier envoya deux compagnies, lesquelles mirent les mamelouks en fuite, et débloquèrent l'assiégé, qui descendit de sa pyramide avec les honneurs de la guerre.

Nous renfourchâmes nos ânes et nous revînmes par Gyzeh, non pas pour voir la maison de plaisance de Mourad, je ne crois pas qu'il en reste aucun vestige, mais pour visiter l'établissement des poulets-orphelins.

On sait qu'en Égypte on a remplacé les poules, qui, avec la meilleure volonté de la terre et le plus grand dévouement du monde ne peuvent guère couver qu'une quinzaine d'œufs à la fois, par des fours chauffés à la vapeur, dans lesquels on fait éclore des milliers de poussins. Cette intéressante institution est conduite par un directeur, qui non-seulement opère pour son compte, mais encore prend en incubation tous les œufs qu'on lui apporte, et qu'il se charge de faire venir à bien, moyennant une légère rétribution. Le dortoir dans lequel il place ses pensionnaires encoqués est une longue galerie, dans laquelle on voit, de chaque côté, une série de cellules à double étage, qui communiquent entre elles par une ouverture pratiquée au milieu, et destinée à porter la chaleur qu'envoie un foyer souterrain toujours chauffé à un degré calculé. La bouche de ces cellules donne sur la galerie; elle reste fermée les dix ou douze premiers jours, puis on l'ouvre chaque jour un peu plus longtemps: enfin le vingtième jour les poulets sont à terme.

Nous arrivâmes juste comme une fournée était en mal d'enfant, de sorte que l'accouchement se fit en notre présence. L'opération est des plus simples : on casse les œufs comme pour faire une omelette; on écosse les poussins comme des fèves, puis on les jette les uns sur les autres dans le four où ils ont été chauffés, sans plus de précaution que des pierres sur un tas. Le premier acte d'existence qu'accomplit toute cette couvée est de piauler à qui mieux mieux, et le second de chercher sa nourriture : mais ceci est une ambition assez malheureuse, attendu que le maître de l'établissement s'est chargé de les faire éclore, mais non pas de les nourrir. Au reste, il peuvent vivre trois jours ainsi, de chaleur sans doute; au bout duquel temps, s'ils ne sont pas réclamés par leurs propriétaires, ils appartiennent au couveur, qui les envoie au marché et les y fait vendre sans les engraisser autrement.

Nous rentrâmes au Caire en passant par l'île de Roudah, où est bâti le nilomètre.

Cet instrument, qui sert à mesurer la hauteur de la crue

du Nil, n'est autre chose qu'une colonne de dix-huit coudées, y compris son chapiteau, et sur laquelle on marque, chaque année, le niveau du fleuve à sa plus grande élévation. Ce mekias, fort endommagé lors de l'occupation du Caire par l'armée française, fut restauré par les ordres du général Menou et sous la direction du citoyen Chabrol, ingénieur des ponts et chaussées. Les réparations finies, on construisit un portique à l'entrée du monument, et sous son péristyle, au-dessus de la porte, on scella une table de marbre blanc sur laquelle on grava, en français et en langue arabe, l'inscription suivante :

AU NOM DU DIEU CLÉMENT ET MISÉRICORDIEUX,

L'an IX de la république française et 1215 de l'hégire, trente mois après l'Égypte conquise par Bonaparte, Menou, le général en chef, a réparé le mekias. Le Nil répondait, dans ses basses eaux, à trois coudées dix doigts de la colonne, le 10e jour après le solstice de l'an VIII.

Il a commencé à croître au Caire le 16e jour après ce même solstice.

Il s'était élevé de deux coudées trois doigts au-dessus du fût de la colonne, le 107e jour après ce solstice.

Il a commencé à décroître le 114e jour après ce solstice.

Toutes les terres ont été inondées. Cette crue extraordinaire de quatorze coudées dix-sept doigts fait espérer une année très abondante (1).

Le soir même, en rentrant au Caire, monsieur Eydoux, le docteur du *Lancier*, qui nous avait accompagnés dans le but philanthropique de nous traiter des ophthalmies, se sentit atteint lui-même de cette maladie. Monsieur Msara nous donna aussitôt le conseil d'envoyer chercher monsieur Dessap, médecin français de Besançon, qui est demeuré au Caire depuis l'expédition française, et qui a acquis une grande expérience dans les affections des yeux, dont il s'est spécialement occupé. Nous nous empressâmes de suivre son avis, et nous vîmes, une heure après, entrer un magnifique vieil-

(1) Le fût de la colonne est de seize coudées : la coudée est de cinquante-quatre centimètres; elle se divise en vingt-quatre doigts.

lard, vêtu à l'orientale, et portant sa barbe dans une main : c'était notre compatriote.

Les Arabes, qui mesurent la science à la longueur de la barbe, ont pour lui la plus haute vénération. Hâtons-nous de dire qu'il la mérite, et que, chez lui, l'enseigne ne promet pas plus qu'elle ne tient.

VISITE AU COLONEL SELVES ET A CLOT-BEY.

Monsieur Taylor, ayant appris le retour du vice-roi à Alexandrie, partit pour cette ville, et nous laissa au Caire pour faire les préparatifs de notre voyage au Sinaï.

Grâce au merveilleux instinct topographique des Parisiens, nous commencions à connaître le Caire comme si nous y fussions nés ; notre costume musulman, que nous portions, il faut que je le dise malgré ma modestie, avec une dignité tout orientale, nous ouvrait toutes les portes, même celles des mosquées : c'était là notre promenade habituelle. Les mosquées sont les oasis de la cité : on y trouve de la fraîcheur, de l'eau, de l'ombre, des arbres et des oiseaux ; puis, au milieu de tout cela, quelques poëtes arabes qui viennent, dans les intervalles de la prière, commenter les versets du Coran, et dont les chants bercent de pieux désœuvrés qui se laissent vivre étendus sous les orangers fleuris. Nous nous plaisions à cette voix monotone et cadencée du muezzin, qui, tant qu'il est jeune, monte au plus haut de son madeneh, et de son cri religieux convoque tout le peuple à la prière ; puis, à mesure qu'il prend des années, descend d'un étage et baisse la voix jusqu'à ce que, vieillard débile, il ne puisse plus atteindre que la galerie la moins élevée, d'où il ne se fait plus entendre qu'aux passans de la rue.

Souvent nous nous trouvions dans les mosquées à l'heure des ablutions, et nous prenions part à ces devoirs religieux en véritables musulmans; on aurait cru, à la ferveur avec laquelle nous nous trempions le nez et les mains dans l'eau, que nous arrivions de Médine ou de la Mecque, les villes saintes. Il y avait, à la suite de cette cérémonie, un moment qui nous amusait beaucoup : c'était celui où, en sortant, chacun reconnaissait sa propriété ; tout musulman qui entre dans une mosquée laisse sa chaussure sur le seuil, de sorte qu'il y avait toujours dans ces occasions, près de la porte, une véritable montagne de babouches de toutes formes et de toutes couleurs. Qu'on se figure la sortie de nos bals, où chacun prend, non pas son chapeau, mais le meilleur chapeau qu'il trouve; il en était ainsi des babouches : c'était un pillage où l'on ne se donnait pas même la peine d'assortir les couleurs ; chacun s'en allait chaussé autrement qu'il n'était venu. Quant aux dévots exagérés, ils s'en retournaient déchaussés tout à fait, attendu que ceux qui avaient eu trop à se plaindre de ce qu'on leur avait laissé, se retirant sur la quantité à défaut de la qualité, se sauvaient avec quatre pantoufles : deux aux pieds, deux aux mains.

On comprend, du reste, combien ce plaisir pouvait être fréquent et varié au milieu d'une ville comme le Caire, où dans une seule rue nous comptâmes jusqu'à soixante mosquées. Nous dessinâmes successivement les plus remarquables de ces temples ; la gigantesque mosquée du sultan Hassan, où les insurgés se retirèrent pendant la révolte du Caire, et où ils furent forcés avec de la cavalerie et de l'artillerie; la mosquée de Mohammed-Bey, dont la coupole est supportée par des colonnes enlevées à l'ancienne Memphis ; Mu Rustam, enrichie de mosaïques précieuses, merveilleux souvenirs de l'art aux XIe et XIIe siècles ; Halaoun- dont les piliers carrés sont revêtus, jusqu'au sommet, de faïences d'une couleur éblouissante ; Sultan Houri, avec ses riches plafonds aux arabesques ingénieusement enlacées et peintes avec une coquetterie charmante ; enfin Tayloun, qui fut fondée par le conquérant qui lui donna son nom : aussi est-elle devenue vénérable entre toutes aux yeux des Arabes, qui y prient plus volontiers qu'ailleurs, et curieuse aux yeux des étrangers, auxquels elle se présente avec sa date du IXe siècle, son étendue prodigieuse, son madeneh entouré d'un escalier extérieur qui produit un effet des plus pittoresques.

Je faillis, en dessinant l'intérieur de cette dernière, devenir pour ses habitués l'objet du plus grand scandale. Comme les chrétiens ne peuvent pénétrer dans les mosquées qu'en s'exposant à une punition qui est, en général, laissée au choix de ceux qui les y surprennent; comme, d'un autre côté, peu de musulmans s'adonnent à la peinture, toutes les fois que nous faisions un dessin nous avions la précaution de choisir le moment où la mosquée était, sinon déserte, du moins peuplée seulement de dormeurs éveillés, qui suivaient leurs rêves d'opium, couchés sous quelque oranger fleuri, ou de poëtes qui, absorbés par l'interprétation du Coran ou dans leur admiration pour eux-mêmes, faisaient peu d'attention à nous. Alors je tirais de ma ceinture, outre mon bristol, une feuille de papier couverte de caractères arabes, puis je me mettais à la besogne. Si j'entendais approcher de moi quelque pas traînant et mesuré, je couvrais mon dessin commencé avec la feuille écrite; le musulman jetait en passant un regard oblique sur nous, et, voyant de l'écriture, nous prenait pour des copistes ou des poëtes, et s'éloignait en nous souhaitant le courage ou l'inspiration, selon qu'il pensait que c'était notre main ou notre tête qui travaillait. Un jour j'étais, à ce qu'il paraît, si profondément absorbé moi-même dans la contemplation de mon œuvre, que je n'entendis pas venir un des plus religieux habitués de la mosquée; j'aperçus tout à coup une ombre entre le jour et moi; instinctivement je tirai ma page d'écriture; mais il était trop tard : le saint homme avait vu le dessin, et m'avait reconnu pour un Franc. Cette découverte lui inspira une telle horreur, qu'il se mit à fuir vers une des portes intérieures en poussant des cris inhumains. Je ne perdis pas de temps : je passai mon dessin, mon bristol et ma page écrite dans ma ceinture, en pensant que, puisqu'il courait dans un lieu saint, je pouvais bien y courir aussi ; je gagnai la porte extérieure, où je ne pris pas la peine, à mon tour, de reconnaître mes pantoufles, je chaussai les deux premières venues, et je me perdis dans les rues voisines, où je n'entendis plus parler de mon persécuteur.

Cependant, après avoir échappé au martyre de saint Étienne, je pensai tomber dans celui de saint Laurent : le feu était à une maison du quartier franc ; et comme je voyais courir de ce côté, que j'avais mes raisons à moi connues de hâter le pas, et que ce chemin d'ailleurs me rapprochait de l'hôtel, je me mis au pas des autres. Bientôt nous arrivâmes en face de l'incendie, qui allait son train sans que personne le combattît autrement que par des cris, des gestes et des prières. Sur ces entrefaites le cadi arriva avec sa grande armée de bambous ; en moins de rien, la place fut déblayée : une compagnie de soldats, aidés d'une centaine d'hommes de bonne volonté, se ruèrent sur les maisons voisines de celles qui brûlaient ; comme elles étaient toutes en bois, ils firent si bien, des pieds et des mains, qu'au bout d'une heure il n'en restait plus aucun vestige. L'incendie se trouva donc isolé : alors à coups de hache on abattit les quatre supports principaux de la maison enflammée, qui s'abîma aussitôt ; on inonda les décombres, et chacun s'en retourna chez soi, laissant fumer les débris, près desquels veillait une garde.

Notre seconde distraction, moins périlleuse que la première, était les cafés. Comme ces établissemens sont profanes, chacun peut les fréquenter sans courir de risque, fût-il reconnu ; les fumeurs d'opium, les joueurs d'échecs et les joueurs de mangallah en sont les chalands les plus acharnés. Quant à nous, comme nous n'étions amateurs d'aucun de ces jeux, nous demandions tout bonnement du café et des pipes ; d'abord nous avions eu quelque peine à nous habituer au café, qui ne se prépare pas en Orient comme en France : on le brûle peu, on le concasse dans un pilon, on jette de l'eau bouillante sur les grains concassés ; et, aussi chaud que le palais peut supporter la décoction, on l'avale. J'avais eu d'abord la faiblesse de vouloir le sucrer, et j'avais demandé les ingrédiens nécessaires à cette opération ; le garçon alors m'avait, dans le creux de sa main, apporté un peu de cassonade : sur la demande que je lui avais faite d'une cuillère pour tourner mon sucre, il avait ramassé à terre un petit morceau de bois qu'il m'avait obligeamment présenté. Comme il entre dans mes principes de n'humilier personne, j'avais tendu ma tasse malgré la répugnance que me causait le sucrier, et j'avais gratté mon petit bâton avec mon canif, afin d'en enlever les superfluités, de sorte que j'étais arrivé à gâter parfaitement ma boisson. J'en demandai alors une autre portion que j'avalai dans toute sa pureté orientale ; je lui trouvai un arome merveilleux et un goût exquis. Le peu de consistance de cette liqueur permet d'en boire vingt cinq à trente tasses par jour ; elle agit alors comme tonique, tandis que la pipe opère comme distraction : aussi à peine est-on entré quelque part, qu'on vous présente le café et la chibouque ; le café rend les forces qu'a enlevées la chaleur ; la chibouque tient lieu de conversation.

L'accident qui avait failli m'arriver dans la mosquée de Tayloun nous éloigna momentanément des lieux saints, et nous résolûmes de faire une seconde excursion hors de la ville. En passant au Vieux-Caire, nous avions salué un jour le colonel Selves, qui nous avait exprimé le désir de recevoir sous sa tente monsieur Taylor, et nous avait chargés de lui transmettre son invitation. Le colonel Selves, devenu Soleyman-Bey, a renoncé à la religion chrétienne pour adopter le culte mahométan, et à ses habitudes françaises pour embrasser la vie orientale ; malgré ce changement dans sa foi et dans ses mœurs, son cœur est resté européen, et les souvenirs nationaux sont encore ses souvenirs : il a fait peindre sur les murailles de sa maison les batailles les plus glorieuses de la révolution et de l'empire, et, par les yeux et la mémoire, il revit au milieu de ses compatriotes ; il nous avait montré tout cela avec un sourire triste qui nous avait révélé ce qu'il y avait eu de malheur et de lutte dans cette âme avant qu'elle osât accomplir ce qu'on appela en France son apostasie. Il nous avait demandé un jour tout entier, nous le lui avions promis, et un matin il vint réclamer l'exécution de notre engagement. Monsieur Taylor trouva sa magnifique cange qui était à ses ordres à Roudah, pour nous conduire aux pyramides de Sakkara et aux ruines de Memphis ; puis, au retour, nous devions, avec des officiers français au service du vice-roi, faire un dîner à l'européenne. Nous partîmes, emmenant monsieur Msara, qui était de toutes nos courses.

Le vent était bon, le paysage ravissant. Le Nil, que les anciens appelaient le père des fleuves, coulait sous nos pieds ses flots, qui baignaient notre barque, avaient mouillé les ruines de Thèbes et de Philœ; les hommes qui suivaient les rives étaient vêtus comme aux jours d'Ismaël, et les femmes comme au temps d'Agar; il eût donc été impossible d'éprouver un instant d'ennui, quand la conversation de Soleyman-Bey et de monsieur Msara ne serait pas venue donner une nouvelle poésie aux localités. Le colonel Selves avait conservé de ses goûts français celui de la chasse; je lui fis plusieurs questions sur les animaux qu'il avait rencontrés dans ses excursions, et surtout sur les crocodiles qu'il avait été chercher au-dessus de la première cataracte.

Le crocodile ne descend jamais dans la basse Égypte, et il faut remonter jusqu'à Denderah pour le rencontrer; c'est dans les journées les plus chaudes et lorsque le Nil est bas qu'il sort volontiers de l'eau pour se chauffer au soleil: cependant, avant de se procurer cette jouissance, il prend des précautions qui prouvent qu'il connaît parfaitement le danger auquel il s'expose en sortant de son élément pour empiéter sur le nôtre. C'est ordinairement sur les bancs de sable que le Nil laisse à découvert en décroissant qu'on le voit du rivage, immobile comme un tronc d'arbre, et presque toujours entouré de grands oiseaux qui paraissent avoir avec lui les relations les plus amicales. Parmi ceux-ci, un de ses amis les plus intimes est le pélican; il est au crocodile ce que le héron des marais Pontins est au buffle et à la vache: un compagnon étrange, dont on ne peut pas expliquer la sympathie.

Quand le crocodile n'a point d'îlot isolé où chercher le soleil, il se décide à gravir la rive; mais alors jamais il ne s'éloigne du fleuve de plus de cinq ou six pas, et au moindre bruit il s'y replonge. C'est dans ce cas que le pélican, qui a l'oreille très fine, lui est d'un grand secours: il s'envole en battant des ailes et en jetant de grands cris, et prévient ainsi le crocodile, qui, d'un seul bond, se replonge dans le fleuve. Au reste, comme il est couvert partout d'une écaille très dure, et qu'il n'est vulnérable qu'au-dessous de l'épaule, il est très rare que l'on parvienne à le joindre à portée de fusil, que l'on soit assez heureux alors pour lui loger une balle au défaut de cette cuirasse naturelle.

Cependant, du temps de l'expédition d'Égypte, il y avait à Denderah un kachef qui s'amusait singulièrement à cette chasse ; il connaissait les sorties des crocodiles comme nos braconniers connaissent les passées des lièvres et des chevreuils, et il allait quelquefois, couvert d'herbes marines ou de feuilles de palmier, se mettre à l'affût pendant des jours entiers pour guetter cette singulière proie : il avait tué ainsi sept à huit crocodiles de dimensions très comfortables, qu'il avait placés sur sa maison, et qui, de loin, faisaient l'effet de canons en batterie ; ce trompe-l'œil étrange était, au reste, le seul bénéfice qu'il retirât de cette chasse, où il ne lui était jamais arrivé aucun accident, et où constamment il avait vu fuir le crocodile devant l'homme.

Après deux heures d'une navigation délicieuse, nous prîmes terre en face des pyramides de Sakkara. Elles sont plus anciennes et par conséquent plus dégradées que celles de Gyzeh : leur contour est irrégulier; quelques-unes ont des degrés de petite dimension, les autres n'ont, pour arriver à leur sommet, que dix marches colossales qui semblent bâties pour des géans. A leur base, le sol est couvert d'ossemens ; on n'a qu'à fouiller le sable avec les pieds ou les mains, pour mettre à jour des fragmens de momies, des langes, des bandelettes, de petits fétiches, des vitrifications et des scarabées. Au-dessous de ce sol sont des catacombes immenses où dorment les habitans de l'ancienne Memphis, dont toute cette rive du Nil était la nécropole.

Outre les catacombes d'hommes et de femmes, il y a des catacombes d'animaux; on trouve dans celles-ci des chats, des ibis, des lézards : chacun de ces individus, qui fut jadis un dieu, n'en déplaise à notre amour-propre, est proprement empaqueté dans ses langes sacrés, hermétiquement enfermé, comme une daube, dans un pot de terre garni de mortier, et placé à tête-bêche avec les autres divinités des différens ordres, le long des parois de la tombe commune. Je mis sous mon bras droit un ibis et sous mon bras gauche un chat, qui me parurent à leur enveloppe avoir été de leur temps des personnages fort considérables, et m'en allai avec ma paire de dieux me reposer un instant dans un caveau couvert d'hiéroglyphes merveilleusement conservés en certains endroits, puis en d'autres horriblement mutilés par les voyageurs, ces barbares de la civilisation.

Des pyramides de Sakkara nous allâmes au bois de palmiers qui couvre l'emplacement de la vieille Memphis, et qui est distant des pyramides d'une lieue à peu près. Cette antique ruine de l'Égype ne pouvait choisir pour ses ossemens un plus magnifique linceul : quelques débris, quelques colonnes percent la terre de leurs angles de marbre; puis, comme le génie éternel de ces ruines superbes, le colosse du roi Rhamsès le Grand, connu des Occidentaux sous le nom de Sésostris, est couché renversé de sa base, et couvre de ses débris mutilés trente-six pieds de terrain.

A quelques pas du colosse se présente un monument biblique presque contemporain du conquérant dont la statue est proche : c'est un caveau que les Arabes appellent la prison de Joseph; ce serait, selon eux, dans cette prison qu'aurait été conduit le fils de Jacob, et il aurait monté les marches que l'on nous montra pour aller au palais expliquer le songe de Pharaon. Du reste, il en est toujours ainsi en Orient; les traditions païennes et bibliques se touchent, les deux histoires se côtoient, et nous aurons plus d'une fois occasion d'évoquer en même temps leurs souvenirs.

Nous retournâmes par où nous étions venus, par le Nil, la seule route qui traverse l'Egypte; nous descendîmes en face du camp de Schoubra, et nous nous rendîmes chez le colonel Selves.

Le dîner nous attendait. Seulement le nombre des convives s'était complété d'une célébrité. La Contemporaine, qui dans ce moment voyageait en Egypte, avait reçu chez notre généreux compatriote une hospitalité royale. Au bout de quelques jours elle était tombée malade, et, trop souffrante encore pour quitter le lit, elle avait demandé qu'on dressât le couvert dans sa chambre. Au reste, si elle mangea peu, elle parla beaucoup, et nous ne perdîmes rien à ce déplacement de ses facultés.

Le lendemain, nous commencâmes à nous occuper des préparatifs de notre pèlerinage au mont Sinaï; et nous recourûmes encore, en cette circonstance, à un compatriote, monsieur Linant, jeune Français qui avait autrefois accompagné monsieur le comte de Forbin en Syrie, et qui, enthousiasmé de ce climat, de ses édifices et de tout ce poétique Orient, était resté au Caire, après avoir rempli ses obligations envers son illustre compagnon de voyage, et nous avait offert ses services près des Arabes conducteurs. Le moment était venu de nous aboucher avec ces enfans du désert; nous allâmes, en conséquence, rappeler à monsieur Linant la parole qu'il nous avait donnée, et nous le trouvâmes tout prêt à la remplir. L'effet ne s'en fit pas attendre; le surlendemain il nous arriva une députation de la tribu d'Oualeb-Saïde, l'une des plus considérables de la péninsule du mont Sinaï, et nous fîmes prix avec son chef pour aller chercher monsieur Taylor à Alexandrie et le ramener au Caire, nous réservant, après cette espèce de prospectus, de faire à son retour des conventions plus sérieuses pour le voyage au Sinaï et le retour à Suez. Ce premier marché fut fait au prix de 50 piastres par dromadaire, 18 francs à peu près.

J'avais vu entrer ces Arabes avec leurs montures dans la cour de notre hôtel, et pour la dixième fois cet aspect m'avait donné sérieusement à penser. Toutes les fois que j'avais entendu parler de voyages en Orient, j'avais en même temps entendu citer les chameaux comme les véhicules ordinaires; et chaque fois que j'avais pensé à cet animal, il s'était présenté à ma pensée tel que le décrit monsieur de Buffon, avec la double bosse qui surmonte son épine dorsale: de sorte que je m'étais doucement familiarisé avec son image, et que je m'étais vu mille fois, voyageant à mon tour, établi à califourchon dans cette vallée naturelle que la nature semble avoir placée comme une selle sur le dos de cet intéressant quadrupède; mais depuis mon arrivée mes idées s'étaient singulièrement rectifiées. Je m'étais tout d'abord aperçu qu'on appelait indifféremment le chameau dromadaire, et le dromadaire chameau; seulement, l'animal à deux bosses n'existe point en Egypte. Le chameau est au dromadaire ce qu'un cheval de charrette est à un cheval de course. Cette découverte bouleversait tout mon système d'équilibre : en place d'une vallée j'avais une montagne, et encore, au lieu de se servir de cette montagne comme d'un point d'appui pour les reins ou pour la poitrine, les Arabes avaient eu l'idée de la surmonter d'une selle qui l'exhaussait encore de huit ou dix pouces, et portait ainsi l'élévation du voyageur à une dizaine de pieds au dessus du sol. Ajoutez à cela un trot à éventrer un boucher, et vous aurez idée des charmes de la locomotion orientale.

Cela n'était pas gai pour un homme qui, dans chaque promenade, tombait régulièrement deux ou trois fois de son âne.

Heureusement que j'ai pour système de ne me préoccuper des événemens qu'au moment où ils menacent, de sorte que, me voyant huit ou dix jours au moins devant moi, je chassai cette préoccupation, et me trouvai prêt, le lendemain, à recommencer la vie insouciante et pleine d'attrait que nous menions depuis trois semaines.

Cette fois c'était encore un Français qui frappait à notre porte, et qui venait nous enlever pour toute la journée. Clot-Bey, le célèbre médecin que nous avons revu depuis à Paris, en 1833, et qui, attaché au pacha d'Egypte, auquel il a rendu d'éminens services, venait de fonder l'hôpital d'Abouzabel, devait faire visiter son établissement à monsieur Taylor, et nous ramener ensuite passer chez lui une soirée à la turque. On devine facilement que nous acceptâmes de tout cœur.

Le pacha donne une attention toute particulière à l'hôpital d'Abouzabel. Cet hospice doit devenir la pépinière de ses jeunes médecins ; nous y vîmes toutes ces maladies monstrueuses de l'Orient, inconnues ou oubliées chez nous, et que nous ne retrouvons que dans la Bible : l'éléphantiasis, la lèpre, les hydrocèles énormes, le livre de Job tout entier. De jeunes chirurgiens arabes, au regard bref et intelligent, nous firent les honneurs de leurs malades avec un empressement qui prouvait le désir qu'ils avaient de plaire à leur chef. Clot-Bey comprit que ce spectacle, très intéressant pour les gens de la science, ne pouvait être pour nous que l'objet d'une curiosité rapide, aussi passâmes-nous promptement des salles aux jardins ; c'étaient de véritables oasis de lilas et d'orangers, où les convalescences se faisaient toutes seules par l'ombre et par la fraîcheur.

Vers les deux heures, Clot-Bey s'aperçut que le temps devenait menaçant; il nous proposa, en conséquence, de reprendre nos montures, et de profiter de l'éducation que leur avaient inculquée les Français pour revenir au plus vite au Caire. Il pensait avec raison que, si l'ouragan nous surprenait à Abouzabel, nous serions médiocrement curieux d'y passer la journée; d'ailleurs, il avait pris lui-même, pour notre soirée, des dispositions qui le rappelaient à la ville. La route se fit au galop, et en moins d'une heure, quoiqu'il y ait deux immenses lieues de l'hospice au Caire; je vis avec plaisir que le retour eut lieu sans aucune séparation de corps entre moi et mon âne, cela me rendit quelque confiance à l'endroit du dromadaire.

En attendant le dîner, Clot-Bey nous conduisit au bain. J'ai suffisamment expliqué, à l'article d'Alexandrie, comment se passe cette opération, pour n'avoir pas besoin d'y revenir; d'ailleurs je m'y étais habitué, et j'en étais devenu à mon tour un amateur forcené.

Nous revînmes dîner chez Clot-Bey; c'était un véritable repas à la turque, aux fourchettes et aux couteaux près, dont il nous avait fait la concession : il se composait du pilau de rigueur, de mouton bouilli, de riz, de poisson et de pâtisseries.

Le dîner fini, Clot-Bey nous invita à passer au salon et à prendre place sur un énorme divan; on nous y servit plusieurs tasses d'excellent café, que nous savourâmes d'abord: enfin on nous arma chacun d'une chibouque, on fit coucher à nos pieds un nègre chargé de la bourrer, de l'allumer et de la vider; puis, voyant que nous étions établis aussi confortablement que possible, Clot-Bey frappa des mains, et quatre musiciens entrèrent.

J'avoue que mon premier mouvement fut tout à l'effroi : je me rappelais la soirée musicale que nous avait donné le vice-consul, et je ne me souciais pas d'entendre une seconde fois un pareil charivari. Je jetai un coup d'œil scrutateur sur les instrumens, et ils ne me semblèrent point, par leur forme, de nature à me rassurer : le premier était le fameux tambour évasé avec lequel j'avais déjà fait connaissance sur notre cange; le second, un violon, dont la poignée de fer reposait entre les jambes de l'exécutant, et les deux autres, des espèces de mandolines à manche démesuré. Les scélérats avaient en outre une voix qu'ils tenaient cachée pour le moment, mais qu'ils ne tardèrent pas à nous faire connaître.

Le concert venait de commencer, et il promettait de ne le céder en rien à celui que nous avions déjà entendu, lorsque nous fûmes tout à coup distraits par l'entrée d'une espèce de Gilles vêtu de blanc; il portait un costume plus court que celui des Orientaux, et il avait la tête couverte d'une sorte de chapeau de feutre flexible comme celui d'un Pierrot. Il précédait quatre femmes que nous reconnûmes aussitôt pour des almées; c'étaient les Taglioni du Caire. Dès lors nous fîmes bon marché de la musique, et toute notre attention se reporta sur les houris qui nous descendaient du ciel.

Elles portaient un costume élégant et voluptueux : le sommet de la tête est couvert d'un *tarbouch* richement brodé et orné de pierreries, d'où s'échappent les cheveux tressés en une multitude de nattes longues et fines, ornées de sequins de Venise percés au bord, et placés si près l'un de l'autre qu'ils se recouvrent comme des écailles. Quelques-unes de ces tresses tombent par devant; mais la plus grande partie ruisselle par derrière, et voile les épaules d'un manteau d'or splendide et retentissant. Le corps est pris dans une robe taillée en forme de redingote échancrée devant, qui se rejoint à la taille par une courbe gracieuse, et laisse le sein entièrement nu; de la taille aux pieds, la robe est lâche et flottante; quant aux manches, elles sont taillées dans le même système : serrées et collantes par le haut, elles s'élargissent au coude, s'ouvrent à l'avant-bras et pendent jusqu'à terre; les jambes sont enfermées dans un pantalon turc, plein de caprice dans ses plis et dans sa forme, qui laisse le pied nu, et dans les ganses d'or duquel vient se perdre une chemise verte ou bleue, fine et transparente comme la gaze. Un châle de cachemire, noué négligemment en ceinture, et dont les deux bouts retombent inégaux par devant, complète ce costume, qui, tout simple qu'il semble, est d'une immense valeur : le tarbouch seul coûte parfois dix, vingt et jusqu'à trente mille francs.

Outre cela, elles avaient, comme beaucoup de femmes turques, les ongles des pieds et des mains rougis avec du henné, l'épaisseur des paupières peinte en noir avec du brol, ce qui donnait à leurs yeux un éclat extraordinaire, et la taille si mince, si souple et si déliée, que mes souvenirs d'Occident ne m'offraient vraiment rien de comparable.

Cette entrée inattendue, cet aspect pittoresque, ce nom poétique d'almées, produisirent à l'instant même un effet des plus flatteurs pour les nouvelles venues : le silence le plus profond régna, et tandis que Clot-Bey, habitué à ce spectacle, continuait tranquillement de fumer sa pipe, les chibouques nous tombèrent de la bouche, et nous battîmes des mains, comme on fait à Paris à l'entrée d'un acteur en renom.

Les almées, de leur côté, pour répondre immédiatement à notre politesse, se placèrent toutes les quatre sur une ligne, puis s'avancèrent régulièrement, en se balançant avec mollesse et en faisant entendre un chant doux et voluptueux, que les musiciens accompagnaient en sourdine. Arrivées près de nous, elles pirouettèrent et revinrent sur leurs pas en nous tournant le dos : alors les deux ailes s'avançèrent, et toutes les quatre se croisèrent en formant des figures ingénieuses, sans être cependant ni rapides, ni variées. Pendant tout ce temps elles conservèrent, dans ces mouvemens, des poses simples et nobles comme celles des statues antiques. Cependant peu à peu la danse s'anima, les mouvemens devinrent plus rapides et plus voluptueux, les chanteurs élevèrent la voix, les gestes prirent un caractère lascif; le bouffon vint se mêler à la danse, et dessina, au milieu du ballet, des poses obscènes : enfin, paillasse et danseuses, excités de plus en plus par les chants et par la musique, arrivèrent au paroxysme de la passion la plus véhémente et la plus déréglée. Alors la voix prit le dessus sur la musique, les virtuoses chantèrent, en s'accompagnant toujours, une chanson irritante et lubrique; il y eut entre les quatre femmes et l'homme une lutte de bacchantes et de satyres. Enfin, haletantes et les cheveux en désordre, elles vinrent se jeter sur nous,

nous entourant de leurs bras convulsifs, et se glissant comme des serpens sous nos grandes robes orientales.

C'est le moment où on les paie ; ces caresses impures, c'est leur quête : les uns mettent alors entre leurs lèvres un sequin qu'elles prennent avec leurs lèvres, les autres collent sur leur visage et leurs seins inondés de sueur un masque et une cuirasse de petites pièces d'or, qu'elles vont secouer ensuite dans une aiguière d'argent. C'est là que les musulmans gagnent la réputation d'avares ou de magnifiques.

A ce premier acte succéda un solo. La musique reprit un caractère calme et naïf : des paroles d'un rhythme simple se firent entendre : une jeune fille se promène dans un délicieux jardin, et cueille des fleurs pour s'en faire un bouquet. La poésie est riche et colorée comme le parterre que moissonne l'enfant ; elle décrit tout, le papillon aux couleurs changeantes, le rossignol à la douce voix, le soleil d'or, âme et foyer de la nature ; et toute la pantomime, toutes les poses de la jeune fille suivent, vers pour vers, strophe pour strophe, les chants des musiciens. Tout à coup elle est effrayée par une guêpe irritée de ce qu'on a brisé la rose sur laquelle elle était posée ; elle la chasse, puis se remet à cueillir d'autres fleurs. Mais la guêpe revenant, les chanteurs rient : la jeune fille dénoue sa ceinture pour la chasser ; mais la guêpe évite les coups flottans qu'elle lui porte, les musiciens raillent la jeune fille. Tout à coup, malgré ses bras en croix, la guêpe s'introduit dans sa poitrine ; alors la jeune fille, dans son effroi, arrache sa robe, sa chemise, son pantalon flottant ; elle reste nue. Mais la guêpe est toujours là, attaquant avec fureur ; les musiciens éclatent de rire ; la jeune fille fuit, tourne sur elle-même, s'élance par bonds, puis se roule sur la terre avec des cris, une passion, un délire, une rapidité, une frénésie, qui vous éblouissent ; c'est une magie, un rêve, une hallucination. Enfin, tout à coup, comme pour demander du secours, d'un seul bond elle s'élance sur les genoux du spectateur qui lui inspire le plus de confiance dans sa détresse, s'enveloppe de ses vêtemens, se glisse sur sa poitrine, et se cache la tête et les épaules dans son manteau de cheveux.

Cette scène est ordinairement le dénoûment de la pièce.

le bouquet du feu d'artifice. Le privilégié s'en tire avec des sequins; aussi une soirée d'almées coûte-t-elle en général fort cher; c'est un plaisir de grand seigneur, que le maître de la maison ne donne guère à ses invités à moins de deux ou trois mille piastres. Pour ce prix, si l'on était pas trop difficile sur la couleur, on pourrait acheter six ou huit esclaves.

LA VILLE DES CALIFES.

Un soir, pendant que nous étions en train de dîner, nous entendîmes un grand bruit d'hommes et de dromadaires; nous mîmes le nez à la fenêtre de notre salle à manger, qui donnait sur une cour intérieure, et nous aperçûmes monsieur Taylor. Parti la veille au matin d'Alexandrie, il avait traversé avec la rapidité des courriers arabes les quarante-cinq lieues de désert qui séparent cette ville du Caire.

Sa négociation était terminée; cependant elle avait souffert plus de difficultés qu'on ne l'avait cru d'abord. Quelque diligence qu'il eût faite, quelque silence qu'il eût gardé, le projet avait transpiré; l'Angleterre avait pris les devans sur la France, et les deux aiguilles que venait chercher monsieur Taylor avaient été promises à la Grande-Bretagne; quant à Méhémet-Ali, il avait le plus grand désir de satisfaire les deux nations, et il ne demandait pas mieux que de les mettre d'accord. Ce fut en cette occasion que le précédent voyage de monsieur Taylor et l'étude qu'il avait faite lui-même et sur les lieux des monumens antiques lui furent d'une grande utilité; il connaissait l'Égypte depuis 1828, et fit observer que, l'affaire datant de cette époque, la priorité appartenait à sa demande. Puis, pour tout concilier, il offrit de donner à l'Angleterre, au lieu des deux obélisques de Louqsor, l'obélisque de Carnach, qui est plus grand; quelques difficultés s'élevèrent encore, mais on ajouta deux sphinx comme appoint, et les deux obélisques de Louqsor et l'aiguille d'Alexandrie furent définitivement accordés à la France.

Monsieur Taylor arrivait donc tout joyeux d'avoir terminé sa négociation, et désirait vivement continuer le voyage: aussi le départ, sur sa proposition, fut-il fixé à l'unanimité pour le lendemain au soir.

Dès le matin de ce grand jour, nous nous rendîmes avec nos Arabes chez le vice-consul de France, monsieur Dantan, pour faire nos conventions en présence d'un témoin : d'abord on fixa le nombre des bêtes et des gens; puis on aborda la question principale : il s'agissait de savoir ce que l'on paierait aux uns et autres pour le voyage, qui, aller et retour, devait durer un peu plus d'un mois.

Les discussions sont les triomphes des Arabes : fins, entêtés, insaisissables, toujours ils glissent entre vos raisonnemens, qu'ils font semblant de ne pas comprendre, ou qu'ils combattent avec des argumens auxquels votre ignorance des lieux et des mœurs vous empêche de rien opposer; craignant toujours de demander trop peu, ils exagèrent leurs prétentions, afin que, lorsqu'ils ont diminué quelque chose, en ayant l'air d'avoir fait un sacrifice, ils soient encore rétribués au double de la valeur. Ce qu'ils opposèrent surtout à nos rabais fut cette raison, que la péninsule du mont Sinaï était parcourue par trois tribus différentes, et qu'il y avait une convention entre elles pour que celle qui accompagnerait les voyageurs ne fût pas inquiétée par les autres; il en résultait, selon eux, que, cette neutralité ne s'obtenant qu'à prix d'argent, la somme qu'ils nous demandaient, toute considérable qu'elle nous paraissait, était de fait on ne peut plus raisonnable, puisque, lorsqu'ils auraient prélevé sur cette somme la part due aux deux autres tribus, ce qui resterait à nos conducteurs suffirait à peine à défrayer les hommes et les chameaux. C'était, comme on le voit, un de ces argumens tenaces et obscurs auxquels il n'y a rien à répondre; aussi passâmes-nous à peu près par tout ce qu'ils voulurent, et la seule concession que nous obtînmes fut qu'ils se nourriraient pendant le voyage, et que leur cuisine ne nous regarderait en aucune manière; quant aux dromadaires; ils étaient à notre charge.

Le marché terminé, monsieur Dantan, qui y avait assisté, nous prévint de ne pas attacher une confiance absolue aux relations amicales de la tribu d'Oualeb-Saïde avec les autres peuplades; seulement c'était une tribu brave et fidèle, qui, le cas échéant, nous aiderait à nous défendre. Monsieur Dantan nous invita en conséquence à ne pas oublier parmi nos effets les armes, et parmi nos provisions le plomb et la poudre.

Nos Arabes, qui suivaient avec une grande attention le discours de monsieur Dantan, et qui, trop loin pour entendre, épiaient son reflet sur nos physionomies, s'aperçurent que, quel qu'il fût, il n'était pas à leur avantage. Leur première idée fut que nous nous repentions du marché que nous venions de conclure, et que nous cherchions un moyen de le rompre; aussitôt l'un d'eux, que l'on appelait Béchara, et qui parlait un peu le français, vint à nous, et, comme s'il ne s'apercevait pas qu'il nous interrompît, il nous invita à venir voir les dromadaires. Il m'avait pris, sans s'en douter, par mon endroit sensible. Je suivis donc Béchara, qui me conduisit dans la cour et s'arrêta en face de nos bêtes, en me priant de considérer qu'il y avait dromadaires et dromadaires; que ceux dont nous allions faire l'essai étaient de véritables *haghins*, légers comme des gazelles, forts comme des lions, dociles comme des agneaux; que chacun d'eux avait sa généalogie aussi en règle que celle des chevaux arabes les plus nobles et les plus anciens, et que nous pourrions marcher derrière eux, au désert, sans voir la trace de leurs pas sur le sable, tant leur course était rapide et légère.

Cette assertion, il faut l'avouer, semblait entièrement confirmée par la simple inspection des malheureuses bêtes qui étaient l'objet de cet éloge; elles étaient d'une maigreur phénoménale: leur peau, qui semblait avoir appartenu jadis à un animal deux fois gros comme eux, couvrait de ses plis battans une espèce de carcasse d'acier, dont on pouvait examiner tous les ressorts. D'un autre côté, leur physionomie était douce et bonne; et l'anneau de fer passé entre leurs narines me paraissait devoir remplacer avantageusement la bride : de sorte qu'à part leur taille démesurée, je n'avais aucun motif sérieux de me plaindre. Au reste, je commençais à me prendre de pitié pour ces futurs compagnons de notre voyage : leur sobriété tant vantée était écrite sur tout leur corps ; mais tout naturellement cette pitié me mena à un doute sur la santé continue de ces malheureux animaux. Alors les Arabes se récrièrent en chœur, et Mohammed se mit de la partie. Tout ce qui m'inspirait une crainte était pour eux un motif de sécurité, tout ce qui me semblait un défaut était exalté par mes interlocuteurs comme une perfection. Je vis que je n'aurais jamais le dessus, et je renfermai mes réflexions en moi-même ; seulement il me semblait que je n'avais jamais vu de dromadaires d'une taille aussi gigantesque.

Le baron Taylor et Mayer vinrent me rejoindre : il devenait urgent d'acheter des provisions ; nous remîmes au soir la conclusion du marché, et nous nous fîmes donner par les Arabes la liste des objets nécessaires. Si peu considérable que fût cette liste, elle nous forçait, par sa diversité, à courir tous les bazars du Caire, attendu la spécialité de chaque marchand et de chaque quartier, qui n'empiète jamais sur la spécialité du marchand et du quartier voisin.

Voici la liste de ces objets ; elle donnera une idée de la simplicité des mœurs de la vie nomade, qui a réduit les besoins des voyageurs aux plus strictes nécessités de la vie :

Des outres pour mettre de l'eau ;

Des gargoulettes de cuir pour suspendre à la selle, afin de boire en courant sans faire arrêter la caravane pour ouvrir les outres ;

Du riz pour trois personnes, aller et retour ; on nous dit bien que nous en trouverions au Sinaï, mais nous préférâmes prendre nos précautions au Caire ;

De la farine pour le pain ;

Des fèves pour les dromadaires ;

Des dattes : c'est le fruit qui se conserve le mieux dans de pareils voyages ;

Du mich-mich : on se rappelle cette pâte d'abricot séchée au soleil, qu'on roule comme des pièces d'étoffe, dont nous avons parlé à propos des bazars de comestibles, et qui se vend à l'aune; c'est une provision commode à emporter en ce qu'elle ne tient pas plus de place qu'un porte-manteau, et que, bouillie dans de l'eau, elle fait d'excellente marmelade;

Du tabac pour cadeaux destinés tant à notre escorte qu'aux Arabes que nous pourrions rencontrer;

Du bois pour faire la cuisine;

Du café pour combattre les transpirations dont nous étions menacés;

Du sucre pour donner au couvent;

Une tente pour nous abriter contre l'ardeur du soleil et contre la fraîcheur des nuits;

Enfin des vases en fer pour préparer nos alimens, les vases en terre étant incapables de résister dix minutes au trot des dromadaires.

Ce dernier article me ramena à mon idée fixe; parmi les qualités des haghins, Béchara avait oublié de me vanter ce trot formidable; et il me sembla, si peu flatteuse que fût la comparaison, que nous étions destinés à jouer le rôle des pots de terre.

Cependant, comme il s'agissait de parcourir une douzaine de bazars en deux ou trois heures, je m'empressai d'agir; nous courûmes à la station la plus proche, et nous enfourchâmes ces estimables quadrupèdes qui nous avaient déjà rendu tant de services, et que j'appréciais davantage encore au moment de me séparer d'eux et de faire connaissance avec nos nouveaux véhicules: puis nous nous mîmes en course. A mesure que nous achetions, Mohammed acheminait les marchandises vers le quartier-général; à trois heures nous avions fini toutes nos emplettes. J'oubliais de dire que nous avions joint à la liste de nos provisions de la bougie, afin de pouvoir dessiner et écrire après le soleil couché.

Nous quitâmes aussi babouches et marcoufs, et nous les remplaçâmes immédiatement par de longues bottes rouges travaillées à Maroc, et qui sont souples et collantes comme des bas de soie : notre tête fut abritée, outre le turban, par un mouchoir à raies jaunes et rouges, et dont les deux bouts, pendans de chaque côté de notre figure, qu'ils couvraient de leur ombre, étaient ornés de glands de soie entourés de filigranes d'argent ; enfin, accoutrés de la sorte, nous rentrâmes au quartier franc pour présider à l'emballage de toutes nos emplettes, épuisés de fatigue, mais décidés à partir le soir même.

Nous trouvâmes la besogne à peu près faite; les Arabes sont les emballeurs les plus expéditifs que je connaisse : tout était roulé, sanglé et ficelé quand nous arrivâmes, et déjà deux des quatre dromadaires destinés au bagage étaient chargés. Alors monsieur Msara, voyant que le reste de l'opération s'accomplirait parfaitement sans nous, puisque la première partie avait si bien réussi en notre absence, nous donna le conseil de profiter du temps qui nous restait pour aller demander des lettres de recommandation au couvent grec du Caire, qui est une succursale du mont Sinaï. L'avis nous parut bon, et nous nous mîmes en route pour le suivre; mais nous trouvâmes, au bout de trois ou quatre rues, le chemin barré par une procession nuptiale : la mariée, montée sur un âne, était hermétiquement enfermée dans une grande pièce de soie; quatre eunuques portaient un dais au-dessus de sa tête, et une quantité de femmes voilées comme elle la suivaient en faisant entendre un certain gloussement particulier aux femmes arabes, qui consiste dans un frôlement de la langue contre le palais, et qui est, dans cette occasion, comme dans toutes les occasions heureuses, l'expression de leur joie. Cette mélodie formait les entr'actes d'une musique plus barbare encore ; quand elle cessait, une douzaine de chanteurs récitaient, en s'accompagnant des instrumens déjà décrits, des chansons plus qu'anacréontiques, que des jongleurs et des paillasses se chargeaient de traduire par les gestes les plus expressifs à ceux qui, comme nous, avaient le malheur de ne pas entendre la langue. Tout ce cortége, déjà considérable par lui-même, était suivi par une telle foule, qu'en nous haussant sur nos étriers nous n'en pouvions apercevoir la fin. Nous calculâmes, au train dont il s'avançait, qu'il nous faudrait bien attendre une heure; c'était trop de temps perdu : nous nous en remîmes à Dieu du soin de nous annoncer, et nous rebroussâmes chemin. Nous trouvâmes nos Arabes prêts et nos dromadaires chargés : il ne nous restait plus qu'à conclure le marché; cette conclusion consistait, de notre côté, en des arrhes à donner, et du côté de nos Arabes, dans la livraison des otages qu'ils devaient laisser au consulat pour répondre de nous. Ces otages, dont la tête devait tourner au même vent que les nôtres, étaient deux guerriers de la tribu avec leurs montures. Nous fîmes observer que nous étions trois, et qu'il fallait au moins trois Arabes pour nous représenter; mais notre chef fit observer que deux de nous étaient représentés par les deux guerriers, et le troisième par les deux dromadaires. Bonne ou mauvaise, il fallut nous contenter de cette réponse; seulement l'équivalent était peu flatteur pour notre amour-propre. L'humiliation avalée, monsieur Dantan, monsieur Msara et monsieur Dessap, qui avaient voulu assister à notre départ, nous donnèrent l'accolade d'adieu; puis on alluma des torches, et l'on nous amena des chevaux dont nous devions nous servir pendant la première halte, car on craignait que le peu d'habitude que nous avions du trot de nos nouvelles montures ne causât quelque accident au milieu des rues étroites et tortueuses de la ville. Cette précaution, qui venait de Mohammed, me le fit prendre en véritable amitié; enfin, à neuf heures du soir, nos Arabes montèrent sur leurs dromadaires, et nous sur nos chevaux; puis nous sortîmes majestueusement de l'hôtel, éclairés par les torches de nos guides qui marchaient devant nous, et nous traversâmes le Caire à la grande admiration de ses habitans, que la splendeur et l'étrangeté du spectacle tiraient de leurs maisons, malgré leur insouciance ordinaire.

Nous sortîmes par la porte de la Victoire, la plus proche du quartier franc; puis nous tournâmes à droite, en longeant les murs de la ville, et, après une heure de marche, nous nous trouvâmes auprès d'une autre cité, cité des morts, plus belle, plus riche, plus monumentale que celle des vivans, nécropole des califes, où les lieutenans de Salah-Eddin et les descendans du mamelouk Bey-Bars reposent dans des tombeaux de marbre et de porphyre, côte à côte avec la plus riche et la plus haute aristocratie du Caire; nous avions réservé cette exploration pour notre première halte, et l'heure ne pouvait être mieux choisie pour visiter les tombeaux.

Aussi nous laissâmes nos Arabes dresser la tente et s'occuper du campement, nous prîmes quatre porteurs de torches, et nous nous acheminâmes à pied vers la ville funèbre, que nous voyions devant nous comme une masse noire au milieu de laquelle nous ne pouvions distinguer aucune forme ni aucun contour.

Au bout de deux cents pas nos flambeaux se reflétèrent sur la muraille d'un vaste et riche monument, dont la base, éclairée par une lueur tremblante, laissait voir les versets du Coran, qui l'entourent comme des bandelettes sacrées, tandis que la lumière, se dégradant à mesure qu'elle s'élevait, interrompue tout à coup par les corniches et les angles saillans qui projetaient leurs ombres, se perdait avant d'arriver au sommet des madenebs, dont le croissant doré brillait comme un astre dans le ciel.

Nous frappâmes à la porte du monument; à ce bruit, inusité à une pareille heure, les éperviers, qui dormaient abrités dans les arabesques de pierre, se réveillèrent et prirent leur vol en jetant de grands cris. De longs hurlemens leur répondirent, et pendant un instant nous crûmes que les chiens et les oiseaux de proie étaient les seuls habitans de la nécropole; mais bientôt nous entendîmes des pas humains : nos Arabes échangèrent quelques paroles avec celui qui s'avançait; enfin la porte s'ouvrit, et l'hôte des morts parut sur le seuil de ce splendide sépulcre.

C'était un vieillard d'une sobriété de paroles toute musulmane : lorsqu'il sut le motif qui nous amenait, il nous fit signe d'entrer, nous indiqua les diverses parties de l'édifice, puis nous ramena au caveau mortuaire, dont les murs étaient enrichis de fleurs en mosaïque du plus élégant travail ; le sarcophage était de granit parfaitement conservé.

Cependant nous ne voulions pas nous en tenir à une seule tombe, nous dîmes au vieillard notre intention ; il nous fit signe qu'il était à nos ordres : nous sortîmes du monument, et nous descendîmes dans la rue. Là nous retrouvâmes les éperviers, qui, aussitôt qu'ils revirent nos lumières, se prirent à pousser de nouveaux cris, et à tournoyer si près de nos torches, qu'ils se mêlaient à la fumée; en même temps des centaines de chiens errans, qui le jour vont demander leur vie dans les rues du Caire, et qui le soir viennent chercher un asile dans les tombes, nous entourèrent et nous suivirent en hurlant. Eveillés à ces cris et à ces hurlemens, qui protestaient contre la vie et la lumière, si insolites à cet endroit et à cette heure, des Arabes-Bédouins, de cette race indomptée qui se croirait prisonnière si les portes d'une ville se fermaient sur elle et la séparaient du désert même pendant leur sommeil, se dressaient enveloppés de leurs bournous sur les degrés des mosquées ou les enfoncemens des sépulcres, et semblaient, dans leurs blancs suaires, les ombres courroucées de ceux dont nous venions troubler le repos.

Nous arrivâmes, au milieu de ce cortége sinistre et de ces apparitions funèbres, dans un lieu retiré où l'on nous montra les tombeaux des *Djezam*, branche de la tribu arabe de *Cohlan*, qui s'établit en Egypte lors de la conquête musulmane. Deux monumens s'élevaient somptueusement au-dessus des autres; c'étaient les tombeaux de deux hommes célèbres par leur hospitalité et leur munificence: l'un, que l'on nommait Tharif, avait journellement à sa table mille convives, que ses esclaves placés aux différentes portes de la ville lui amenaient; l'autre, qui s'appelait Muhenna, à défaut d'autres combustibles brûla un jour, pour apprêter à manger à des voyageurs qui s'étaient arrêtés sous sa tente, un riche butin qu'il venait de faire sur ses ennemis. On avait rendu à leur cadavre cette magnifique hospitalité qu'ils avaient exercée pendant leur vie, et ils reposaient dans des tombeaux splendides et vastes comme des palais.

En sortant de ces monumens, nous en visitâmes un dernier qui nous sembla le plus ancien de tous ceux que nous avions vus; les murs étaient lézardés dans toute leur étendue, et ouverts même en plusieurs endroits. Au-dessus d'une de ces fentes, Mohammed nous fit remarquer, tracée par un poëte persan, cette phrase, qui nous parut passablement obscure: « Chaque crevasse de cet antique édifice est une bouche entr'ouverte qui rit de la pompe passagère des demeures royales. »

Nous avions passé deux heures à peu près au milieu de la cité des morts, et nous en avions visité les plus beaux édifices; il était temps de rejoindre nos Arabes : nous nous acheminâmes donc vers le premier tombeau que nous avions visité, toujours escortés de nos éperviers, accompagnés de nos chiens et côtoyés par nos fantômes; cependant, comme si ce cortége fantastique était, par une puissance supérieure, retenu dans sa ville funèbre, il s'arrêta à la porte qui donnait sur la plaine des vivans. Nous en prîmes congé sans regret pour revenir à notre tente. Quelque temps encore nous entendîmes les cris des éperviers et le hurlement des chiens; mais, rassurés par le silence et par la nuit, les uns retrouvèrent leurs aires de marbre, et les autres leurs niches de granit : de sorte qu'au bout de quelque temps toute rumeur mourut et qu'aucun bruit ne troubla plus l'écho de la cité mortuaire, que nous avions pour un moment tirée de son sommeil éternel.

A notre retour, nous trouvâmes nos Arabes assis en rond autour d'un feu qu'ils avaient allumé, et se racontant des histoires. Derrière eux leurs chameaux, couchés et confondus avec le sable, dont ils ont la couleur, formaient un second cercle plus étendu : notre tente était dressée à l'écart; c'était le moment de jeter un coup d'œil en masse sur cette troupe qui devait nous accompagner, et en détail sur ces hommes à qui nous avions confié notre vie.

ARABES ET DROMADAIRES.

Le chef ou cheik se nommait *Toualeb* ; petit, maigre, nerveux, il avait, quoique laid, une expression de physionomie affable et sympathique : il parlait peu et brièvement; sa parole fortement accentuée et son regard rapide exerçaient une surveillance continuelle sur nos Arabes, et nous eûmes plus d'une occasion par la suite de juger de l'excellence de son coup d'œil et de l'énergie de son caractère.

A sa gauche était Béchara, avec qui j'avais déjà fait connaissance dans la cour de l'hôtel, et qui m'avait prouvé la noblesse de ses chameaux et démontré toutes leurs qualités. Son embonpoint ne dépassait pas celui de son chef; mais autant ce dernier était sévère et taciturne, autant l'autre était rieur et bavard: tant que le jour durait il chantait, assis sur son chameau, et, dès que le soir était venu, Scheherazade du désert, il racontait impitoyablement ses histoires à ses camarades, jusqu'à ce qu'il les eût endormis. Alors il prenait le parti de monologuer encore un instant, puis enfin il s'endormait à son tour. Cette loquacité perpétuelle, si précieuse dans les longues routes pour ceux à qui la nature a donné un caractère moins parleur, faisait de Béchara l'idole de ses camarades; et si Toualeb était le chef pendant le jour, aussitôt le soleil couché le sceptre du commandement passait à Béchara, sans conteste et sans réclamation.

De l'autre côté de Toualeb était le frère d'armes, l'ami, le confident de Béchara: c'était un Arabe herculéen nommé Araballah, parfaitement bien vu du chef et respecté du reste de ses camarades parce qu'il était le plus robuste de la troupe. C'était le premier lancé en avant lorsque quelque inquiétude rembrunissait le front de Toualeb; c'était le dernier endormi lorsque le soir Béchara racontait ses éternelles histoires: aussi Toualeb et Béchara faisaient de lui un cas extrême; c'était le bras de l'un et l'oreille de l'autre.

Le seul, après ces trois hommes, qui méritât d'être remarqué était Abdallah, notre cuisinier. Il était entré au service sur la recommandation de monsieur Msara, et sur l'assurance qu'il avait étudié son art sous les meilleurs maîtres du Caire. C'était leur condamnation vivante; il est impossible de se figurer les impurs mélanges que cet empoisonneur apprêtait pour nos repas.

Nous ne parlons pas de Mohammed, notre vieil ami, qui nous avait suivis d'Alexandrie et nous accompagnait encore dans ce voyage.

Quant au reste de la troupe, il n'y avait rien à en dire sout le rapport intellectuel; du côté physique, c'étaient de véritables enfans du désert, grêles, déliés et souples comme des serpens, maigres et sobres comme leurs chameaux. Aussi, à cette première inspection, vîmes-nous de quelle minime importance avait dû être pour eux le rabais de leur nourriture; pendant cette première halte, il ne fut pas question pour eux de repas. Nous pensâmes que, comme nous, ils avaient soupé avant de quitter le Caire, et nous entrâmes dans notre tente sans nous en occuper davantage.

Je me jetai sur mon tapis, parfaitement rassuré sur la bonne foi de nos guides et par conséquent sur la sûreté du voyage; nous étions en tout dix-huit hommes bien armés, et nous formions un cortége assez respectable. L'unique sujet d'inquiétude qui me restât était la bosse demesurée de ces malheureux dromadaires, sur laquelle, privé d'étriers surtout, je ne voyais aucune raison pour rester plus de cinq minutes; enfin, je m'endormis dans la confiance que Dieu est grand et miséricordieux.

Au point du jour je m'éveillai et je sortis sans bruit de la tente, nourrissant la mauvaise pensée de choisir le plus petit des trois dromadaires. Je trouvai nos Arabes éveillés et sellant leurs bêtes; je fis un signe à Béchara, dont je désirais particulièrement me faire bien venir, et je lui dis de me conduire à ma monture. Nos trois dromadaires étaient agenouillés les uns près des autres, le cou allongé comme des serpens, et, dans cette pose, il était difficile de juger de leur hauteur; je tournais autour d'eux pour les examiner, lorsque Béchara me dit de ne pas trop m'approcher de leurs têtes. Je lui demandai s'il y avait quelque danger, et si leur caractère démentait cet air timide et langoureux qui faisait le charme particulier de leur physionomie; il me répondit qu'on avait vu des dromadaires, sans avertissement, saisir le bras ou la cuisse d'un homme, et les briser comme du verre; un de ses camarades, qu'il me montra, avait été victime, dans le précédent voyage, d'un accident pareil; et quelques jours avant notre départ du Caire, un honnête Turc, qui achetait, sans penser à mal, de la marmelade en rouleaux dans un bazar de comestibles, avait été saisi par son turban et enlevé de terre, où il était retombé sans connaissance. On s'était empressé autour de lui pour le secourir ; mais on s aperçut bientôt que le haut de sa tête, crâne et cervelle, était resté dans le turban. Au reste, les dromadaires faisaient cela sans méchanceté comme sans malice, et dans ces rares mouvemens de joie ou de mauvaise humeur qui détruisent parfois momentanément l'équilibre des plus heureux caractères.

Jamais Béchara n'avait été plus religieusement écouté, jamais un de ses discours ne s'était gravé plus profondément dans l'esprit de son auditeur. Je lui prouvai immédiatement combien j'appréciais ses conseils, en faisant un détour, et en m'avançant, du côté de la queue, vers le dromadaire sur lequel j'avais jeté mon dévolu. Il était couché nonchalamment les jambes repliées sous lui et le cou étendu ; de sorte que la selle, dans cette situation, était à la hauteur d'une selle placée sur le dos d'un cheval ordinaire. Je résolus de faire, avant que les autres arrivassent, et en présence de mon ami Béchara, un essai sans importance apparente, mais dont le résultat devait être de me familiariser avec l'animal. En conséquence, comme si j'avais l'esprit parfaitement libre, je m'accrochai en fredonnant au pommeau de la selle et aux cordages qui en pendaient, et après les trois élans classiques, j'enjambai le monticule et me trouvai à cheval ; mais à peine étais-je affermi, que ma bête, qui savait sa profession de dromadaire aussi bien que moi mon métier de cavalier, releva brutalement tout le train de derrière, ce qui me mit immédiatement le nez huit pouces plus bas que les genoux, et me valut dans la poitrine un coup atroce du trusquin de la selle, qui est élevé de près d'un pied et terminé par une boule de bois ornée de cuivre. Au même instant, le train de devant se releva avec la même spontanéité que j'avais remarquée dans son prédécesseur le train de derrière, et je sentis que le dossier de la selle me rendait avec usure dans les reins le coup que le pommeau m'avait donné dans la poitrine. Béchara, qui ne m'avait pas perdu un instant de vue pendant mes exercices de voltige, me fit remarquer l'excellente combinaison de ces deux proéminences sans le secours desquelles je serais inévitablement tombé en avant ou en arrière ; Béchara m'avait fait cette judicieuse remarque avec un visage riant, comme s'il eût voulu me prouver que j'étais ingrat envers ma selle ; je commençai dès lors à le considérer comme un mauvais plaisant Aussi, lorsqu'il me proposa de redescendre, je lui répondis d'un ton méprisant, quoique au fond je sentisse que je m'avançais beaucoup, que je resterais là tant qu'il me plairait, et que ce n'était pas son affaire ; Béchara comprit son inconvenance, et m'invita, pour se raccommoder avec moi, à profiter de ma situation pour regarder le paysage.

En effet, du point élevé où j'étais parvenu, j'embrassais un horizon immense. Le dromadaire s'était levé comme il était couché, la tête au nord et la queue au midi. J'avais à ma droite les tombeaux des califes adossés à la chaîne nue du Mokkatan, dont la cime était dans la lumière et la base dans l'ombre; devant moi, le champ de bataille d'Héliopolis, et à ma gauche le Caire, dont les minarets étincelaient aux premiers rayons du soleil. Cette vue magnifique, appuyée au Nil, me donna l'envie de compléter ma jouissance en embrassant le cercle opposé. Je tirai le licou de mon dromadaire pour le faire pivoter sur lui-même; mais il ne parut pas s'apercevoir de mon intention ; je tirai plus vigoureusement, il leva la tête ; je réunis aussitôt toutes mes forces, et il se mit à marcher droit devant lui. Alors, à défaut de la bride, je voulus user de mes jambes ; mais je m'aperçus que cette prétention était visiblement incompatible avec mes moyens naturels; je fus donc forcé, comme mon dromadaire marchait toujours et me conduisait tout droit à Damiette, d'appeler Béchara à mon aide; il accourut sans rancune, arrêta l'animal; et lui présentant quelques fèves dans le creux de sa main, il le fit tourner sur lui-même avec la docilité de l'âne savant, de sorte que je me trouvai en face de l'autre horizon.

Celui-là commençait au vieux Caire, et s'étendait jusqu'à la forêt de palmiers qui couvre Memphis, et au-dessus desquels s'élèvent les cimes des pyramides de Sakkara; à droite les pyramides de Gyzeh, à gauche la chaîne du Mokkatan, qui remonte dans la direction du Nil et va se perdre dans la haute Égypte ; plus loin le désert, visible par la pensée au delà de l'horizon, et dont on pressent l'immensité comme celle de l'Océan.

J'étais à la fin de ma contemplation lorsque la toile de la tente se souleva, et Mayer en sortit. Je ne fis pas semblant de le voir ; cette distraction me donnait un air d'aisance qui flattait mon amour-propre. Cependant, tout en feignant de ne pas regarder de son côté, je jetai un coup d'œil sur lui, et je vis que, moins maître de ses sentimens que moi, j'étais l'objet, sinon de son admiration, du moins de son envie, et qu'il aurait bien donné quelque chose pour être à ma place; le fait est que la galerie était beaucoup plus considérable qu'un quart d'heure auparavant, les Arabes ayant chargé leurs chameaux et n'attendant plus que nous pour partir.

Heureusement pour Mayer, une circonstance qui m'aurait fort embarrassé vint à mon secours : son dromadaire, en voyant ses camarades sur leurs jambes, se redressa entraîné par l'exemple; les Arabes voulurent le faire agenouiller, mais Mayer comprit ses avantages et se garda de les laisser échapper. En sa qualité de marin, grimper sur quelque animal que ce fût n'était rien pour lui; s'y maintenir était tout; avec un bout de ficelle, pourvu qu'il fût assez long, il serait monté sur le coq d'un clocher. Aussi, dès qu'il eut aperçu la corde qui pendait de la selle, il fit signe qu'on le laissât tranquille, et en une seconde il se trouva sur son dromadaire, aux grandes acclamations de la société. Quant à monsieur Taylor, son premier voyage dans la haute Égypte et son retour d'Alexandrie au Caire avaient fait de lui un cavalier accompli.

Tout le monde était prêt, à l'exception de Béchara, qui cherchait dans le sable je ne sais quel objet qu'il avait perdu : un de nos Arabes piqua en avant pour nous indiquer le chemin; au même instant toute la caravane prit le trot et partit à sa suite. Dieu vous garde du trot du dromadaire!

Cependant je n'étais pas si préoccupé que je n'eusse vu la monture de Béchara abandonner son maître et prendre son rang dans la cavalcade, mais cela n'avait point paru inquiéter autrement le cavalier : il continuait de chercher l'objet perdu; enfin, soit qu'il l'eût trouvé, soit qu'il craignît que nous ne nous éloignassions trop pour qu'il pût nous rattraper sans fatigue, il prit le galop à son tour, et rejoignant son dromadaire, qui courait côte à côte du mien, il profita du moment où il levait la jambe gauche, posa un de ses pieds sur son sabot, l'autre sur son genou, sauta du genou sur le cou, et du cou en selle, et cela avec une telle rapidité, que je n'avais pas vu par quel procédé il était arrivé à ses fins : j'étais dans la stupéfaction.

Béchara s'approcha de moi avec la même bonhomie que s'il ne venait pas d'exécuter un tour d'adresse des plus merveilleux, et voyant que pour adoucir autant que possible l'allure de l'animal, je me cramponnais d'une main au pommeau de devant, et de l'autre an pommeau de derrière, il commença à me donner quelques instructions sur la manière de se tenir en selle. Ce mot de selle me rappela qu'il nous avait dit que les nôtres étaient parfaitement rembourrées, tandis que la première chose dont je m'étais aperçu, c'est que j'étais assis sur le bois le plus dur ; Béchara me répondit qu'il ne nous avait point trompés, et qu'à la première halte il me ferait voir que ma selle était garnie avec le plus grand soin, il est vrai que c'était en dessous, mais il était, ajouta-t-il, plus important, dans une course comme celle que nous allions faire, de ménager le cuir des chameaux que la peau des voyageurs. Ceci me parut un véritable raisonnement d'Arabe, auquel je ne voulus pas m'abaisser à répondre, et nous continuâmes notre route sans échanger une seule parole.

Au bout d'une demi-heure de marche, nous arrivâmes au pied du Mokkatan. Cette chaîne granitique, brûlée par le soleil, est absolument nue ; un petit sentier taillé dans le roc aide à gravir les flancs escarpés de la montagne, et présente strictement assez de largeur pour qu'un chameau chargé puisse y passer. Nous nous mîmes à la file les uns des autres, l'Arabe qui nous servait de guide marchant toujours en tête, et nous venant ensuite, placés à volonté ; cette montée nous donna un peu de répit, les dromadaires étant forcés d'aller au pas à cause de la difficulté du chemin.

Nous montâmes ainsi une heure et demie à peu près, puis nous nous trouvâmes à la cime de la montagne. Le sommet offre pendant trois quarts d'heure une surface accidentée au milieu de laquelle, descendant et montant sans cesse, nous perdions souvent de vue tout l'horizon occidental pour le retrouver un instant après ; bientôt, en descendant un dernier monticule, nous cessâmes de voir les maisons du Caire, puis ses minarets les plus élevés disparurent à leur tour ; quelque temps encore le sommet des pyramides de Gyzeh et de Sakkara nous apparut comme les cimes aiguës d'une autre chaîne de montagnes ; enfin leurs dernières dentelures s'abaissèrent, et nous nous trouvâmes sur la pente orientale du Mokkatan.

De ce côté rien qu'une plaine sans bornes, une mer de sable qui, à partir du pied de la montagne, s'étendait jusqu'à l'horizon, où elle se confondait avec le ciel ; l'aspect général de ce tapis mouvant était fauve et de la couleur de la peau du lion ; cependant quelques bandes nitreuses le rayaient de blanc, comme les couvertures qui enveloppaient nos Arabes. J'avais déjà vu de ces plages arides, mais jamais dans une pareille étendue; jamais non plus le soleil ne m'avait paru regarder la terre avec tant d'ardeur : ses rayons étaient visibles, et cette poussière altérait, rien qu'à la regarder.

Nous descendîmes pendant une demi-heure à peu près, puis nous nous trouvâmes au milieu de débris que nous prîmes d'abord pour ceux d'une ville; mais nous étant aperçus que la terre était jonchée de colonnes seulement, nous regardâmes de plus près, et nous vîmes que ces colonnes n'étaient autre chose que des troncs d'arbres. Nous interrogeâmes nos Arabes, qui nous dirent que nous étions au milieu d'une forêt de palmiers pétrifiés ; ce phénomène nous parut mériter un examen plus approfondi que celui que nous pouvions en faire du haut de nos dromadaires : aussi, comme nous touchions à la base de la montagne, et que le temps de la halte de midi était venu, nous dîmes à Toualeb que nous désirions nous arrêter. Les Arabes se laissèrent glisser à bas de leurs dromadaires, et les nôtres, voyant ce dont il s'agissait, s'agenouillèrent aussitôt; ce fut la contre-partie du départ : ils commencèrent par plier les jambes de devant, puis celles de derrière ; mais, comme cette fois je m'attendais à la chose, je me cramponnai si bien à la selle que j'en fus quitte pour la secousse Quant à Mayer, qui n'était pas prévenu, il reçut dans la poitrine et dans les reins les deux coups de rigueur.

Nous nous mîmes à regarder l'étrange terrain sur lequel nous étions descendus : le sol était couvert de troncs de palmiers semblables à des tronçons de colonne ; on eût dit que toute la forêt avait été pétrifiée sur pied, et que le simoun, en battant les flancs nus du Mokkatan, avait déraciné ces arbres de pierre, qui s'étaient brisés en tombant. A quelle cause attribuer ce fait ? à quel cataclysme faire remonter ce phénomène ? C'est ce qu'il nous est impossible de dire ; mais la vérité est que pendant plus d'une demi-lieue nous marchâmes au milieu de ces ruines étranges, qu'au premier abord on eût pu prendre, à leurs mille colonnes gisantes et tronquées, pour quelque Palmyre inconnue.

Nos Arabes avaient dressé la tente à la base de la montagne, sur les premières zones de sable ; nous les rejoignîmes bientôt, et les trouvâmes couchés à l'ombre de leurs chameaux tout chargés. Abdallah commençait son service et venait de nous préparer notre dîner : c'était du riz bouilli dans de l'eau, et des espèces de galettes de farine de froment, minces comme des gaufres, et qu'il nous avait fait cuire sur des charbons ; elles étaient molles et se tiraient comme de la pâte de guimauve, au lieu de se briser comme du pain : au prospectus, je jugeai l'homme, et de ce moment il perdit ma confiance. Nous dînâmes avec quelques dattes et un morceau de notre marmelade, que nous allâmes déchirer à la pièce ; Mayer était si fatigué des efforts qu'il avait faits pour se maintenir sur son dromadaire, qu'il ne voulut rien prendre. Quant à nos Arabes, on eût dit qu'ils participaient de la nature des djinns, et qu'ils se nourrissaient d'air et de rosée, car depuis notre départ du Caire nous ne les avions pas encore vus avaler un seul grain de maïs.

Nous dormîmes deux heures à peu près ; alors, comme la plus grande ardeur du soleil était passée, nos Arabes se réveillèrent ; pendant qu'ils repliaient la tente, nous remontâmes sur nos haghins, et nous nous préparâmes à faire, dès le soir même, notre première halte dans le désert.

LE DÉSERT.

Toualeb donna le signal du départ : un Arabe prit la tête de la file, et nous nous mîmes en route.

Quoique le soleil eût déjà perdu sa plus grande ardeur, il était encore dévorant pour nous autres Européens ; nous allions au trot, tête baissée, et de temps en temps obligés de fermer les paupières, car la réverbération du sable nous brûlait les yeux ; l'atmosphère était calme et lourde, et l'horizon rougeâtre se dessinait nettement sur un ciel chargé de vapeurs jaunes. Nous venions de laisser derrière nous les dernières traces de la forêt pétrifiée ; je commençais à m'habituer au trot de ma monture, comme on se fait au roulis d'un vaisseau ; Béchara marchait près de moi en chantant une chanson arabe, triste, lente et monotone, et ce chant, joint au mouvement du dromadaire, à cet air pesant qui courbait nos têtes, à cette poussière ardente qui nous troublait le regard, commençait à m'endormir, comme les modulations d'une nourrice endorment l'enfant dans le berceau. Tout à coup mon haghin fit un écart qui faillit me désarçonner ; je rouvris les yeux, cherchant machinalement la cause de cette secousse : il avait heurté le cadavre d'un chameau à moitié dévoré par les bêtes carnassières ; je vis alors que nous suivions une ligne blanche, qui s'étendait à l'horizon, et je remarquai que cette ligne était tracée avec des ossemens.

Le fait était assez extraordinaire pour que j'en demandasse l'explication ; j'appelai Béchara, qui n'attendit pas même ma question, car mon étonnement n'avait point échappé à cette profonde pénétration dont sont si éminemment doués les peuples primitifs et sauvages.

— Le dromadaire, me dit-il en s'approchant de moi, n'est point un animal incommode et fanfaron comme le cheval : il marche sans s'arrêter, sans manger, sans boire : rien en lui ne décèle la maladie, la fatigue ou l'épuisement. L'Arabe, qui entend de si loin le rugissement du lion, le hennissement du cheval ou le cri de l'homme, n'entend, si près qu'il soit de son haghin, autre chose que sa respiration plus ou moins pressée, plus ou moins haletante; mais jamais une plainte, jamais un gémissement ; lorsque la nature est vaincue par la souffrance, lorsque les privations ont épuisé les forces, lorsque la vie manque aux organes, le dromadaire s'agenouille, étend son cou sur le sable, et ferme les yeux. Alors son cavalier sait que tout est dit : il descend, et sans même essayer de le faire relever, car il connaît l'honnêteté de sa monture, et ne la soupçonne ni de fraude ni de mollesse, il dessangle sa selle, la place sur le dos d'un autre dromadaire, et part, laissant là celui qui ne peut plus suivre la caravane : la nuit venue, les chacals et les hyènes accourent à l'odeur, et ne laissent du pauvre animal que le squelette. Or, nous sommes sur la route du Caire à la Mecque; deux fois l'an, la caravane passe et repasse sur ce chemin, et ces ossemens si nombreux et si souvent renouvelés que les tempêtes du désert ne les dispersent jamais entièrement; ces ossemens que tu peux suivre sans guide, et qui te révèleront les oasis, les puits et les fontaines où l'Arabe va demander de l'ombrage ou de l'eau, et finiraient par te conduire au tombeau du prophète, sont ceux des dromadaires qui tombent et ne se relèvent pas. Peut-être, en regardant attentivement et de près ces débris, reconnaîtrais-tu de temps en temps parmi eux des ossemens plus petits et d'une structure différente : ceux-là, ce sont aussi des corps lassés qui ont trouvé le repos avant d'avoir touché le terme du chemin, ce sont les os des croyans qui, consultant leur zèle et non leurs forces, ont voulu se conformer au précepte qui ordonne à tout fidèle d'accomplir au moins une fois dans sa vie le saint voyage, et qui, s'étant laissé arrêter par les plaisirs ou les affaires de la vie, ont entrepris tardivement leur pèlerinage sur la terre ; de sorte qu'ils sont allés l'achever dans le ciel. Ajoute à cela quelque Turc stupide, quelque eunuque bouffi, qui se sont endormis à l'heure où ils devaient veiller, et se sont brisé la tête en tombant; fais la part de la peste, qui décime souvent la moitié d'une caravane, celle du simoun, qui en dévore parfois le reste, et tu comprendras facilement que ces jalons funèbres soient assez souvent semés pour tracer un nouveau chemin aussitôt que l'ancien s'efface, et indiquer aux enfans la route qu'ont suivie leurs pères.

Cependant, continua Béchara, dont les idées, ordinairement joyeuses, prenaient, avec la facilité qui distingue sa nation, la teinte du sujet sur lequel elles étaient momentanément arrêtées, tous les ossemens ne sont pas ici ; quelquefois, à cinq ou six lieues à droite ou à gauche de la route, on trouve au milieu du désert le squelette d'un haghin et d'un cavalier : c'est que le dromadaire, lorsque arrive le mois de mai ou de juin, c'est-à-dire les grandes chaleurs de l'année, est parfois saisi tout à coup d'une espèce de folie. Alors il quitte la caravane, s'emporte au galop et pique droit devant lui : essayer de l'arrêter avec la bride est chose impossible ; aussi, dans ce cas, le meilleur parti est-il de le laisser aller jusqu'au moment où l'on va perdre de vue la caravane, car parfois il s'arrête de lui-même, et revient docilement reprendre son rang à la file ; mais, dans le cas contraire, s'il continue de s'emporter, et si l'on craint de perdre de vue ses compagnons, qu'une fois perdus on ne retrouvera plus, il faut lui percer la gorge de sa lance ou lui briser la tête d'un coup de pistolet, puis sans retard revenir vers la caravane, car les hyènes et les chacals ne sont pas seulement à l'affût des dromadaires qui tombent, mais encore des hommes qui s'égarent. Voilà pourquoi je te disais qu'on retrouvait parfois le squelette de l'homme à quelque distance de la carcasse du chameau.

J'avais écouté cette longue harangue de Béchara, les yeux fixés sur la route, et reconnaissant à la multitude des ossemens qui la jonchaient la vérité de son lugubre récit ; parmi ces débris il y en avait de si vieux qu'ils étaient réduits en poussière et se mêlaient au sable : d'autres, plus nouveaux, qui étaient luisans et solides comme de l'ivoire, enfin quelques-uns auxquels tenaient encore des lambeaux de chair séchée, qui indiquaient que la mort de ceux à qui ils avaient appartenu était plus récente. J'avoue que l'idée, si je me cassais le cou en tombant de mon dromadaire, chose fort possible : si j'étais étouffé par le simoun, ce qui s'était vu : ou si je mourais de maladie, autre supposition assez naturelle : j'avoue, dis-je, que l'idée que je serais laissé sur la route ; que la même nuit j'y recevrais la visite des hyènes et des chacals ; puis enfin que, huit jours après, mes os serviraient à montrer aux voyageurs le chemin de la Mecque, ne présentait pas à mon esprit une image des plus gracieuses. Cela me ramenait tout naturellement à penser à Paris, à ma chambre si petite, mais si chaude l'hiver et si fraîche l'été ; à mes amis qui, à cette heure, continuaient leur vie parisienne au milieu du travail, du spectacle, des bals, et que j'avais quittés pour venir écouter, au haut d'un dromadaire, les récits fantastiques d'un Arabe. Je me demandais quelle folie m'avait poussé où j'allais, ce que j'y comptais faire, et quel était le but que j'y venais chercher ; heureusement, au moment où je me faisais cette question, je levai la tête ; mes yeux se portèrent sur cet océan immense, sur ces vagues de sable, sur cet horizon fauve et ardent ; je regardai cette caravane, ces dromadaires au long cou, ces Arabes au costume pittoresque, toute cette nature étrange et primitive, dont on ne retrouve la peinture que dans la Bible, et qui semble sortir des mains de Dieu, et je trouvai qu'au bout du compte tout cela valait bien la peine de quitter la boue de Paris et de traverser la mer, au risque de laisser au désert quelques ossemens de plus.

Cette succession si brusque de pensées si différentes, en séparant l'esprit du corps, avait délivré celui-ci de cette préoccupation pénible qui l'avait tant tourmenté le jour du départ. J'étais à l'aise sur mon dromadaire, comme si j'y étais venu au monde ; et Béchara, qui voyait mes progrès en équitation avec l'amour-propre d'un maître, m'accablait de complimens. Quant aux Arabes, moins loquaces que leur compagnon, ils se contentaient de fermer la main de manière à ce que le pouce dépassât les phalanges des autres doigts, et, allongeant le bras horizontalement, de me dire : Taïb ! taïb ! ce qui est dans la langue arabe le comble de l'éloge, et correspond à notre superlatif *très bien*. Au reste, nos conducteurs, tout en conservant cet air d'indifférence sous lequel ils cachent une curiosité éternelle, ne nous perdaient pas de vue ; chaque mouvement de notre corps, chaque expression de notre physionomie, chaque signe que nous nous faisions, si imperceptible et si inintelligible qu'il fût pour tout autre que pour nous, étaient l'objet de leurs observations, qu'ils se communiquaient brièvement, à voix basse, par un geste, par un coup d'œil ; c'est un exercice dans lequel ils déploient une merveilleuse adresse ; l'homme vu, son signalement est pris ; le signalement pris, il ne sort plus de la mémoire, et l'on assure que l'Arabe, rentré dans sa tribu, lui fait une peinture si fidèle du voyageur qu'il a conduit, ou même rencontré, que, longtemps après, les auditeurs, s'ils le rencontrent par hasard, le reconnaissent sans l'avoir jamais vu.

Nous continuâmes notre route, Béchara chantant, et moi rêvant, lorsque, dans un de ces momens où le soleil, qui commençait à se cacher derrière le Mokkatan, me permettait de lever la tête, j'aperçus un point noir à l'horizon : c'est l'arbre du désert, c'est la borne qui mesure en deux parties égales la route du Caire à Suez.

C'est un sycomore, isolé comme un îlot au milieu de la mer, et auquel l'œil cherche vainement un pendant. Qui l'a planté là, juste à cette distance des deux villes, comme pour indiquer à la caravane qu'il est temps de faire halte ? nul ne le sait. Nos Arabes, leurs pères, leurs aïeux et les ancêtres de leurs aïeux l'avaient toujours vu à cette place, et c'était, disaient-ils, Mahomet qui, s'étant reposé là sans ombre, y avait jeté une graine en lui ordonnant de devenir un arbre. Ce sycomore couvre un petit monument mal construit, mal conservé : c'est un tombeau qui renferme les os d'un digne musulman dont les Arabes se rappelaient la sainteté, mais dont ils avaient oublié le nom.

A peine notre guide l'eut-il aperçu, qu'il mit son dromadaire au galop, et que les nôtres les suivirent avec une rapidité à faire honte au meilleur cheval de course. Au reste, cette allure, plus douce que le trot, m'allait infiniment mieux ; aussi pressai-je si bien mon haghin, qui était jeune et vigoureux, que j'arrivai le second à l'arbre désiré. Aussitôt, sans attendre que mon dromadaire s'agenouillât, je me pendis par le bras gauche au pommeau de la selle, et je me laissai tomber sur le sable.

La demi-fraîcheur que nous offrait cette ombre fut pour nous une jouissance qu'on ne peut concevoir que lorsqu'on l'a éprouvée. Aussi, pour rendre notre bonheur complet, voulûmes-nous boire un peu d'eau ; car, à la halte de midi, nous avions vidé nos gargoulettes, et nos langues étaient littéralement collées à notre palais. On détacha une outre et on me l'apporta ; je sentis, à travers la peau, que l'eau était à la même température que l'air ; je n'en portai pas moins l'ouverture à ma bouche, et j'aspirai une longue gorgée ; mais, si rapidement qu'elle fût entrée, je la rejetai plus rapidement encore : je n'avais, de ma vie, avalé rien de pareil. En un jour l'eau était devenue rance, corrompue, fétide. A la grimace atroce que je fis, Béchara vint à moi ; je lui passai l'outre sans rien dire, tant j'étais occupé à expectorer jusqu'à la dernière goutte de cette abominable liquide. C'était un connaisseur en eau, un dégustateur expérimenté ; il flairait un puits ou une citerne avant ses chameaux ; aussi chacun, se défiant de mon goût blasé, attendit-il en silence le jugement qu'il allait porter. Il commença par flairer l'outre, fit un mouvement de tête du haut en bas et en avançant la lèvre inférieure, qui signifiait qu'il y avait bien quelque chose à dire ; enfin il prit une gorgée qu'il roula de ses dents à son palais ; puis il la cracha, en me donnant raison pleine et entière : le mouvement, la chaleur et les outres neuves étaient les trois causes combinées de cette corruption. Du moment où notre sort fut fixé, nous eûmes dix fois plus soif ; Béchara nous répondit à cela que le lendemain au soir nous trouverions d'excellente eau à Suez : c'était à devenir enragé.

Ce n'était pas le tout : nous croyions être arrivés à notre campement ; mais Toualeb en avait décidé autrement. Après un repos d'une demi-heure, il fallut remonter sur nos chameaux, qui nous prouvèrent, en se relevant aussitôt qu'ils nous sentirent en selle, que, moins naïfs que nous, ils n'avaient jamais pris cette halte au sérieux. Quant à nos Arabes, ils ne buvaient ni ne mangeaient : cela était incompréhensible.

Au bout de deux heures de marche, pendant lesquelles, au grand trot de nos chameaux, nous dûmes faire à peu près cinq lieues de France, Toualeb fit entendre un gloussement qui était, à ce qu'il paraît, le signal convenu entre lui et ses dromadaires, car ceux-ci s'arrêtèrent et s'agenouillèrent aussitôt. Nous descendîmes très fatigués de cette longue route, et très maussades de n'avoir pas d'eau à boire après l'avoir faite. Quant à nos Arabes, ils paraissaient partager notre mauvaise humeur; ils étaient silencieux et pensifs : Béchara seul avait conservé un peu de sa gaieté.

Néanmoins, au bout d'un instant, la tente fut déployée, les piquets plantés, et nos tapis étendus. Si fatigué que je fusse, j'exposai sur le sable chaud, au dernier rayon du soleil couchant, mon papier à dessiner, qui s'était complétement mouillé dans ma ceinture, et je revins me coucher, en priant Dieu de renouveler pour nous le miracle d'Agar, quelque indignes que nous en fussions.

Cependant je voyais Abdallah qui avait relevé ses larges manches, et qui, avec l'importance d'un cuisinier, préparait notre repas : il consistait dans le pain et le ragoût que vous savez, le tout délayé et assaisonné avec l'eau de nos outres. Nos Arabes lui rendaient tous les petits services possibles, lui fendant, avec leurs poignards, son bois menu comme des allumettes, l'aidant de leur souffle pour allumer son feu, lui triant son riz et lui versant ses galettes sur la braise rougie. A côté d'eux, Mohammed et Béchara s'occupaient à désinfecter l'eau, en la transvasant de haut, afin que l'air la purifiât. Je me rappelai alors que le charbon rougi était un épuratif, et j'offris mon aide à nos chimistes, qui, me voyant disposé à employer un procédé inconnu, n'y mirent aucun amour-propre, et me laissèrent faire. Une partie du brasier d'Abdallah y passa; puis nous fîmes filtrer l'eau à travers un linge, et Béchara, notre dégustateur en titre, renouvela l'épreuve. Cette fois la réponse fut réconfortante : l'eau était potable. Cette nouvelle tira Mayer de son tapis, où il était décidé à essayer de dormir sans souper, de peur que le souper n'augmentât sa soif. On avait éclairé la tente, Abdallah nous apporta le riz dans une sébille de bois; nous nous assîmes en cercle, accroupis comme des tailleurs, et nous essayâmes de manger quelques cuillerées de son pilau et de goûter de son pain; mais nous n'étions pas encore à la hauteur de la cuisine d'Abdallah; de sorte que nous lui dîmes d'emporter bien vite son pilau et ses galettes, et de nous donner des dattes et du café. En ce moment, Mohammed s'approcha de nous d'un air paterne, qui indiquait qu'il avait quelque chose à demander. Je vis son intention, et je me retournai de son côté, après avoir essayé d'avaler, sans y goûter, un demi-verre de notre eau filtrée.

— Eh bien ! Mohammed, lui dis-je, qu'y a-t-il ?

— Il y a, répondit Mohammed, que les Arabes sont tristes.

— Et pourquoi sont ils tristes ?

— Parce qu'ils ont faim, dit Mohammed.

— Eh ! par Dieu ! s'ils ont faim, qu'ils mangent !

— Ils ne demandent pas mieux; mais ils n'ont rien à manger.

— Comment ! ils n'ont rien; est-ce qu'ils n'ont pas pris des provisions ? c'était dans notre marché.

— Oui; mais ils ont pensé que, comme il n'y avait que deux jours de marche du Caire à Suez, ils pourraient à la rigueur, en se serrant le ventre, faire la route sans manger.

— Et ils ne peuvent pas, hein ?

— Si, ils peuvent; mais ils sont tristes.

— Je crois bien, qu'ils doivent l'être. Comment, ils n'ont rien pris depuis hier ?

— Oh ! ils ont mangé deux ou trois fèves avec leurs chameaux.

— Eh bien ! dis à Abdallah de leur faire à souper bien vite.

— C'est inutile. Si vous voulez leur donner le reste de votre riz et de vos galettes, ils en auront assez.

— Comment; le reste de trois pour eux quinze ?

— Oh ! dit Mohammed, s'ils avaient déjeuné à leur heure, ils en feraient trois repas.

Monsieur Taylor ne put s'empêcher de leur dire en souriant :

— Prenez et mangez, mes amis, et que Jésus fasse pour vous le miracle de la multiplication des pains.

Mohammed s'en retourna vers le cercle, qui avait l'air de

ne pas écouter ce que nous disions, et fit signe que la demande était accordée. A l'instant la gaieté revint sur tous les visages, et chacun se prépara à prendre sa part du splendide festin que notre munificence leur accordait.

Deux cercles se formèrent. Le premier se composait de Toualeb, de Béchara, d'Araballah, de Mohammed et d'Abdallah, qui tous avaient une position : Toualeb, comme chef; Béchara, comme conteur ; Araballah, comme guerrier ; Mohammed, comme interprète, et Abdallah, comme cuisinier. Le second cercle était formé par les douze autres Arabes, qui, occupant un degré moins élevé dans l'échelle sociale, devaient manger les derniers et allonger la main entre les camarades du premier rang. L'exercice se fit avec une précision admirable : Mohammed donna le signal, en prenant, du bout de ses cinq doigts, une pincée de riz qu'il porta à sa bouche, Toualeb suivit son exemple ; tout le premier rang imita son chef : puis vint le tour du second rang, qui, avec une adresse admirable, pêcha sa ration et la porta à sa bouche sans laisser tomber un seul grain de riz. Cette évolution continua avec la même conscience et la même précision jusqu'à ce que la sébille fût vide, ce qui n'entraîna pas un long retard. Alors Béchara se leva au nom de la société, pour nous remercier, et nous demanda nos noms, afin que lui et ses camarades les conservassent dans leur cœur en mémoire de notre générosité : nous les lui dîmes, en y ajoutant deux dattes par homme, afin que non-seulement ils gardassent nos noms dans leurs cœurs, mais encore les transmissent à leurs descendans.

Cependant nos Arabes avaient pris un engagement où il entrait plus de bonne volonté que de prévoyance. Nos trois noms, avec leurs consonnances différentes et leur agglomération de consonnes, allaient mal à des gosiers orientaux : aussi, malgré leurs essais réitérés, ils les écorchèrent de telle façon, que, prononcés à leur manière, non-seulement ils couraient risque de ne pas être transmis à la postérité ismaélite, mais de n'être pas même reconnus de nos meilleurs amis. Ce travail philologique était d'ailleurs trop rude pour ces enfans de la nature, qui supportent comme des martyrs la fatigue du corps, mais qui répugnent comme des lazzaroni au moindre travail de l'esprit. Il en résulta qu'au bout de dix minutes d'efforts, Béchara se leva, et s'approchant de nouveau de nous, nous demanda, au nom de ses camarades, qui ne pouvaient pas prononcer nos noms nazaréens, de nous baptiser, en échange, de noms arabes, nous priant de conserver ces noms pendant tout le voyage, afin qu'ils pussent nous appeler, et nous leur répondre : comme nous n'y voyions aucun inconvénient, nous leur accordâmes leur demande de grand cœur. En conséquence, la substitution fut faite à l'instant même. Monsieur Taylor fut, à cause de sa position et de son âge un peu plus avancé que le nôtre, appelé *Ibrahim-Bey*, c'est-à-dire Abraham le chef; Mayer, dont le physique avait quelque rapport, par la maigreur du corps, la couleur de la peau et les traits du visage, avec un Arabe de notre escorte, fut salué du nom d'*Hassan*, et moi, vu mes dispositions précoces à parler l'arabe, mon assurance à monter le dromadaire, et mon éternelle préoccupation à prendre des notes ou de faire des croquis, je fus gratifié de celui d'*Ismaël*, auquel ils ajoutèrent, pour comble d'honneur, le mot *Effendi*, c'est-à-dire le savant.

Ce point convenu, à la grande satisfaction de tout le monde, Béchara croisa les mains sur sa poitrine, en nous souhaitant une bonne nuit, et en priant Mahomet de nous préserver de la visite de Salem.

Comme j'étais à l'affût de tout ce qui pouvait ajouter au caractère pittoresque de notre voyage, je demandai à Mohammed ce que c'était que ce Salem. — Il me répondit que c'était un voleur arabe, connu dans la contrée par son courage et son adresse, et qui, dans le lieu même où nous faisions halte, avait accompli un de ses tours les plus merveilleux. Il n'en fallait pas davantage pour exciter notre curiosité ; quoique fatigués, nous n'avions pas encore une telle envie de dormir que nous ne pussions écouter les contes de Béchara : nous allâmes donc prendre place au cercle de nos Arabes ; nous fîmes une distribution de tabac, on alluma les chibouques, et avec l'aide de Mohammed, Béchara commença sa narration, moitié arabe, moitié française, et qui eût été inintelligible dans les deux langues, si ses gestes n'eussent pas complété la parole pour ses compagnons, et si notre interprète n'eût pas expliqué les passages obscurs pour nous.

Or, Salem était un Arabe, simple fils d'une tribu nomade, qui dans son enfance avait manifesté les dispositions les plus heureuses pour le vol ; ce goût avait été encouragé par ses parens, qui avaient compris tout de suite de quel avantage une pareille vocation bien dirigée pourrait être pour son avenir. Aussi le jeune Salem, tout en respectant les propriétés de sa tribu et des alliés de sa tribu, avait, tout jeune encore, exercé ses facultés naissantes sur les tribus avec lesquelles la sienne était en guerre : souple comme le serpent, agile comme la panthère, léger comme la gazelle, il se glissait sous une tente sans faire trembler la toile ni crier le sable, il franchissait d'un bond un torrent de quinze pieds de largeur, il devançait à la course le trot d'un dromadaire.

A mesure qu'il grandit, ses dispositions se développèrent ; seulement, au lieu de s'attacher nuitamment à quelque tente isolée, ou à quelque voyageur imprudent, il réunit les jeunes gens de sa tribu, qui, habitués depuis longtemps à lui obéir, n'hésitèrent pas à le reconnaître pour chef, et avec ce renfort de puissance matérielle, il tenta des expéditions plus importantes. C'est alors que ses ruses se développèrent avec ses forces, et qu'il commença d'opérer sur une grande échelle, sans renoncer cependant de temps en temps à ces coups de main isolés et aventureux qui lui avaient valu sa réputation : tantôt il faisait répandre le faux bruit du passage d'une caravane richement chargée, et alors les guerriers des tribus voisines se mettaient en campagne pour se placer sur son passage ; lui, pendant ce temps, fondait sur les tentes, où ne restaient que les vieillards et les enfans, et il enlevait alors les bestiaux et les provisions ; un autre jour, et c'était lorsque quelque caravane partait véritablement de Suez pour le Caire et du Caire pour Suez, il envoyait un Arabe raconter aux tribus qui la guettaient que leurs campemens étaient attaqués, et alors les guerriers revenaient à toute bride vers leurs tentes, tandis que lui, maître et roi du désert, pillait la caravane à son aise et rançonnait les marchands et les pèlerins selon son loisir. Enfin ces vols si hardis et si fréquens parvinrent aux oreilles du bey de Suez.

Suez est l'entrepôt de l'Inde, la porte de l'Arabie. Déjà ruinée à moitié par la découverte du passage de Bonne-Espérance, ce n'est plus qu'à des intervalles éloignés que des caravanes viennent lui apporter leurs marchandises ; le bey de Suez s'inquiéta donc sérieusement des déprédations de Salem, qui devaient contribuer encore à écarter les caravanes de sa ville, et il donna des ordres sévères pour que le brigand fût pris. Un an se passa en vaines recherches, non point que Salem se cachât : tous les jours, au contraire, on apprenait quelque nouveau méfait de sa façon ; mais il glissait entre les mains de ceux qui le poursuivaient, avec une dextérité et une hardiesse qui portèrent la colère du bey à un tel degré, qu'il résolut de se mettre lui-même en quête du brigand, et qu'il jura de ne pas rentrer à Suez sans ramener Salem captif.

En conséquence, le bey vint camper sur la route de Suez au Caire, à l'endroit où nous avions fait halte, et sa tente fut déployée sur l'emplacement même où s'élevait la nôtre ; puis, sa tente dressée, entouré de ses troupes les plus sûres, gardé par sa sentinelle la plus vigilante, son meilleur coursier tout sellé, il détache son sabre, quitte son machallah d'honneur, s'étend sur son tapis, cache sa bourse sous sa tête, fait sa prière à Mahomet, et s'endort plein de confiance dans Allah et dans son prophète.

Le lendemain, au point du jour, le bey se réveille ; la nuit avait été tranquille. Aucune alerte n'avait troublé le camp ; chaque homme était à son poste, chaque chose était à sa place, excepté son sabre, son machallah et sa bourse, qui avaient disparu.

Le bey frappa deux fois dans ses mains, et son esclave de confiance entra ; mais aussitôt il recula d'étonnement à l'aspect de son maître : il l'avait vu sortir à cheval une heure avant le jour, et ne l'avait pas vu rentrer.

Cela donna une nouvelle crainte au bey, c'est que son cheval ne fût allé rejoindre son sabre, son machallah et sa bourse ; l'esclave courut au campement des chevaux, et demanda des nouvelles du coursier favori du bey. Le palefrenier lui répondit que le bey, ayant frappé trois fois des mains, ce qui était le signal convenu, il lui avait amené son cheval ; qu'alors il était monté dessus et s'était enfoncé dans le désert, et n'avait pas reparu.

Le bey eut un instant l'envie de faire couper la tête à la sentinelle, à l'esclave et au palefrenier ; mais il réfléchit que cela ne lui rendrait ni son sabre, ni son machallah, ni sa bourse, ni son cheval, et que, d'ailleurs, puisqu'il s'était laissé tromper, sa sentinelle, son esclave et son palefrenier, qui étaient d'une nature inférieure à la sienne, avaient bien pu, et à plus forte raison, être trompés aussi.

Il réfléchit trois jours et trois nuits à la manière dont le vol avait pu être commis ; puis, voyant qu'il y perdait son temps, il résolut de s'adresser au voleur lui-même, ce qui était le plus sûr moyen d'avoir des renseignemens officiels, et fit publier dans les tribus environnantes, que si Salem voulait lui faire dire ou venir lui raconter les circonstances d'un vol dont la hardiesse le dénonçait, non-seulement il ne lui serait fait aucun mal, mais encore qu'il lui serait donné pour ses frais de voyage une somme de mille piastres (300 francs à peu près de notre monnaie) ; il engageait sa parole de musulman, et en Orient la parole est sacrée, que, ces informations données, Salem serait libre de se retirer où bon lui semblerait.

Il ne se fit pas attendre. Le soir même un Arabe de vingt-cinq ou vingt-six ans, petit de taille, grêle de corps, aux yeux vifs et à l'air hardi, vêtu d'une simple chemise de toile bleue, se présenta à la tente du bey, et annonça qu'il était prêt à donner à sa seigneurie les renseignemens qu'elle paraissait désirer. Le bey le reçut comme il s'y était engagé, en homme qui n'a qu'une parole, et lui renouvela la promesse des mille piastres, s'il était reconnu qu'il disait toute la vérité ; Salem répondit que ce n'était pas un vil intérêt qui l'amenait, mais bien le désir de répondre à la politesse d'un aussi grand chef ; qu'il demandait seulement, pour que les détails fussent plus précis, que toute chose fût remise en son état, et qu'on ordonnât à la sentinelle de le laisser passer, et au palefrenier de lui obéir, comme ils avaient fait la nuit du vol. Le bey trouva la demande parfaitement juste ; en conséquence, il suspendit un autre sabre au mât qui soutenait la tente, jeta un autre machallah sur le divan, plaça une autre bourse sous son tapis, ordonna de seller un autre cheval, et se coucha comme il avait fait la nuit où Salem lui avait rendu sa première visite ; seulement il ouvrit ses yeux de toute leur grandeur, afin de ne rien perdre de ce qui allait se passer. Chacun se plaça à son poste, et la seconde représentation commença en présence de toute l'armée.

Salem s'éloigna à cinquante pas de la tente à peu près ; puis, arrivé là, il ôta sa chemise et la corde qui l'attachait, afin d'être plus libre de ses mouvemens, et les cacha dans le sable : alors, se couchant à plat ventre, il se mit à ramper à la manière du serpent, et de façon à ce que son corps, de la couleur du sol, fût à moitié enseveli et caché dans le sable. De temps en temps, pour rendre la vérité plus complète, il relevait la tête comme inquiet d'être vu ou entendu, puis, après s'être assuré, d'un regard rapide, que tout était tranquille, il reprenait sa marche lente, mais silencieuse et sûre. Arrivé près de la tente, il passa sa tête sous la toile, et le pacha, qui ne l'avait pas même vu remuer, aperçut tout à coup deux yeux fixes et brillans comme ceux du lynx, qui se fixaient sur lui. Son premier mouvement fut la crainte, car il ne s'attendait pas à cette apparition ; mais pensant aussitôt que tout cela n'était qu'un jeu, il continua de se tenir immobile comme s'il dormait. Au bout d'un instant d'inspection muette, la tête disparut; et quelques minutes de calme et de silence régnèrent, pendant lesquelles on n'entendit d'autre bruit que celui du sable qui criait sous les pieds de la sentinelle. Tout à coup un corps opaque intercepta la lumière qui venait du haut de la tente, ouverte circulairement à l'entour du mât qui la soutenait pour donner passage à la fraîcheur de la nuit; un homme se laissa glisser comme une ombre le long de ce mât, et se trouva debout à la tête du lit du bey ; cet homme se posa sur un genou, et tandis qu'appuyé sur sa main gauche, il écoutait la respiration du prétendu dormeur, un poignard court et recourbé brillait dans sa main droite. Le bey sentit une sueur froide lui monter au front, car sa vie était aux mains de celui dont il avait offert de payer la tête de 1,000 sequins d'or. Cependant il continua de jouer bravement son rôle dans cette étrange comédie, et pas un souffle précipité, pas un battement de cœur plus rapide ne décela sa crainte. Pendant cet instant d'immobilité apparente, le bey crut sentir une main se glisser sous son chevet; mais, tout éveillé qu'il était, le mouvement lui parut si insensible, qu'il ne l'eût pas même remarqué, s'il ne se fût tenu sur ses gardes. Bientôt Salem se releva d'une manière insensible, sans perdre des yeux le dormeur; seulement sa main gauche, vide lorsqu'il s'était penché, se relevait pleine : il tenait la bourse.

Alors il mit le poignard et la bourse entre ses dents, marcha à reculons vers le divan, et, les yeux toujours fixés sur le bey, prit le machallah, le revêtit lentement, étendit le bras, décrocha le sabre, le pendit à sa ceinture, roula autour de sa tête et de sa taille les deux cachemires qui servaient au bey de turban et de ceinture, sortit hardiment de la tente, passa devant la sentinelle, qui s'inclina avec respect, et frappa trois fois dans ses mains pour qu'on lui amenât son cheval; le palefrenier prévenu obéit à cet ordre, qui était, comme nous l'avons dit, le signal habituel du bey. Salem s'élança légèrement sur le coursier, et, revenant vers la porte de la tente, où le bey, debout et à demi nu, le regardait accomplir la répétition de son aventureuse entreprise : — Bey de Suez, lui dit-il, voilà comme j'ai fait, il y a quatre jours, pour te prendre ton sabre, ton machallah, tes cachemires, ta bourse et ton cheval. Maintenant je te tiens quitte des 1,000 piastres que tu m'as promises; car le sabre, le machallah, les cachemires, la bourse et le cheval que je t'emporte aujourd'hui en valent à peu près 50,000.

A ces mots, il mit le cheval du bey au galop, et disparut comme une ombre dans l'obscurité de la nuit et les profondeurs du désert.

Le bey lui fit offrir une place de kachef dans sa garde; mais Salem répondit qu'il aimait mieux être roi dans le désert que d'être esclave à Suez.

Voilà, continua Béchara, ce qui s'est passé entre le bey de Suez et Salem le voleur. Prenez garde à vos sabres, à vos machallahs, à vos cachemires et à vos bourses, car nous sommes à l'endroit même où est arrivée l'histoire que je vous ai racontée.

Puis il nous souhaita une bonne nuit et se retira, escorté

des rires joyeux de ses camarades, toujours enchantés qu'un Turc ait été trompé par un Arabe.

La nuit fut parfaitement tranquille, et le lendemain nous retrouvâmes chaque chose à sa place. Salem exerçait sa profession, pour le moment, dans une autre localité.

LA MER ROUGE.

Nous étions en route avant le soleil. Ses premiers rayons nous montrèrent des troupeaux de gazelles, qui fuyaient, épouvantées à notre approche. Rien de plus étrange que le contraste de ce gracieux animal avec les lieux qu'il habite; on dirait qu'il est né pour les jardins fleuris et pour les pelouses veloutées. C'est une anomalie vivante avec la rudesse et la gravité de la nature de ces régions. J'eus la curiosité de m'écarter un instant de la route, pour voir la trace qu'elles avaient laissée dans le désert. A peine si leurs pieds légers étaient imprimés sur le sable, et l'on eût dit qu'elles couraient à la surface du sol, emportées par le vent, qui nous arrivait de temps en temps du midi par chaudes et impétueuses bouffées.

J'allais reprendre ma route sur les ossemens. Au lever du jour, nous la vîmes resplendir sur le sable jaune comme une ligne d'argent. Le soleil, en s'élevant, était déjà plus chaud et plus insupportable qu'il ne l'avait jamais été. Les Arabes nous invitèrent à ne laisser aucune partie du corps exposée à son dévorant contact. Cependant, malgré leurs avis et nos précautions, comme il était impossible de se garantir des rayons obliques du matin ou du soir, nous reçûmes quelques coups de soleil, qui nous firent immédiatement l'effet de moxas ; l'épiderme calciné se soulevait en cloche, et tombait au bout de quelques heures : quant à moi, tout le temps qu'a duré notre voyage dans le désert, j'ai changé régulièrement de nez tous les soirs.

Au bout de trois heures de marche, un point blanc apparut à l'horizon. Bientôt, en approchant, nous reconnûmes une tour carrée, aux environs de laquelle on eût cru voir se dérouler un immense serpent, dont l'œil avait peine à suivre les replis. Cette tour, c'était la maison d'un cheik, située à trois lieues de Suez. C'est à cette maison que s'arrête momentanément la caravane de la Mecque, afin de se séparer des voyageurs qui vont simplement à Suez. Les pèlerins continuent leur route vers l'orient, les voyageurs inclinent au sud, et rencontrent bientôt le premier bras de la mer Rouge, tandis que les autres ont encore dix ou douze jours de marche avant de découvrir le second, dont ils côtoient la rive orientale jusqu'à la ville sainte. Quant aux replis du serpent enroulés autour de cette maison, c'étaient les innombrables âniers qui venaient y prendre de l'eau pour les besoins de la ville; assise sur les bords de la mer Rouge, elle n'a que des puits et des fontaines amères. A peine eûmes-nous ce renseignement, que l'espoir de l'eau fraîche nous stimula. Nous mîmes nos dromadaires au galop, et en moins d'une heure nous eûmes franchi les trois ou quatre lieues qui nous séparaient de la fontaine désirée. Arrivés là, le chef du khan remplit nos outres moyennant une faible rétribution. Quant à nous, nous bûmes à même à la fontaine. L'eau était légèrement saumâtre; mais nous étions trop altérés pour nous arrêter à une semblable bagatelle.

Nous avions laissé à notre droite et de l'autre côté d'une petite chaîne de montagnes que nous avions, pendant ces deux jours, aperçue à l'horizon méridional, le chemin qu'avaient pris les Israélites fugitifs, lorsque, conduits par Moïse, guidés par la colonne de feu et emportant avec eux les os de Joseph, ainsi que Joseph le leur avait recommandé en mourant, ils quittèrent Rhamesses, traversèrent le Mokkatan, et allèrent camper à Étham, à l'extrémité de la solitude. Ce fut dans cette ville que le Seigneur parla encore à Moïse, et lui dit : « Dites aux enfans d'Ismaël qu'ils retournent et qu'ils campent devant Phihahiroth, qui est entre

Magdad et la mer, en face de Beelsephon. Vous camperez vis-à-vis de ce lieu, qui est au bord de la mer. »

Les Israélites descendirent donc vers l'occident, et ils vinrent à l'endroit où nous étions, attirés probablement par les mêmes sources où nous nous désaltérions à cette heure. Ce fut de là qu'ils aperçurent l'armée de Pharaon, qui venait derrière eux, et que, saisis d'une grande crainte, ils dirent à Moïse :

« Peut-être n'y avait-il pas de sépulcres en Égypte ; c'est pour cela que vous nous avez amenés ici, afin que nous mourions dans la solitude. Quel dessein aviez-vous quand vous nous avez fait sortir d'Égypte?

» N'était-ce pas là ce que nous vous disions étant encore en Égypte ? Retirez-vous de nous, afin que nous servions les Égyptiens, car il valait beaucoup mieux que nous fussions leurs esclaves que de venir mourir dans le désert. »

Moïse répondit au peuple : « Ne craignez point ; demeurez fermes, et considérez les merveilles que le Seigneur va faire aujourd'hui, car ces Égyptiens que vous voyez devant vous vont disparaître, et vous ne les verrez plus jamais. »

Le Seigneur dit alors à Moïse : « Pourquoi criez-vous vers moi ? Dites aux enfans d'Israël qu'ils marchent. »

En effet, les Hébreux se mirent en route, et se dirigèrent droit vers ce point de la mer Rouge où est aujourd'hui Suez. La marche est de trois heures à peu près, quoique nous mîmes moins de temps à faire la route ; car nos chameaux, laissant le chemin qui conduit à la Mecque, prirent le galop vers le midi, et, à partir de la tour du cheik, n'abandonnèrent plus cette allure jusqu'au moment où nous fûmes arrivés. A mesure que nous avançions le ciel prenait une teinte d'argent ; à droite s'élevait la chaîne de montagnes qui borde le rivage occidental de la mer Rouge ; à gauche, le désert continuait de s'étendre, et entre les montagnes et le désert, se détachant sur l'eau de la mer, grandissaient les murailles blanches de Suez, dont quelques rares madenehs détruisaient la monotonie en s'élevant au-dessus de leurs créneaux. De l'autre côté de la ville est le port, dans lequel mouillent les barques qui viennent de Thor, et les navires aux formes bizarres qui, se hasardant jusqu'au détroit de Babel-Mandel, en reviennent après avoir touché à Moka.

Arrivés à quelque distance du rivage, nous fîmes dresser notre tente près de Suez ; puis nous courûmes au bord de la mer. C'est à cet endroit que le Seigneur dit à Moïse :

« Elevez votre verge, étendez la main sur les eaux, et les divisez, afin que les enfans d'Israël marchent à sec au milieu de la mer.

» J'endurcirai le cœur des Égyptiens, afin qu'ils vous poursuivent, et je serai glorifié dans Pharaon, dans toute son armée, dans ses chariots et dans sa cavalerie.

» Alors l'ange de Dieu, qui marchait devant le camp des Israélites, alla derrière eux, et en même temps la colonne de nuit, quittant la tête du peuple, se mit aussi derrière, entre le camp des Égyptiens et le camp d'Israël; et la nuée était ténébreuse d'une part, et de l'autre elle éclairait les ténèbres, de sorte que les deux armées ne purent s'approcher pendant tout le temps de la nuit.

» Moïse ayant étendu la main sur la mer, le Seigneur l'entr'ouvrit en faisant souffler un vent violent et brûlant pendant toute la nuit, et il en dessécha le fond, et l'eau fut divisée en deux.

» Les enfans d'Israël marchèrent à sec au milieu de la mer, ayant l'eau à droite et à gauche qui leur servait comme d'un mur.

» Et les Égyptiens, marchant après eux, se mirent à les poursuivre au milieu de la mer avec toute la cavalerie de Pharaon, ses chariots et ses chevaux.

» Et lorsque les Israélites furent arrivés sur l'autre bord, le Seigneur dit à Moïse : — Étendez la main sur la mer, afin que les eaux retournent sur les Égyptiens, sur leurs chariots et leur cavalerie.

» Moïse étendit donc la main sur la mer, et dès la pointe du jour elle retourna au même lieu où elle était auparavant. Ainsi, lorsque les Égyptiens s'enfuyaient, les eaux vinrent au-devant d'eux, et le Seigneur les enveloppa au milieu des flots.

» Les eaux étant retournées de la sorte, couvrirent les

chariots et la cavalerie de toute l'armée de Pharaon, qui était entrée dans la mer en poursuivant Israël, et il n'en échappa point un seul. »

Au moment où nous arrivâmes au bord de la mer, les eaux étaient hautes. On la traverse alors, si l'on est pressé, au moyen d'un bateau. Comme rien ne nous pressait, que nous n'étions aucunement poursuivis, et que nous désirions, d'ailleurs, passer la mer à la manière des Israélites, nous résolûmes d'attendre le reflux, et de faire pendant cet intervalle une petite visite à la ville de Suez.

Nous nous avançâmes en conséquence vers les portes, et après avoir exhibé nos *tékerifs* (1), nous nous rendîmes chez le gouverneur turc, qui, voyant nos recommandations, nous reçut admirablement bien. Mais ce qui nous toucha le plus dans son accueil, ce fut la promptitude et l'affabilité avec laquelle il nous fit donner à chacun une gargoulette pleine d'eau douce et fraîche. Nous la dégustâmes à l'instant sans façon en buvant à même, et en lui exprimant, pendant que nous l'avalions, notre reconnaissance par des signes de la main. Il nous invita à venir le voir à notre retour ; nous le lui promîmes avec empressement, puis, craignant de nous attarder, nous prîmes congé de lui.

En sortant de chez le gouverneur, Béchara, qui nous accompagnait, s'arrêta devant une maison, et nous la montra du doigt en répétant deux fois *Bounabardo! Bounabardo!* Nous nous arrêtâmes, car nous savions que ce nom était celui que les Arabes donnent à Bonaparte ; et comme nous nous rappelions qu'il était venu à Suez, nous pensâmes que cette maison renfermait quelque souvenir historique. En effet, c'était dans cette maison qu'il avait logé ; nous y entrâmes et demandâmes à parler au maître ; c'était un Grec, agent de la compagnie des Indes pour l'Angleterre, nommé Comanouli, qui, nous reconnaissant pour Français, se douta aussitôt de l'objet de notre visite, et nous fit les honneurs de chez lui avec la plus grande complaisance. La chambre où a logé Bonaparte est une des plus simples de toute la maison; un divan règne à l'entour, et les croisées s'ouvrent

(1) Passe-ports.

sur le port; au reste, aucun souvenir matériel du général en chef de l'armée d'Égypte ne la recommande à la curiosité des visiteurs.

Ce fut le 26 décembre 1798 que Bonaparte arriva à Suez; il employa la journée du 27 à visiter la ville et le port; puis, le 28, il se résolut à passer la mer Rouge pour aller aux fontaines de Moïse; à huit heures du matin, la marée s'étant retirée, il traversa le lit de la mer, et se trouva en Asie.

Pendant que Bonaparte était assis auprès des sources, il y reçut la visite de quelques chefs arabes de Thor et des environs, qui venaient le remercier de la protection qu'il accordait à leur commerce avec l'Égypte; mais bientôt il remonta à cheval pour visiter les ruines d'un grand aqueduc construit pendant la guerre des Portugais contre les Vénitiens; cette guerre eut lieu après la découverte du passage du cap de Bonne-Espérance, événement qui ruinait le commerce de ces derniers. Nous trouvâmes bientôt l'aqueduc à la gauche du chemin que nous suivions; il était destiné à conduire l'eau des sources dans des citernes creusées sur le rivage de la mer, et devait servir d'aiguade aux bâtimens qui naviguent sur la mer Rouge.

Cette visite faite, Bonaparte songea à revenir à Suez; la nuit était obscure lorsqu'il revint sur le bord de la mer. L'heure de la marée arrivait, et l'on proposa de camper sur la plage et d'y passer la nuit; mais Bonaparte ne voulut rien entendre: il appela le guide à lui, et lui ordonna de marcher devant. Le guide, troublé par cet ordre émané directement d'un homme que les Arabes regardaient comme un prophète, se trompa de descente, et le trajet fut allongé d'un quart d'heure à peu près. On était à peine à moitié chemin, que les premières vagues du flux vinrent mouiller les jambes des chevaux; on connaissait la rapidité avec laquelle l'eau monte; l'obscurité empêchait de mesurer l'espace qui restait à parcourir; le général Caffarelli, que sa jambe de bois empêchait de se tenir solidement à cheval, appela à son aide. Ce cri fut regardé comme un cri de détresse; le désordre se mit à l'instant dans la petite caravane; chacun s'enfuit de son côté, lançant son cheval dans la direction où il croyait trouver terre; Bonaparte seul continua tranquillement de suivre l'Arabe qui marchait devant lui. Cependant l'eau montait : son cheval s'effraya, et refusa de marcher en avant; la position était terrible : le moindre retard était la mort. Un guide de l'escorte, d'une taille élevée et d'une force herculéenne, sauta dans la mer, prit le général sur ses épaules, et s'attachant à la queue du cheval de l'Arabe, emporta Bonaparte comme un enfant; au bout d'un instant il avait de l'eau jusqu'au-dessous des aisselles, et commençait à perdre pied; la mer croissait avec une effrayante rapidité; cinq minutes encore, et les destinées du monde changeaient par la mort d'un seul homme. Tout à coup l'Arabe jeta un cri; il touchait le rivage; le guide, épuisé, tomba sur ses genoux; son général sauvé, les forces lui manquaient.

La caravane rentra à Suez sans avoir perdu un seul homme; le cheval seul de Bonaparte se noya.

Vingt-deux ans après, Bonaparte avait conservé de cet événement un souvenir plus présent peut-être que de tous ses autres dangers, car voici ce qu'il écrivait à Sainte-Hélène :

« Profitant de la marée basse, je traversai la mer Rouge à pied sec; au retour, je fus pris par la nuit et m'égarai au milieu de la marée montante; je courus le plus grand danger; je faillis périr de la même manière que Pharaon, ce qui n'eût pas manqué de fournir à tous les prédicateurs de la chrétienté un texte magnifique contre moi. »

Lorsque nous nous retrouvâmes au bord de la mer, la marée venait de se retirer, et le moment était parfaitement favorable. Nous fîmes plier la tente, nous remontâmes sur nos dromadaires, et nous nous lançâmes dans la mer; à l'endroit le plus profond, il n'y avait pas plus d'un pied d'eau; quarante minutes nous suffirent pour cette traversée, et, à deux heures, nous mettions le pied sur la terre d'Asie; nous franchîmes quelques monticules de sable, qui bordaient la mer, et nous nous retrouvâmes dans le désert.

Notre caravane, en touchant la péninsule du Sinaï, avait pris subitement un aspect militaire, qui prouvait que nous entrions dans le pays où le droit naturel remplace le droit des gens : Araballah marchait en éclaireur à cent cinquante pas en avant de nous, et Béchara avait été placé à la même distance à l'arrière-garde, afin que ses contes et ses chansons ne pussent distraire personne. Nous avions fait une lieue à peu près ainsi, lorsqu'Araballah s'arrêta tout à coup en étendant sa lance vers le sud, et nous montrant deux points noirs qui apparaissaient à l'horizon. Toualeb ordonna à deux Arabes de rejoindre Araballah et de se porter avec lui en avant; cet ordre fut exécuté à l'instant et en silence; à peine eurent-ils rejoint leur compagnon qu'ils partirent tous trois et disparurent bientôt derrière un bouquet de palmiers qui se balançait à notre gauche, comme une île de verdure. Cependant toute la caravane avait fait halte, et déjà, à tout hasard, nous préparions nos armes, lorsque Toualeb jeta un cri et partit au galop; nos hagins, emportés par l'exemple, le suivirent à toute jambe, et nous nous avançâmes vers le bouquet de palmiers derrière lequel on apercevait les deux points noirs, qui, depuis quelques instans étaient devenus des cavaliers, sans savoir si nous courions à des amis ou à des ennemis.

C'étaient probablement des amis, car Toualeb cessa de s'occuper entièrement d'eux, et, arrivé à la petite oasis vers laquelle il avait pris sa course d'une manière si rapide, il se laissa glisser à bas de son dromadaire; les nôtres s'agenouillèrent, et nous nous trouvâmes près de cinq charmantes fontaines ombragées par une douzaine de palmiers dont les rejetons formaient autour de leurs tiges un bosquet des plus frais et des plus gracieux. Nous étions arrivés aux sources de Moïse: ce fut là que les Israélites s'arrêtèrent et chantèrent le cantique d'action de grâces, tandis que Marie la prophétesse, sœur d'Aaron, prenant un tambour à la main, et suivie de toutes les femmes qui marchaient après elle avec des tambours et formaient des chœurs de musique, chantait la première en disant:

« Chantons les hymnes du Seigneur, parce qu'il a signalé sa grandeur et sa gloire, et a précipité dans la mer le cheval et son cavalier. »

Quant à nous, comme nous avions autre chose à faire que de chanter, nous plongeâmes immédiatement la tête et les bras dans ces sources antiques, et nous étions tout entiers encore à ce délicieux passe-temps, lorsque Araballah reparut avec ses compagnons; il était suivi de deux hommes vêtus de noir: c'étaient des religieux du mont Sinaï; Toualeb les avait reconnus de loin à leur costume, et c'était alors que, libre de toute crainte, il avait jeté son cri de joie, et nous avait emportés au galop jusqu'aux sources de Moïse.

Les deux moines descendirent de leurs dromadaires et vinrent s'asseoir près de nous: dans le désert tout est ami ou ennemi, on partage la tente, le pain et le riz, ou l'on échange des coups de lance, de carabine et de pistolet. Les nouveaux arrivans n'avaient aucune intention hostile; de notre côté, dès que nous sûmes qu'ils appartenaient au couvent où nous allions, leur rencontre devenait une bonne fortune: il en résulta que la connaissance fut bientôt faite; ils nous saluèrent en latin, nous leur répondîmes comme nous pûmes. Abdallah était déjà à la besogne. Monsieur Taylor leur offrit de partager notre repas; ils acceptèrent; nous nous assîmes à l'ombre des palmiers, sur un sable humecté par l'infiltration des eaux, et nous nous trouvâmes bientôt dans un état de tranquillité et de bien-être que nous n'avions pas encore éprouvé depuis notre départ du Caire.

C'était l'heure de l'épanchement; nous en profitâmes pour demander à nos deux hôtes l'explication d'une chose qui nous paraissait des plus extraordinaires: comment deux hommes seuls, sans escorte, sans armes, sans défense, appartenant à un couvent riche, s'exposaient-ils seuls, dans le désert, à être tués, volés, ou mis à la rançon par les premiers Arabes venus? Nous savions très bien qu'aux yeux de tels hommes, ni leur âge, ni leur religion, ni leur costume, n'étaient des sauvegardes suffisantes; nous exprimâmes donc à nos pieux convives notre admiration pour leur courage, et notre étonnement de ce qu'il n'eût pas pour eux de suites plus fâcheuses. Alors le plus vieux des deux tira de sa poitrine un sachet enrichi de broderies et pendu comme un scapulaire, l'ouvrit et nous présenta un papier qu'il contenait: c'était un firman signé Bonaparte.

Cette signature au milieu de ce désert, sur les lieux où le nom de l'homme grandissait encore par le souvenir de ses victoires, la vénération avec laquelle Toualeb se leva et s'approcha en disant: *Bounabardo! Bounabardo!* la curiosité des Arabes, qui formèrent à l'instant autour de nous un cercle aussi resserré que le respect le leur permettait, tout concourait à donner à cette scène un caractère plein d'intérêt, pour des Français surtout. Nous demandâmes alors au vieux cénobite comment ce firman se trouvait entre ses mains, et voici ce qu'il nous dit :

— Le couvent du Sinaï, isolé entre les deux bras de la mer Rouge, placé sur la pointe méridionale de la péninsule, distant de dix journées de Suez et de douze du Caire, se trouvait, par sa position, dépendre entièrement de ces deux villes, dont les gouverneurs, professant une religion opposée à celle de ces cénobites, étaient généralement peu disposés à leur prêter appui contre les déprédations des mameluks des villes et la piraterie des Arabes du désert. Obligés de tirer leur subsistance de l'Arabie, de la Grèce et de l'Egypte, le pain qu'ils mangent se récoltant à Chio, la laine dont ils tissent leurs habits venant du Péloponèse, le café qu'ils boivent mûrissant à Moka, il en résultait que, depuis la révolte des beys et la domination des mameluks, ceux-ci prélevaient un droit énorme sur les différens objets d'approvisionnemens que les moines tiraient d'Alexandrie, de Djedda ou de Suez; puis, ce droit acquitté, ce n'était point tout encore : il fallait traiter avec les Arabes pour le transport, payer une escorte, ce qui n'empêchait pas que, de temps en temps, quelque tribu voisine, plus nombreuse ou plus brave, n'arrêtât la caravane, et que le couvent ne perdît, par cet accident, non-seulement ses approvisionnemens, mais encore quelques-uns de ses pères, qui, une fois prisonniers, n'étaient rendus que pour une rançon ruineuse. Ainsi la vie de ces braves cénobites était devenue une lutte continuelle contre les premiers besoins de la vie. De plus les Bédouins, comme une nuée d'oiseaux de proie, tournaient incessamment autour du monastère, prêts à y entrer à la moindre imprudence des religieux, et enlevant tout ce qui s'écartait de ses murs, hommes et bestiaux. La misère des bons pères était donc à son comble, lorsqu'un jour ils apprirent par les Arabes eux-mêmes qu'un homme était arrivé d'Occident avec la parole d'un prophète et la puissance d'un dieu. Ils eurent l'idée d'aller à cet homme et de lui demander sa protection. En conséquence, les moines se rassemblèrent, élurent deux députés, firent prix avec un chef de tribu pour les conduire et les protéger jusqu'à ce qu'ils eussent rencontré celui qu'ils cherchaient, et les deux députés se mirent en voyage, emportant avec eux la dernière espérance de ceux qu'ils laissaient dans le couvent. Ils suivirent les bords de la mer Rouge pendant dix jours, puis ils arrivèrent à Suez, où ils virent flotter un pavillon inconnu. Ils demandèrent où était le sultan des Français, et on leur dit qu'il était au Caire : car en dix-huit jours il avait fait la conquête de l'Egypte. Ils continuèrent leur route à travers le désert, ils traversèrent le Mokkatan, et arrivèrent à la ville d'El-Talaoun. Leurs vieux ennemis, les mameluks, en avaient été chassés comme une poussière. Mourad-Bey, battu aux Pyramides, avait fui dans la haute Egypte; Ibrahim, vaincu à El-Arish, s'était enfoncé dans la Syrie, et le même drapeau qu'ils avaient déjà vu à Suez flottait sur les minarets du Caire. Ils entrèrent dans la ville, qu'il trouvèrent calme et tranquille. Ils arrivèrent sur la place d'El-Békir, ils demandèrent à parler au sultan. On leur montra la maison qu'il habitait; ils s'y présentèrent. Un aide de camp les fit passer dans les jardins et les conduisit à une tente où Bonaparte se tenait habituellement, dès que les premières heures du soir permettaient de quitter les chambres intérieures, rafraîchies pendant le jour par les courans d'air et par les fontaines,

Bonaparte était assis à une table, une carte de l'Egypte était déroulée sous ses yeux. Il avait près de lui Caffarelli, Fourrier et un interprète. Les députés lui adressèrent la parole en italien, et lui exposèrent le but de leur voyage.

Bonaparte sourit; ils venaient de le flatter mieux que le plus habile courtisan ne l'aurait pu faire. Sa renommée était parvenue en Asie, et par l'Yemen allait le précéder dans l'Inde. Il ignorait encore la puissance de son nom; deux pauvres moines venaient de faire cent lieues dans le désert pour lui en donner la mesure. Il fit asseoir les envoyés, et tandis qu'on leur présentait le café il dicta à l'interprète un firman. C'était celui que les religieux nous présentaient, et qui assurait leurs voyages et le transport de leurs provisions à travers le désert et dans les villes.

Depuis ce jour, les moines avaient été respectés : un jour,

le Nil et la Méditerranée remportant la flotte française comme ils l'avaient apportée, les Turcs recouvrèrent leur puissance; les mameluks reprirent les villes, les Arabes gardèrent le désert; et ni les Turcs, ni les mameluks, ni les Arabes, n'osèrent violer le firman donné par leur ennemi; de sorte qu'aujourd'hui encore, les moines du Sinaï, objet de vénération des tribus qui les entourent, peuvent parcourir le désert, seuls et sans escorte, sous la sauvegarde de cette signature magique de Bonaparte, à moitié effacée par les baisers religieux des descendans d'Ismaël, qui, quelques jours auparavant, avaient pillé la grande caravane qui revenait de la Mecque, et enlevé la fille d'un bey pour en faire la concubine de quelque chef de tribu.

Ce soir-là, Béchara avait écouté, contre son habitude, quoiqu'il ne comprît du récit du vieux cénobite que ce que ses gestes lui en indiquaient; mais il avait remarqué l'attention que nous lui prêtâmes tout le temps qu'il avait duré. Jugeant donc qu'à l'heure avancée où nous étions arrivés, il faudrait une histoire trop éblouissante pour effacer l'impression que ce récit avait produite, il reconnut son insuffisance, et, dissimulant la honte de sa défaite sous un gracieux sourire d'adieu, il prit congé de nous, et s'étendit sur le sable à la porte de notre tente.

LA VALLÉE DE L'ÉGAREMENT.

Le lendemain, avant de nous quitter, les moines du Sinaï nous demandèrent si nous avions quelques lettres de recommandation pour leur couvent. Nous leur racontâmes alors que, le jour de notre départ du Caire, nous allions nous adresser, dans ce but, aux moines du couvent grec, lorsque nous avions été arrêtés par la procession nuptiale, de sorte que nous étions partis dans la confiance de nous-mêmes et comptant sur notre bonne mine pour nous servir de passeport. D'après ce que nous répondirent les religieux, il paraît que, si nous ne les eussions pas rencontrés, la recommandation physique sur laquelle nous nous reposions nous eût été d'un assez médiocre secours, et que nous ne serions pas même entrés au couvent; mais ils pouvaient obvier à cet inconvénient, et, en échange de notre hospitalité, nous donner ce qui nous manquait, c'est-à-dire des lettres d'introduction, moyennant lesquelles nous serions parfaitement reçus. Nous les remerciâmes à notre tour, en bénissant Moïse, qui nous avait réunis au bord de ses sources. Alors ils griffonnèrent quelques lignes grecques que nous serrâmes avec autant de soin qu'ils faisaient eux-mêmes du firman de Bonaparte.

Nous avions passé une nuit détestable : la fatigue n'est pas toujours un acheminement sûr vers le sommeil : la nôtre était accompagnée de douleurs sourdes dans toutes les parties du corps; puis, vers certains points, cette douleur s'était fixée d'une manière plus positive et plus aiguë. Tout au contraire des chevaliers homériques de l'Arioste et du Tasse, qui étaient pourfendus du haut en bas, nous étions fendus, nous, du bas en haut. Chaque trot un peu plus accentué de nos dromadaires était devenu une espèce de coup d'épée invisible et intérieure qui nous arrachait des grimaces de damnés. Pour comble de bonheur, ce jour-là, nous abandonnâmes le bord de la mer, laissant pour notre retour le chemin de Thor, et nous remontâmes vers l'orient, de sorte que nous avions le soleil en face; en outre, le nouveau désert dans lequel nous entrions était plus sec et plus aride encore, s'il était possible, que les précédens. La vaste plaine qui s'étendait devant nous était divisée par zones qui couraient de l'est à l'ouest comme des vagues, et le sable, dans lequel nos haghins enfonçaient jusqu'au genou, était mou et blanchâtre, ainsi que du calcaire pulvérisé. Vers les neuf heures, le vent s'éleva, non pas un vent doux et rafraîchissant comme celui de nos plaines, mais un véritable vent du désert, tout chargé d'atômes dévorans, rude et chaud comme l'haleine d'un volcan. Béchara pensa que c'était le moment de frapper un grand coup ; il vint se mettre entre Mayer et moi, et commença, pour nous distraire, une chanson arabe : c'était l'éloge du haghin. En voici la strophe la plus remarquable :

« Ce coursier est si fringant que l'on croirait que le vif-argent coule dans ses veines. A la vue de ses formes élégantes et sveltes, l'antilope confuse baisse modestement les yeux; le courageux léopard voudrait échanger contre ses pieds les griffes redoutables dont il est armé. Semblable à la terre, toujours en équilibre dans ses mouvemens, non moins rapide que l'eau des torrens débordés, il égale le feu en ardeur et le vent en légèreté. »

Malheureusement le chanteur, qui ne pouvait deviner ce qui se passait en nous, faisait l'éloge du bourreau devant les patiens, de sorte qu'il eut un médiocre succès. Le panégyrique du haghin, dans une circonstance pareille, ne pouvait que nous exaspérer, et, en nous exaspérant, nous rendre injustes envers lui. Rien ne porte à nier les bonnes qualités d'une chose comme la souffrance que causent les mauvaises. Autant aurait valu chanter l'ardeur du soleil qui pesait sur nos têtes, la finesse de la poussière dans laquelle nous nagions, et la brûlante monotonie du paysage qui nous environnait. En effet, nous étions engagés dans une des ouaddis les plus fatalement célèbre de la péninsule ; on la nomme la vallée de l'Egarement à cause des sables mouvans qui en forment le sol, et dont les déplacemens éternels, soumis aux caprices du vent, enlèvent à la caravane toute certitude sur sa route. Nous étions entourés de petits monticules du sommet desquels le vent détachait comme une gaze de poussière dont le réseau brûlant s'étendait sur nos têtes, et qui nous faisait des horizons de cent pas, de sorte que nous étouffions dans ces tourbillons de sable comme dans des creusets naturels. Enfin, à l'heure de la première halte, nos Arabes plantèrent notre tente, et nous espérâmes un instant de repos; mais le vent, âcre et continuel, qui soufflait depuis le matin, emporta la tente au bout de cinq minutes. Une seconde tentative fut faite sans résultat meilleur : le sable, agité sans cesse, ne pouvait retenir les piquets, et l'eût-il pu, les cordes étaient trop faibles pour la tente ; il nous fallut donc, comme nos Arabes, prendre pour abri l'ombre de nos dromadaires. Je venais de me coucher à côté du mien, lorsque Abdallah, qui avait affaire à moi pour tout ce qui regardait la cuisine, vint me déclarer qu'il lui était absolument impossible de faire le feu. La nouvelle n'était pas, au fond, si mauvaise que le croyait le pauvre diable; nous n'avions non-seulement aucune envie, mais encore aucun besoin de manger; un verre d'eau douce et fraîche était, pour le moment, l'objet de toute notre ambition; malheureusement celle dont nous nous étions approvisionnés aux sources de Moïse était un peu saumâtre; ce défaut, joint à l'odeur que lui avaient communiquée les outres, et à la chaleur insupportable qu'elle avait acquise pendant le voyage, la rendait complétement impotable. Nous voulûmes en boire, mais le dégoût nous arrêta.

Cependant le soleil continuait de monter à l'horizon, et se trouvait si parfaitement au-dessus de nos têtes, que nos chameaux ne portaient plus d'ombre : je m'éloignai donc de quelques pas de mon haghin pour échapper à cette odeur de bête fauve que la chaleur rendait plus fétide encore; puis je me couchai sur le sable, me couvrant entièrement du manteau de Béchara. Au bout de dix minutes, je sentis que le côté exposé au soleil ne pouvait plus supporter la chaleur, et je me retournai sur l'autre; j'espérais que, lorsque je serais cuit, je ne souffrirais plus : pendant deux heures que dura la halte, je ne dormis pas une minute, et ne fis que me tourner et me retourner sous ma couverture. Quant à mes compagnons, j'ignorais complétement ce qu'ils devenaient, je ne les voyais pas, et c'eût été pour moi une fatigue trop grande que de leur demander de leurs nouvelles : tout ce que je sais, c'est que, sous mon manteau, je me faisais à moi-même l'effet d'une tortue qu'on fait bouillir dans son écaille.

Enfin notre supplice changea de nature; c'était presque un soulagement : Mohammed vint nous avertir qu'il était temps de nous remettre en route; je me levai. Le sable qui m'avait servi de lit était mouillé comme si on y avait répandu une outre.

Nous remontâmes sur nos dromadaires comme des condamnés inertes et sans volonté, ne nous inquiétant pas même de quel côté nous allions, moralement convaincus qu'il failait marcher en avant, et voilà tout : seulement je m'informai si nous aurions de l'eau fraîche le soir; Araballah, qui se trouvait le plus près de moi, me répondit que nous coucherions près d'un puits : c'était tout ce que je voulais savoir.

Cependant l'insomnie de la nuit précédente, le défaut de nourriture, cet état de fusion perpétuelle dans laquelle nous étions entrés depuis le Mokkatan, me donnaient une somnolence irrésistible. Je la combattis d'abord par l'idée du danger : une chute de quinze pieds de hauteur, fût-ce sur le sable, n'avait rien de bien attrayant; mais bientôt l'idée de ce danger devint purement instinctive. Une hallucination pareille à celle que j'avais déjà éprouvée s'empara de moi; j'avais les yeux fermés, et cependant je voyais le soleil, le sable, et même l'air : seulement ils changeaient de couleur et prenaient des teintes étranges. Puis je me figurais que j'étais sur un vaisseau, et que la mer tournait en oscillant autour de nous. Tout à coup je rêvais que je m'éveillais et que je tombais du haut de mon dromadaire, qui continuait son chemin; je voulais crier pour appeler mes compagnons, la voix manquait à ma poitrine; je les voyais s'éloigner. J'essayais de me lever et de courir; mais je ne pouvais me tenir debout sur ces vagues de sable, qui s'enfonçaient sous moi comme de l'eau et me submergeaient. Alors j'essayais de nager; mais j'avais oublié les mouvemens à l'aide desquels je pouvais me soutenir. Au milieu de cette folie passaient, rapides comme des éclairs, de ravissans souvenirs d'enfance que depuis vingt ans j'avais oubliés. J'entendais le murmure d'une source délicieuse qui coulait dans le jardin de mon père; je me couchais à l'ombre du marronnier qu'il planta le jour de ma naissance. J'éprouvais alors deux sensations tout à fait opposées, et que je n'aurais jamais cru que l'on pût ressentir en même temps : l'une factice, et c'était celle de l'eau et de l'ombre, l'autre réelle, et c'était celle de la fatigue et de la soif, et cependant mes idées étaient tellement obscurcies que je ne savais laquelle des deux était un songe. Tout à coup une violente douleur dans la poitrine ou dans les reins me réveillait; c'était un coup de pommeau ou du dossier de la selle qui me prévenait que je commençais réellement à perdre l'équilibre. Alors j'ouvrais les yeux avec un tressaillement d'effroi : le jardin, la source, le marronnier et son ombre disparaissaient comme des fantômes; il ne restait que le soleil, le vent, le sable, le désert enfin.

Plusieurs heures s'écoulèrent ainsi sans que je pusse calculer le temps; je sentis que le mouvement cessait, je sortis à l'instant de ma somnolence, et je vis toute la caravane arrêtée et groupée autour de Toualeb; nous trois seulement étions restés où il avait plu à nos chameaux de faire halte. Je jetai les yeux sur Taylor et sur Mayer, ils étaient courbés et anéantis comme moi sous cette chaleur; je fis signe à Mohammed de venir à moi, car je n'avais pas la force d'aller à lui, et je lui demandai ce que faisaient nos Arabes, et pourquoi ils regardaient ainsi autour d'eux et d'un air indécis. La vallée de l'Égarement n'avait pas menti à son nom : ils n'avaient pu, à cause du vent et de l'horizon mouvant que formaient les sables, s'orienter sûrement, de sorte que nous étions perdus, et que notre Palinure, doutant de ses lumières, en appelait à celles de ses camarades : enfin les avis furent à peu près unanimes sur la direction qu'il y avait à suivre; nous inclinâmes un peu à droite, et nos chameaux prirent le plus magnifique des galops. Un danger réel, celui d'être égarés et de manquer d'eau, avait chassé d'une manière magique, et par une force de réaction merveilleuse, tous les rêves fantastiques qui m'agitaient depuis notre départ; peut-être aussi la décroissance de la chaleur était-elle pour quelque chose dans cette résurrection. Cependant cette décroissance même était la source d'une inquiétude nouvelle : le soleil s'abaissait sur l'horizon, et une fois la nuit venue, notre chemin me paraissait devoir être plus difficile à retrouver encore. Il y avait bien les étoiles; mais si le vent continuait, il n'y avait pas moyen de les apercevoir à travers le nuage de sable qu'il roulait au-dessus de nos têtes.

Après une heure de silence, je me hasardai à demander si nous étions bien loin du campement. « Là, » me dit, en étendant la main vers l'horizon, l'Arabe qui galopait près de moi. Cette parole me rendit la vie; il me sembla que je touchais au puits; d'ailleurs, à la manière dont nos haghins nous emportaient, fût-il à une distance fort raisonnable, nous ne pouvions tarder à le trouver. Au bout d'une autre heure, je fis la même demande à un autre Arabe, qui me fit la même réponse. Quant à cette fois, j'étais convaincu qu'il disait la vérité, car nous devions bien avoir fait six ou sept lieues pendant ces deux heures. Enfin une autre heure s'écoula encore, le soleil disparut avec cette rapidité saisissante des climats orientaux. Alors monsieur Taylor demanda à son tour si nous étions encore loin du puits, et Araballah, après s'être orienté, déclara que nous avions pour deux grandes heures de route avant d'y arriver. Il était nuit close; nous tombions de fatigue plus encore que de soif; nous déclarâmes que le genre de mort nous était indifférent, mais que nous ne comptions pas aller mourir plus loin. Aussitôt Toualeb gloussa les dromadaires; ils s'agenouillèrent, et nous nous laissâmes tomber plutôt que nous ne descendîmes sur le sable.

Cependant le même inconvénient qui s'était présenté à la première halte s'offrit à la seconde : à peine notre tente futelle posée, qu'une rafale de vent l'arracha du sol, et qu'il fallut courir après elle comme on court sur les ponts de Paris après son chapeau. On devine que c'étaient les Arabes qui se livraient à cet exercice : quant à nous, nous aurions laissé la tente retourner à Suez sans faire un mouvement pour l'arrêter. Au reste, cet accident était moins douloureux cette fois que la première. La nuit avait amené, sinon la fraîcheur, du moins la cessation de cette chaleur ardente qui avait failli de me rendre fou. Abdallah, plus heureux que le matin, avait trouvé un fragment de roche à l'abri duquel il avait établi sa cuisine. Il nous apporta notre riz; nous en avalâmes quelques grains, à peu près ce qu'aurait pu manger un merle ou une grive; nous essayâmes, sans pouvoir y réussir, de les faire suivre d'une gorgée d'eau; puis nous nous mouillâmes la figure et les mains, et nous nous endormîmes.

J'étais au plus profond de mon sommeil, et ayant perdu toute conscience de notre position, lorsque je sentis qu'on me secouait par le bras : je me réveillai aussitôt, et à peine réveillé je demandai à boire. En réponse à cette demande on me glissa le goulot de ma gourde dans la main; je la portai à l'instant à ma bouche, et j'avalai, avec une sensation délicieuse, une large gorgée d'eau douce et fraîche. Comme on ne me retirait pas la gargoulette après ce premier essai, je jugeai que je pouvais en disposer entièrement, et que l'eau coulait pour tout le monde; en conséquence, je la vidai sans désemparer, et ne la rendis au génie bienfaisant qui me l'avait apportée que lorsque je fus parfaitement sûr qu'elle était à sec. Ce génie était Béchara, qui, dès qu'il avait vu le campement établi, était monté sur son dromadaire, et seul, au milieu de la nuit, conduit par l'instinct plus que par la vue, avait fait quatre lieues au galop, pour nous aller chercher cette eau bienfaisante au puits près duquel nous n'avions pas eu le courage d'arriver.

Pendant les cinq minutes qui se passèrent avant que je me rendormisse, il me sembla qu'au murmure du vent se mêlait un bruit inconnu jusqu'alors; c'était comme des gémissemens, des cris inarticulés, des sanglots étouffés et lointains; je pensai que j'étais toujours sous l'empire de mon hallucination, et je rentrai dans mon sommeil, momentanément interrompu, sans demander aucune explication à ce sujet. Le lendemain, en me réveillant, je ne me souvenais que de l'épisode de la gargoulette. Cette nuit de repos, cette eau fraîche qui nous était tombée comme une manne, la certitude que nos gourdes étaient pleines, et que nous n'en manquerions pas de la journée, nous avaient rendu nos forces; et au point du jour nous remontâmes sur nos dromadaires frais, gaillards et dispos. Malheureusement, au premier pas qu'ils firent, nous nous aperçûmes que cette eau, toute miraculeuse et fortifiante qu'elle fût, n'était point la panacée universelle.

Au lever du soleil, le paysage avait changé d'aspect; pendant notre course de nuit, nous nous étions engagés dans une espèce de chaîne volcanique, et nous étions entourés de collines nues, stériles et rachitiques, comme celles qui s'élèvent au pied du mont Etna. Nous fîmes environ trois lieues sur ce terrain boursouflé, puis nous entrâmes dans une plaine de sable si fin, qu'on eût cru qu'il avait été tamisé. Deux heures plus tôt que de coutume, nous fîmes halte; j'en demandai la raison à Béchara, qui me répondit que c'était pour avoir le temps de choisir un campement. Cette réponse me parut singulière, Toualeb n'ayant pas l'habitude de prendre ordinairement de si méticuleuses précautions.

En effet, nos Arabes descendirent de leurs chameaux et se mirent à chercher une place en regardant attentivement le sol ; cette manœuvre inusitée excita de nouveau ma curiosité, et je me mis à chercher avec eux. Voyant que je ne trouvais rien, j'appelai Béchara, et je lui demandai s'il pouvait me dire ce que nous cherchions; que, quant à une place, celle que nous occupions me paraissait aussi bonne qu'aucune autre, et que je ne voyais pas pourquoi nous prenions une si grande peine. Alors il me montra sur le sable des traces que je n'avais pas remarquées, justement à cause de leur nombre : c'était au point qu'on ne pouvait poser le pied sans fouler une empreinte; ces traces étaient celles de serpens et de lézards dont on apercevait de distance en distance les trous béans comme des entonnoirs. Les Arabes reconnaissaient à ces différens vestiges, non-seulement l'animal auquel ils appartenaient, mais encore son âge, sa grosseur, sa force, et, chose plus extraordinaire encore, s'ils étaient de la veille, du matin ou de la minute; ils me firent distinguer ces différentes traces, et je compris parfaitement leur théorie, à laquelle, au bout de quelques jours, j'avais joint une pratique assez savante. Les lézards, par exemple, laissaient la marque de leurs quatre griffes parfaitement imprimées, et une petite raie tremblée à la place où a posé la queue ; le serpent, qui se roule en spirale pour avancer, laisse des traces parallèles et interrompues, partout où la circonférence de ses anneaux fait plier la tangente que forme le sable; la gazelle laisse une passée légère et coquette, capricieusement inégale, selon que son caractère gai l'a emportée en bonds joyeux ou en écarts folâtres. Il résultait de tout cet examen que le désert que nous traversions était habité par une société nombreuse, mais extrêmement mêlée, et que, si quelques-uns de ces animaux étaient bons à voir, la majorité était de fort mauvaise compagnie; heureusement nous en fûmes quittes pour la peur.

Le soir, les précautions redoublèrent. Nous nous arrêtâmes à cinq heures pour avoir le temps de faire une battue.

Un de nos Arabes marcha sur un serpent qu'il tua d'un coup de courbache avant que celui-ci eût eu le temps de le mordre. Il était gros comme le poignet ; cette grosseur était tout à fait disproportionnée avec sa taille, qui était de deux pieds au plus : ce qui, joint à sa grosse tête pareille à celle d'un chien, lui donnait un aspect des plus disgracieux.

La préoccupation des serpens et des reptiles l'emporta ce soir-là sur toute autre. A peine nous occupâmes-nous de l'eau et du riz que nous servit Abdallah, tant une puissante tension de l'esprit peut influer sur les besoins du corps. Quant à moi, je dormis mal : il me semblait toujours sentir se glisser sous mon tapis un de ces ignobles reptiles ronds et courts, qui ressemblaient à des chenilles gigantesques. Au milieu de la nuit, j'entendis ce même bruit étrange qui m'avait déjà frappé à la halte précédente ; cependant, cette fois, il était impossible d'attribuer ces gémissemens et ces cris étouffés et sanglotans aux plaintes du vent perdu dans l'immensité. Pas le moindre souffle d'air ne se faisait sentir. Je me levai pour aller interroger un de nos Arabes sur ce phénomène nocturne ; mais tous dormaient de si bon cœur auprès de nos chameaux, que je n'eus pas le courage de les réveiller ; je me rejetai sur mon tapis. Au bout d'un instant la fatigue l'emporta, et je me rendormis jusqu'au lendemain.

Nous partîmes avant le jour. Lorsque le soleil s'éleva, nous avions quitté la plaine aux serpens, et nous étions entrés dans une ouaddi, c'est le nom que les Arabes donnent aux mille vallées qui sillonnent la péninsule du mont Sinaï ; seulement, à mesure que nous avançions, les collines grandissaient. Ce n'étaient plus des boursouflures volcaniques comme les premières que nous avions rencontrées, mais de véritables montagnes calcinées par le feu. Sur le revers, nous apercevions parfois de larges traînées de lave rouges ou noires ; nous ne pûmes nous approcher assez pour distinguer ce qui causait cette différence de couleur dans des matières refroidies depuis des siècles. De cette vallée nous passâmes dans une autre dont l'ouverture, qui a la forme d'un V, est taillée dans une montagne ; ces murailles, qui vont en s'évasant, sont toutes lisses et unies comme si deux gigantesques coups de hache les avaient taillées chacune d'un seul coup. L'une des parois est recouverte de caractères profondément incrustés qui pourraient bien être une de ces inscriptions dont parle Hérodote et que Sésostris fit graver sur son passage, lorsqu'il revint, par le pays d'Ophir, de son expédition vers la mer Érythrée. Nous interrogeâmes nos Arabes, mais ils ne savaient pas plus que nous quelle main victorieuse et puissante avait laissé, en passant, quelques lignes de son histoire sur cette page de granit.

Cette fois il n'y avait plus à s'égarer : chaque montagne, chaque rocher était un jalon auquel notre guide pouvait reconnaître son chemin. Toualeb nous annonça, vers les trois heures du soir, que nous approchions d'un puits. En effet, les dromadaires tout joyeux, abandonnant leur air d'insouciance pour prendre une expression de sensualisme, levaient de temps en temps la tête et paraissaient humer de loin sa fraîcheur. Au détour d'une montagne, ils partirent d'eux-mêmes au galop, et, après dix minutes d'une course dératée, nous arrivâmes à une excavation d'une vingtaine de pieds de diamètre, vers laquelle conduisait une pente adoucie par la fréquentation. En approchant, un nuage de moustiques, si épais qu'il semblait une fumée, s'enfuit, laissant le puits libre; aussitôt nos haghins, manquant à leur réputation de frugalité, se précipitèrent, malgré nos efforts, dans cette eau que nous voulions vainement, en notre qualité de bipèdes, garder pour nous seuls, et, tout inondés de sueur qu'ils étaient, ils lavèrent la poussière et le sable qui les couvraient; de sorte que, lorsque nous voulûmes boire à notre tour, la source était couverte de poils et avait des yeux comme un bouillon; en outre, la vase foulée aux pieds était remontée à la surface. Nous la laissâmes reposer, mais ce fut inutile : l'eau avait conservé une atroce odeur de bête fauve qui la rendait presque impotable à tous autres qu'à des amis intimes; aussi les Arabes n'éprouvèrent-ils aucune répugnance, et burent-ils de cette eau comme si aucun accident n'en eût troublé la pureté.

Il est rare que quelque famille bédouine ou même une tribu entière ne demeure pas dans les environs de ces puits; c'est ce qui rend, en Arabie, le métier de voleur si commode et si peu fatigant. Les industriels du désert n'ont qu'à s'embusquer aux environs des sources et des fontaines, et ils sont bien certains que tout ce qui passera de pèlerins sera forcé de venir se désaltérer à leur marette. Avec des gluaux assez forts et de la glue tenace, on y prendrait les voyageurs à la manière des moineaux.

Comme Toualeb avait choisi ce lieu pour notre halte de nuit, et qu'il connaissait aussi bien que personne les dangers et les avantages d'un tel campement, il envoya Béchara et Araballah à la découverte. Ils revinrent au bout d'une demi-heure à peu près, annonçant qu'une tribu de Bédouins pasteurs était campée à une demi-lieue environ de nous. A peine ils achevaient de parler qu'un Arabe parut, conduisant un mouton. Béchara fit quelques pas au-devant de lui, et alors le salut du désert commença entre ces deux hommes; ce salut est le même partout et toujours; ce fut Béchara qui commença :

— Salut sur toi !

— Cent fois sur toi, salut !

— Tu te portes bien?

— Je me porte bien.

— Et ta femme?

— Très bien.

— Et ta maison?

— Très bien.

— Et tes serviteurs?

— Très bien.

— Et ton dromadaire?

— Très bien.

— Et tes troupeaux?

— Très bien.

Alors Béchara tendit la main à l'étranger; ils échangèrent, en se touchant, les signes de quelque maçonnerie du désert; et aussitôt ce fut l'étranger qui reprit la série de questions et interrogea à son tour Béchara, qui répondit exactement de la même manière.

Ce salut infiniment prolongé, comme on le voit, peut paraître à l'habitant des villes une singulière intempérance de langue; mais il faut dire, en l'honneur du mutisme oriental, que, lorsque cette conversation est terminée, deux vrais croyans feraient le tour du monde sans s'adresser davantage la parole. On cite un exemple de cette discrétion qui vient à l'appui de ce que j'avance. Un célèbre poëte de Bagdad entendit si fort vanter un de ses confrères de Damas, qu'il résolut de faire le voyage pour juger par lui-même si son rival méritait sa réputation, Il se mit donc en route, et, après deux mois de voyage, il arriva chez lui. Après les saluts d'usage, il lui exposa le but de sa visite. L'habitant de Damas prit alors le manuscrit d'une histoire qu'il était en train d'écrire et en lut quelques fragmens à son hôte. Celui-ci l'écouta en silence; puis, lorsqu'il eut achevé, il lui dit : — «Vous êtes le plus grand écrivain en prose.»—Puis il se leva sans vouloir s'arrêter plus longtemps, remonta sur son dromadaire et repartit pour Bagdad. A quelque temps de là, le citadin de Damas pensa qu'il serait bien, à son tour, qu'il allât rendre à son confrère de Bagdad la visite qu'il en avait reçue. En conséquence, il se mit en route, et, après le même temps écoulé, il arriva chez l'aristarque qui lui avait déjà donné son avis sur sa prose. Celui-ci le reçut silencieusement, mais comme une vieille connaissance, le fit asseoir et se prépara à l'écouter, car le nouvel arrivant, pour ne pas abuser des momens de son hôte, venait de tirer de sa poche un manuscrit de poésies nouvellement achevées, et dont il se mit aussitôt à lire quelques pièces. Son hôte l'écouta aussi attentivement qu'il avait fait à Damas, et, la lecture terminée, il dit seulement, faisant suite à sa phrase suspendue depuis six mois : « Et en vers. »

Après quoi ils se séparèrent sans s'adresser un mot de plus.

Le mouton était à vendre, cela nous fit un sensible plaisir; il y avait six ou huit jours que nous n'avions mangé de viande fraîche. Nous le marchandâmes, mais l'Arabe ne voulut point le céder à moins de cinq francs. Béchara fut forcé d'avouer que c'était bien cher, et que son compatriote abusait de notre position; c'était possible : cependant le marché fut conclu à la grande satisfaction des deux parties.

Aussitôt il y eut fête et réjouissance dans la caravane, qui se doutait bien que nous ne dévorerions pas l'animal à nous trois. Chacun se mit alors à la besogne, espérant bien travailler beaucoup pour lui, en travaillant un peu pour nous : les uns allèrent à la tribu chercher un renfort de bois, dont nous avions grand besoin, le nôtre commençant à s'épuiser; les autres égorgèrent le mouton et tracèrent avec son sang de grandes croix sur nos chameaux, afin de conjurer le mauvais œil, et de faire, le lendemain, par ce signe, honneur, devant les tribus que nous rencontrerions, au généreux chef de la caravane, qui n'avait pas reculé devant la dépense d'un pareil festin. Pendant ce temps les bûcherons revinrent chargés de bois et de différens ingrédiens qui nous manquaient. On alluma un feu immense; après avoir présidé à ce soin, je retournai vers le mouton ; Béchara, qui avait détrôné Abdallah, et lui avait momentanément enlevé le couteau de cuisine, avait ouvert et vidé la bête, et lui farcissait le ventre de dattes, de raisins secs, de beurre, de marmelade d'abricots, de riz et de plantes aromatiques. Cette espèce de truffage achevée, il lui recousit soigneusement la peau, puis, écartant les morceaux de bois enflammés, il le plaça au centre du foyer et le recouvrit de cendres et de braise, comme on fait d'un marron ou d'une pomme de terre; seulement on rapprocha le feu, afin que le cercle enflammé enveloppât encore la butte du milieu d'un complément de chaleur. Quelques instans écoulés, on dégagea l'animal de son brasier, et on le retourna; enfin, au bout d'une heure à peu près, le maître d'hôtel, jugeant le rôti arrivé à son degré de cuisson, le débraisa et le servit sur une énorme sébille de bois. Nous prîmes place autour, et nous invitâmes à s'asseoir à nos côtés, pour leur faire honneur et pour nous donner en même temps une leçon sur la manière de manger ce mets homérique, Toualeb, Béchara et Araballah. Toualeb tira gravement son poignard, ouvrit le ventre d'un seul coup, y fourra la main droite, et en retira une poignée de cette macédoine parfumée dont on l'avait farci à notre grande admiration; puis il nous la passa sous le nez pour nous la faire savourer par l'odorat avant de la porter à sa bouche. Cependant la blessure du mouton fumait comme la bouche d'un volcan; je ne fus pas arrêté par cet avertissement, et, suivant l'exemple de Toualeb, j'y fourrai ma main à mon tour; malheureusement notre peau n'était pas de même nature : je ne tins pas plutôt ma poignée de nourriture, que je sentis qu'elle me brûlait horriblement. Je la portai vivement à ma bouche pour débarrasser ma main, et je l'avalai sans la goûter pour débarrasser ma bouche; de sorte que du même coup je me brûlai la main, la langue et l'estomac. Je restai un instant immobile et les yeux fermés pour laisser passer la douleur. Enfin le feu intérieur s'éteignit, et j'en fus quitte pour la rôtissure de ma main et de mon palais. Mon exemple avait donné de l'expérience aux autres, et, à l'aide de quelques précautions, ils s'en étaient tirés sans trop d'échauboulures.

Lorsque j'eus repris assez de sang-froid pour examiner la suite de l'opération, je vis que Toualeb se préparait à passer de l'attaque intérieure à l'attaque extérieure. A mon grand étonnement, il remit son poignard à sa ceinture, comme un meuble devenu inutile; et pinçant avec les ongles le haut d'une côtelette, le plus près possible de la colonne vertébrale, il sépara la chair de l'os, aussi habilement qu'aurait pu le faire le plus adroit découpeur; Béchara vint après, pinça la côtelette voisine, et en enleva la chair suivant la même méthode et avec la même délicatesse; puis vint Araballah, qui prouva qu'il était digne de ses prédécesseurs; nous essayâmes à notre tour, mais nous vîmes tout d'abord qu'il fallait renoncer à ce moyen si nous voulions avoir notre contingent : nous eûmes donc recours à nos poignards, et nous nous en servîmes si bien que nous finîmes par nous en tirer à notre honneur; lorsque nous en eûmes assez; nous passâmes la sébile à Mohammed, à Abdallah et aux douze Arabes, qui s'abattirent sur la carcasse et se mirent à tirer chacun de leur côté; de sorte qu'au bout de vingt minutes il ne resta plus qu'un squelette blanc, net et poli comme de l'ivoire, parfaitement digne d'être mis dans quelque cabinet d'anatomie comparée.

La joie des convives fut immodérée. Béchara se mit alors à chanter, sur un air lent et cadencé, des vers d'un poëte arabe nommé Bedr-Ebn-Din. Cette espèce d'invocation à la nuit était divisée en strophes ; une d'elles donnera l'idée du morceau entier :

Les nuits sont des sources intermittentes;
L'homme y puise alternativement les biens et les maux.
Sa vie se passe sans qu'il s'en aperçoive
Au milieu de leur succession continuelle.
Est-il malheureux? la plus courte lui semble éternelle.
Est-il heureux? la plus longue alors est trop courte à son gré.

Ces couplets étaient accompagnés par les gestes des Arabes, qui reprenaient le refrain en chœur. Au dernier couplet un second-dessus nouveau se fit entendre. C'était le bruit lointain que j'avais déjà entendu les deux nuits précédentes, pareil d'abord au murmure du vent, mais qui, en se rapprochant, prenait un caractère étrange et lugubre : c'était comme des gémissemens lointains et sourds d'abord, au milieu desquels on distingua bientôt des lamentations lentes et douloureuses, interrompues par des sanglots prolongés et des éclats perçans et terribles. On eût dit des cris de femmes et d'enfans que l'on égorgeait. J'avoue que, pour mon compte, une terreur profonde me saisit. Je crus que le khan voisin était attaqué et que j'entendais le râle des mourans. J'appelai Béchara.

— Ah! me dit-il, ce sont ces cris qui vous inquiètent; ce n'est rien. Le vent a emporté l'odeur de notre mouton et l'a dispersée autour de nous, de sorte que les chakals et les hyènes viennent nous en demander leur part. Mais heureusement il n'y a plus que la carcasse. Bientôt vous les entendrez mieux encore, et non-seulement vous les entendrez mieux, mais, en jetant quelques morceaux de bois sur le feu, vous pourrez les voir rôder autour de nous.

Je suivis le conseil de Béchara pour deux raisons : la première, parce que je savais que le feu écartait les bêtes féroces; la seconde, parce qu'à tout prendre je n'étais pas fâché de connaître les nouveaux personnages à qui nous avions affaire. En effet, la flamme ne fut pas plutôt assez éclatante pour éclairer un cercle de soixante pas, que nous vîmes à l'extrémité du rayon, moitié dans l'ombre, apparaissant pour disparaître, et disparaissant pour reparaître encore, les exécutans du concert qui, depuis trois nuits, me préoccupai si fort. Cette fois ils tournaient autour de nous à portée de fusil, en hurlant de telle manière qu'on eût dit qu'ils s'excitaient pour nous attaquer, et faisant des pointes si avancées dans la lumière, que non-seulement nous distinguions les chakals des hyènes, mais encore que nous voyions le poil se hérisser sur le dos de ces dernières. Nous n'avions que des pistolets, des sabres et des poignards, et j'avoue que l'idée de combattre corps à corps avec de pareils adversaires me souriait peu. Aussi j'appelai mon ami Béchara pour lui demander ce qu'il serait bon de faire en cas de siége. Mais il me répondit qu'il n'y avait aucun danger, et que nos ennemis se tiendraient toujours à une distance respectueuse du camp; tandis qu'au contraire, s'il y avait près de nous un cadavre d'homme ou d'animal, rien ne les arrêterait, et que ce qu'il y aurait de mieux à faire dans ce cas, ce serait de le jeter hors de l'enceinte et de le leur abandonner, moyennant quoi ils nous laisseraient tranquilles. Je pensai au malheureux mouton que nous avions disséqué, et je tournai les yeux vers lui. Mais je fus rassuré en voyant que ce n'était pas un cadavre, mais un squelette. J'eus un instant l'idée de le leur faire jeter tel qu'il était : mais je fus arrêté par la crainte qu'ils ne prissent la chose pour une mauvaise plaisanterie, et qu'ils ne nous en demandassent raison.

Quant aux Arabes, cette circonstance paraissait leur être parfaitement indifférente. Ils firent tous leurs petits préparatifs de nuit; puis ils se couchèrent fraternellement, comme d'habitude, côte à côte avec leurs chameaux. Un d'eux seulement fut placé en sentinelle et continua de veiller, beaucoup plus, je crois, à cause des voisins à deux pieds que des rôdeurs à quatre pattes.

Quant à nous, nous rentrâmes dans notre tente et nous nous étendîmes sur nos tapis. Quelque temps encore nous causâmes au bruit de cette musique infernale; puis enfin, la fatigue l'emporta sur l'inquiétude, nos yeux se fermèrent malgré nous, et nous nous endormîmes d'un sommeil aussi profond que si nous avions été bercés par une sonate ou une symphonie.

LE COUVENT DU SINAI.

La journée du lendemain fut une des plus mauvaises que nous eussions encore supportées : le chemin était couvert de cailloux amoncelés et arrondis qui formaient un lit mobile sur lequel les pieds des dromadaires glissaient à chaque pas. Nous entrions dans les gorges voisines du Sinaï, et la chaleur s'augmentait encore de la répercussion du soleil sur les montagnes nues au pied desquelles nous passions. Jamais la halte n'avait été si vivement désirée; aussi, à peine arrivés, nous jetâmes-nous sous notre tente. Pour la première fois, les Arabes, de leur côté, détachèrent la couverture de leurs dromadaires pour dresser des abris, dont leurs longues lances formaient les supports. Les chameaux eux mêmes, ces infatigables coureurs du désert, paraissaient ressentir la dure influence de cette journée. Ils allongeaient languissamment le cou et creusaient le sable avec leurs naseaux pour chercher au-dessous de la première couche une fraîcheur qui manquait à la surface. Cependant, quelque besoin que nous eussions de repos, la halte fut courte. Il fallait partir de bonne heure pour arriver avant la nuit afin de choisir la place du campement. Nous rentrâmes dans le domaine des serpens, des lézards et autres reptiles.

Il n'y avait pas un souffle d'air, la chaleur était étouffante, les heures paraissaient éternelles, les questions sur la distance à parcourir étaient toujours éludées par la fameuse réponse : *C'est là*, accompagnée du geste correspondant. La langue s'attachait au palais, et les rayons du soleil, que nous avions en face, nous brûlaient le visage. Ce fut ce moment que Béchara choisit pour donner à son chant une étendue et un éclat que nous ne lui avions pas connus jusqu'alors. Il paraît, au reste, que cette température infernale poussait les Arabes à la gaieté, car un chœur général accueillit son premier couplet et se renouvela religieusement à tous les autres. Je ne connais rien de fatigant comme la bonne musique lorsqu'on est de mauvaise humeur; on comprend donc combien le charivari que nous entendions devait m'agacer les nerfs. C'est tout au plus si, avec la soif, la fatigue et la chaleur que j'éprouvais, j'aurais pu, dans une bonne salle des Italiens, écouter le duo de la *Sonnanbula* ou la cavatine de *Don Juan*. Que l'on juge donc ce que c'était que d'entendre, juché à quinze pieds de hauteur sur une selle de bois, et avec le trot du chameau, un solo de Béchara et un chœur de Bédouins. Cependant j'étais trop poli pour imposer silence aux mélomanes, qui paraissaient d'ailleurs trouver leur concert si agréable que c'eût été conscience de les détromper. Je profitai d'une pause pour demander à Béchara la traduction des vers qu'il chantait. J'espérais qu'en m'expliquant le sujet il oublierait la chanson. — Voilà, me répondit-il en décrivant avec le bras un demi-cercle qui embrassait toute la contrée que nous avions devant nous, voilà notre pays; notre tribu est là; nous allons revoir notre famille, nos femmes et nos frères. Puis il reprit son chant de salut à la patrie, et à chaque refrain, répété par les Arabes, les dromadaires, comme s'ils eussent eu aussi des frères, des femmes et une famille, bondissaient de joie ainsi que les collines de l'Ecriture. Cette allégresse générale fut enfin interrompue par l'Arabe qui marchait en tête. Il jeta un cri et étendit sa lance vers l'horizon. Nos yeux se portèrent dans la direction indiquée, et nous aperçûmes un point noir à l'autre extrémité de la vallée. Toualeb fit un signe, et Araballah se lança au grand galop de son dromadaire, qui l'emporta avec une si merveilleuse rapidité qu'il diminua rapidement et parut, au bout de dix minutes, un second point de la même dimension que celui qui l'avait attiré. Bientôt nous les vîmes grandir en revenant vers nous. Comme de notre côté nous allions au-devant d'eux, nous ne tardâmes point à nous trouver en présence. Le nouvel arrivant était un Arabe de la tribu, qui, venant d'Obéid, dans le Cordofan, avait longé la rivière Blanche, que l'on croit être une des sources du Nil, traversé la Nubie, suivi les bords de la mer Rouge, et qui, avant de se rendre au Caire, où il allait chargé d'une mission qui eût fait honneur à un philanthrope européen, avait voulu revoir sa famille, qu'il avait quittée depuis dix-huit mois. La veille il était parti du camp de Toualeb, et le matin il avait fait halte dans l'endroit où nous devions nous arrêter le soir. Lorsque je fus au courant de ces différens détails, je pensai que je ne pouvais pas mieux m'adresser qu'au voyageur pour les renseignemens que je désirais obtenir, et qu'il pouvait me les donner plus précis que personne; en conséquence je m'approchai de lui, et appelant à mon aide tout mon répertoire arabe, qui commençait à prendre une certaine extension, je lui demandai :

— Y a-t-il loin d'ici à la halte?

— Dieu le sait, me répondit-il.

Je vis que j'avais affaire à un fataliste, et je résolus de revenir à mon but par une circonlocution adroite.

— Combien de temps as-tu mis, continuai-je, pour venir de là ici ?

— Celui que Dieu a voulu.

Je ne me tins pas pour battu, et je repris :

— Arriverons-nous avant la nuit?

— Si Dieu le permet,

— Mais enfin, m'écriai-je impatienté, arriverons-nous d'ici à une heure?

Cette fois sa figure commença à se contracter dans un sourire d'étonnement, comme si ce que je venais de lui dire était monstrueux et impraticable. Mais bientôt se reprochant ce mouvement de doute qui pouvait blesser l'omnipotence d'Allah, son visage reprit toute sa gravité, et il répondit avec l'expression de cette foi qui transporte les montagnes:

— Dieu est grand.

— Eh! qui diable en doute? m'écriai-je hors de moi. Mais ce n'est pas de cela qu'il s'agit. Voyons, écoute-moi bien : je te demande si le lieu du campement est éloigné ou non?

Alors il étendit le bras droit dans la direction vers laquelle nous marchions et me fit la réponse sacramentelle :

— Il est là.

Cette fois je m'aperçus enfin que je tournais dans un cercle vicieux, et, le trouvant suffisamment étendu comme cela, je résolus de ne pas l'élargir par de nouvelles questions. Quant à l'Arabe, enchanté d'avoir retrouvé des camarades, il revint avec nous, remettant au lendemain de continuer sa route. Trois heures après, nous arrivâmes.

Le premier aspect des localités nous promettait du moins une couche moelleuse : le sable, d'une couleur rougeâtre, était d'une finesse et d'une propreté extrêmes; pas un caillou, pas un coquillage ne tachait sa surface uniforme. Malheureusement ces qualités remarquables avaient été appréciées par des hôtes dont nous n'avions guère envie de partager la couche : on ne pouvait faire un pas sans rencontrer des vestiges de lézards et de serpens, et ces traces se croisaient si nombreuses qu'on eût dit qu'on avait étendu sur la plaine un filet à mailles irrégulières. La nuit nous surprit sans que nous eussions pu trouver un terrain vierge : alors force nous fut de choisir au hasard et de nous en rapporter à la Providence. Nos Arabes plantèrent notre tente, nous y étendîmes nos tapis, au risque d'en recouvrir quelque trou de lézard ou de serpent, ce qui est la chance la plus dangereuse, car le reptile, soit en essayant de sortir de son gîte, soit en voulant y rentrer, attaque ordinairement l'obstacle, quel qu'il soit, qui lui en ferme l'orifice.

Le souper fut triste; la journée avait été, comme nous l'avons dit, une des plus rudes que nous eussions encore supportées. Je n'avais pas grande confiance dans le repos de la nuit; je résolus, au reste, pour n'avoir rien à me reprocher, de faire une dernière patrouille autour de notre tente, et j'étais occupé de ce soin, le corps à demi courbé et les yeux fixés sur le sable, lorsque Béchara, qui me voyait errer çà là comme une âme en peine, pensa qu'il était de son devoir de me distraire de ma préoccupation et vint me rejoindre. Je lui demandai s'il nous fallait juger de cette patrie qu'il avait saluée avec des chants si mélodieux par le prospectus qu'elle nous offrait dès la première nuit. Béchara me répondit que j'apprécierais le lendemain par moi-même le mérite de son pays; et, répondant à ma question par une autre question, il me demanda si la France valait la presqu'île du Sinaï. Jamais interrogation ne pouvait venir plus à son lieu pour aller réveiller jusqu'au fond de mon cœur les attachemens de la terre natale, si puissans et si religieux surtout sur le sol étranger. J'appelai alors à mon aide tous les souvenirs de la France, dont chaque partie s'offrait à ma mémoire entourée d'une poésie que je n'avais pas remarquée sur les lieux, et qui m'apparaissait maintenant que j'en étais éloigné. Je lui racontai la Normandie avec ses hautes falaises, son Océan immense et orageux, et ses cathédrales gothiques; la Bretagne, vieille patrie des druides, avec ses forêts de chêne, ses dolmens de granit et ses ballades populaires; le Midi, dont les Romains avaient fait la province chérie, tant ils l'avaient jugé digne d'être considéré à l'égal de l'Italie, et où ils ont laissé ces gigantesques monumens qui rivalisent avec ceux de Rome; enfin le Dauphiné, aux montagnes alpestres et aux vallées d'émeraude, avec la tradition poétique de ses sept merveilles et les arcs-en-ciel éblouissans de ses cascades, dont je n'avais jamais plus regretté qu'en ce moment le murmure harmonieux et la fraîcheur délicieuse. Béchara écoutait ce récit avec un air de doute qui allait croissant; enfin il ne put contenir son étonnement, et je vis qu'il était convaincu qu'en ma qualité de peintre je m'étais fortement livré aux caprices de mon imagination dans ces tableaux que je venais de lui tracer. Je lui demandai donc ce qu'il trouvait d'extraordinaire et d'incroyable dans mon récit; alors il se recueillit en lui-même, puis, après un instant de silence : « Ecoute, » me répondit-il.

— Allah créa la terre carrée et couverte de pierres. Ce premier point achevé, il descendit avec les anges, se plaça, comme tu le sais, sur la cime du Sinaï, qui est le centre du monde, traça un grand cercle dont la circonférence touchait aux quatre côtés du carré. Alors il ordonna à ses anges de jeter toutes les pierres dans les angles qui correspondaient aux quatre points cardinaux. Les anges obéirent, et quand le cercle fut déblayé, il le donna aux Arabes, qui sont ses enfans bien-aimés; puis il appela les quatre angles la France, l'Italie, l'Angleterre et la Russie. Tu vois bien que la France ne peut pas être telle que tu la dis.

Je respectai le sentiment qui avait dicté la réponse de Béchara, quelque désobligeante qu'elle fût pour moi, et je m'abstins de répondre. Seulement il me parut curieux que ce fût justement dans l'Arabie Pétrée qu'ait pris naissance une pareille tradition. Quant à Béchara, il me crut vaincu, et, en ennemi généreux, il respecta ma défaite.

Nous nous rapprochâmes alors du cercle des Arabes, car je n'avais aucune envie de dormir. Le nouveau venu que nous avions rencontré dans la journée faisait les frais de la conversation, et Béchara, parmi les droits de l'hospitalité, lui avait cédé celui de la parole. Il racontait une longue histoire à laquelle je ne compris rien dans le moment, mais que Béchara me raconta ensuite.

Malek, c'était le nom de l'Arabe, se trouvait au Caire lorsqu'un voyageur anglais demanda un guide qui pût remonter le Nil avec lui et le conduire jusqu'aux bords de la rivière Blanche. Il s'offrit, quoique au delà de Philoé il ne sût pas davantage le chemin que celui qu'il se chargeait de piloter. Mais l'Arabe ne doute de rien, car au bout de la science humaine sa foi place toujours la puissance de Dieu. En effet, arrivé à l'Éthiopie, il avoua franchement au voyageur qu'il croyait prudent à lui de s'adjoindre quelques naturels du pays. L'Anglais vit facilement que Malek avait trop présumé de ses connaissances géographiques; mais, comme dans tout le voyage il s'était montré guide complaisant et serviteur fidèle, il le garda pour lui servir d'intermédiaire auprès de ses nouveaux compagnons. Malek accompagna ainsi l'Européen jusqu'aux montagnes de la Lune. Là ce dernier désira continuer son voyage à travers l'Abyssinie; mais Malek n'avait fait marché que pour le conduire jusqu'aux bords du Bahr-el-Abiad, ou la rivière Blanche, et il exprima à l'Anglais son désir de retourner vers sa tribu. La chose était trop juste pour donner matière à contestation. Le voyageur paya le double de ce qu'il avait promis, et donna congé à Malek, qui acheta un chameau et revint à la manière des Arabes, ne suivant aucune route, et se guidant d'après les étoiles du ciel. Il atteignit ainsi le Cordofan, qu'il traversa dans toute sa longueur, tantôt bivouaquant avec son dromadaire, et manquant comme lui d'eau et de nourriture, tantôt demandant l'hospitalité à quelques pauvres cabanes de nègres, dans lesquelles il ne restait toujours, à son grand étonnement, que des vieillards déjà près de la tombe ou des enfans touchant encore au berceau. Sur les frontières septentrionales de cet état, et à deux journées d'Obéid, sa capitale, si l'on peut donner ce nom à un amas de mauvaises huttes, il reçut l'hospitalité dans une cabane habitée, comme de coutume, par un vieux nègre et par un enfant. L'enfant et le vieillard pleuraient, l'un redemandant sa mère, l'autre sa fille. Le vieux nègre avait alors reconnu Malek pour un Arabe de la basse Egypte, et lui avait raconté son histoire. De son récit il ressort quelques détails, qui ne manqueront pas d'intérêt peut-être, sur les populations de l'intérieur de l'Afrique, si inconnues avant notre époque.

Tous les ans le Nil déborde et fertilise l'Egypte, et quoique Dieu ait fait ce miracle pour un peuple tout entier, c'est le pacha seul qui en profite. Les moissons de ses rives fertiles sont à lui, depuis Damiette jusqu'à Eléphantine. Mais au delà vivent des tribus nomades et indépendantes, dont toute la richesse, comme celle des anciens rois pasteurs, consiste dans leurs troupeaux. Les plus rapprochées sont celles des nègres du Darfour et du Cordofan, et le pacha, en tournant les yeux vers elles, a plus d'une fois pensé à leur prouver qu'elles faisaient partie de son empire, en levant sur elles des contributions humaines, au lieu des impôts de moisson et d'argent que lui paient ses sujets du Delta et de la basse Egypte. Lorsqu'une de ces résolutions est prise, ce qui arrive tous les trois ou quatre ans, il envoie un régiment de cavalerie et quelques compagnies de fantassins dans le Cordofan, et alors commence une chasse pareille à celle des rois de l'Inde contre les éléphans, les lions et les tigres. Un grand cercle est formé, qui va toujours se resserrant, et dont un point convenu, ordinairement une montagne, forme le centre. Femmes, enfans, vieillards, hommes, bestiaux, tous reculent devant le cercle mortel qui les enveloppe; puis enfin, comme ces bêtes féroces du Caboul et du Décan, qui se trouvent réunies, malgré la différence de leurs races, dans quelque forêt, ou acculées à quelque rivière, toutes ces populations différentes se trouvent ramassées contre la base, les flancs ou la cime d'une montagne, qu'elles couvrent d'un tapis mouvant et bariolé, et qu'elles font retentir de cris poussés en vingt idiomes différens. Alors commence une de ces scènes de désolation dont on ne peut avoir aucune idée dans notre Europe, et comme on en trouve dans la Bible, lorsque Nabouzardan, général de Nabuchodonosor, emmena les Hébreux captifs à Babylone. Chaque individu de ce peuple agit alors selon son caractère. Ceux qui comptent encore défendre leur vie combattent et se font tuer ; ceux qui désespèrent se précipitent d'un rocher dans quelque abîme ; les faibles de corps et de cœur se cachent comme des reptiles au fond de cavernes d'où la fumée les forcera bientôt de sortir. Alors tout ce qui est bon à vendre, tout ce qui peut faire un serviteur ou un soldat, une esclave ou une maîtresse, est pris, trié, appareillé à la manière des bêtes de somme, conduit par troupeaux aux bords du Nil, et va peupler les bazars du Caire, de Suez et d'Alexandrie, ou augmenter les armées du vice-roi. Il ne reste donc que les vieillards, qui ne sont plus bons à rien, et les enfans, qui, cinq ans après, seront bons à quelque chose. Toute la génération intermédiaire a disparu en un jour, comme au temps où Jéhovah, pour punir les persécuteurs de son peuple, frappait les premiers nés de l'Egypte, depuis le premier né de Pharaon, qui était assis sur le trône, jusqu'au premier né de la servante qui tournait la meule dans le moulin.

Or, cet homme et cet enfant chez lesquels avait logé Malek étaient un père et un fils qui avaient, dans la dernière campagne, perdu, l'un une fille, l'autre une mère. Quant au mari, il avait défendu sa famille jusqu'à la dernière extrémité, et, voyant qu'il ne pouvait la sauver, il s'était précipité du haut d'un rocher ; la fille avait été emmenée en esclavage ; quant au vieux père et au jeune enfant, ils avaient été laissés comme capture inutile.

Alors le vieillard était parti ; il avait longé la chaîne des montagnes qui s'étend du Darfour à la mer Rouge ; il avait traversé le Bahr-el-Abiad , et était arrivé à Sennar, sur les bords de la rivière Bleue. Là, courbé toute la journée sur la rive du fleuve, il avait, pendant six mois, cherché dans le sable la poudre d'or qui y est mêlée ; puis il en avait échangé une partie contre des plumes d'autruche, et il était revenu dans le Cordofan, assez riche pour racheter sa fille. Mais ses forces, épuisées par le voyage de Sennar, lui avaient manqué pour celui du Caire, et il était couché dans sa cabane, pleurant sur ses richesses inutiles, lorsque Malek était venu lui demander l'hospitalité. Alors le vieillard lui avait raconté ses malheurs, et Malek lui avait dit : « Ma tribu habite la presqu'île du Sinaï : le Sinaï est à huit journées du Caire; donne-moi tes plumes d'autruche et ta poudre d'or, et j'irai au Caire racheter ta fille. »

Et Malek accomplissait, lorsque nous le rencontrâmes, le saint engagement qu'il avait contracté en échange de l'hospitalité qu'il avait reçue.

La caravane d'esclaves, ainsi enlevée au Cordofan et au Darfour, suit les bords de la rivière Blanche jusqu'au lieu où elle se jette dans le Nil. Arrivée là, comme le fleuve fait, en s'enfonçant vers le nord, un circuit de cent cinquante lieues à peu près, les durs pasteurs de ce troupeau d'hommes jugent inutile de suivre ses rives. Alors toute cette troupe de cavaliers, de fantassins, de prisonniers, se prépare à traverser les soixante-dix lieues de désert qui s'étendent depuis Halfay, où elle quitte le Nil, jusqu'à Corti, où elle le retrouve; on prend des vivres pour huit jours, on remplit les outres, et on s'élance à travers cette mer de sable chauffée par le soleil du tropique. Une fois partie, rien n'arrête plus la caravane; la nécessité la pousse, en lâchant après elle les deux démons du désert, la soif et la faim; elle va tant que le jour dure, comme les vagues devant la tempête. Les malades tombent, et nul ne s'arrête pour les relever; les mères qui n'ont plus de force pour porter leurs enfans se couchent près d'eux et y restent; les hyènes et les chacals suivent de loin la caravane, comme les loups suivaient l'armée d'Attila; chaque soir on s'arrête sur une ancienne station, que l'on reconnaît à ses ossemens, et chaque matin on repart, laissant quelques cadavres qui augmentent l'ossuaire. Enfin, après huit jours de marche, ou plutôt de course, toute cette troupe arrive, épuisée, haletante, diminuée d'un tiers et quelquefois de moitié, à Corti ou à Dongolah, où elle retrouve le Nil, qu'elle suit alors sans interruption jusqu'au Caire. Parfois aussi il arrive que le simoun s'élève comme un géant, plane sur la caravane en secouant ses ailes de feu, et que maîtres et esclaves disparaissent dans les sables nubiens, comme jadis l'armée de Cambyse dans les solitudes d'Ammon. Alors le pacha attend vainement soldats et prisonniers; le temps s'écoule, il s'informe, mais leur bruit s'est éteint, leur trace s'est effacée, et ils ont disparu comme un seul homme sous les pieds duquel la terre aurait manqué tout à coup.

Je ne sais si ces récits peuvent émouvoir le citadin qui les écoute au sein de sa ville et au coin de son feu, mais je sais que, dans le désert, quand on a souffert toute la journée de la chaleur, de la soif et de la faim, quand on voit se soulever à l'horizon ces vagues de sable que le souffle du kamsin peut faire rouler sur vous, quand on entend autour de soi le sauvage concert des hyènes et des chacals, ils ont une puissance suprême et solennelle. Pour moi, leur influence, jointe à la crainte des reptiles, me valut une des nuits les plus méditatives que j'eusse encore passées; heureusement nous devions arriver le lendemain au Sinaï, et cette espérance était un baume à toutes nos fatigues, un dictame à toutes nos douleurs.

Nous saluâmes, en nous réveillant, un soleil magnifique, qui nous promettait une belle mais chaude journée. Nous continuâmes notre route au milieu de la plaine de sable où nous étions engagés; puis nous entrâmes de nouveau dans une de ces ouaddi pierreuses, aux montagnes volcanisées et aux parois granitiques, le long desquelles les rayons du soleil ruissellent comme des cascades de lumière. Nous nous épouvantions d'avance de notre halte du midi au milieu d'une pareille fournaise, lorsqu'à l'un des détours de cette vallée nous nous arrêtâmes muets de surprise et d'admiration. Les montagnes les plus magnifiques de ton et de forme se dessinaient devant nous dans leur sévère nudité, sur un ciel d'un bleu céleste. C'était bien là le théâtre des grandes scènes que raconte l'Exode. Ces masses de granit étaient bien dignes d'être choisies par Dieu pour son trône, et la voix du Seigneur ne pouvait pas trouver, je crois, par tout le monde, un lieu plus sévère et plus solennel où donner à Moïse les lois qui devaient régir son peuple. Et devant cette nature muette, nue et désolée, où pas une trace de végétation ne perce entre les roches stériles, les Israélites durent comprendre qu'ils n'avaient de secours à attendre que du ciel, et d'espérance à mettre qu'en Dieu. C'était au milieu de ce paysage primitif que nos Arabes, admirateurs, comme tous les peuples sauvages, des grands spectacles de la nature, avaient choisi leur patrie. Cet horizon qui se déroulait à nos yeux était celui qu'ils saluaient à chaque lever et à chaque coucher du soleil. Aussi, impressionnés comme nous à l'aspect de ce panorama grandiose, et, de plus, attendris du retour dans la patrie, ils cessèrent tout bruit et toute conversation; et la caravane, après un repos d'un instant, commandé par la surprise, reprit sa route muette et recueillie, tandis que nos dromadaires, en se mettant d'eux-mêmes à une allure plus rapide, nous indiquaient qu'ils n'étaient pas plus insensibles que leurs maîtres à l'amour de la patrie. Après cinq heures de marche dans ce splendide désert, nous aperçûmes de l'autre côté du ravin le campement de la tribu d'Oualeb-Saïd.

Les tentes étaient nombreuses et formaient un grand cercle. Quelques-unes, plus élevées, appartenaient à des cheiks; toutes étaient contiguës, et un seul passage, pratiqué par l'éloignement de deux d'entre elles, formait l'entrée du camp. Ces tentes n'avaient pas la forme des nôtres; elles étaient composées de longues pièces faites d'un tissu de laine et de poil de chameau, à bandes blanches et brunes, et jetées sur des tiges de roseaux soutenues transversalement par des supports de bois. Les deux bouts de cette étoffe, après avoir formé un dôme carré, retombaient de chaque côté sur la terre, et y étaient maintenus par de grosses pierres qui pesaient sur les extrémités. Les tentes des cheiks, que nous avons déjà dit être plus grandes que les autres, étaient élevées sur le même modèle; seulement, d'un roseau placé transversalement, pendait une pièce d'étoffe qui, tombant jusqu'à terre, divisait la tente en deux compartimens. Dès que nous fûmes signalés, nous vîmes sortir de chaque tente des figures agitées; puis bientôt le camp tout entier, ayant reconnu les frères qui lui revenaient, s'élança au-devant de nous avec des cris d'allégresse et des gloussemens pareils à ceux que nous avions entendus à la procession nuptiale du Caire. Les femmes étaient en tête avec les enfans, et nous nous faisions déjà une fête de pouvoir les examiner de près, lorsque tout à coup elles prirent la fuite. Elles avaient reconnu des Nazaréens dans la caravane. De leur côté, nos gardes ne firent pas un signe pour les retenir, de sorte qu'au bout d'un instant nous les vîmes se précipiter pêle-mêle dans le camp, et disparaître sous leurs tentes respectives, comme des abeilles effarouchées qui rentrent dans leurs ruches. Les vieillards, les guerriers et les enfans restèrent seuls. En quelques minutes nous les joignîmes, et arrivés près d'eux, nos dromadaires s'agenouillèrent d'eux-mêmes, sans attendre le signal de Toualeb.

On nous présenta aux anciens de la tribu, qui nous firent entrer dans la tente qui avait la plus belle apparence ; c'était celle de Toualeb. Notre chef nous en fit gracieusement les honneurs en nous y faisant asseoir et en s'asseyant lui-même près de nous avec les plus considérables de ses compagnons. Quelques instans se passèrent à savourer la fraîcheur de l'ombre, et l'on apporta une sébile de bois pleine d'une crême si éblouissante de blancheur, que la vue seule en rafraîchissait. Je me tournai vers Abdallah, lui montrant des yeux cette merveilleuse sébile, mais il répondit à mon regard par un signe de dédain que j'attribuai au mépris que lui inspirait, pour les préparations rustiques de la tribu d'Oualeb-Saïd, la science culinaire qu'il avait étudiée dans la capitale. Après quelques cérémonies qui me parurent fort longues, tant cette crême me faisait envie, monsieur Taylor se décida à plonger la main dans la sébile, prit une cuillerée de crême et la porta à sa bouche ; toutefois, à mon grand étonnement, je ne lui vis, après l'avoir goûtée, manifester aucun signe de satisfaction ; il n'en acheva pas moins, il est vrai, ce qui restait de la liqueur dans le creux de sa main, avec une physionomie calme en apparence, mais dans laquelle il me semblait reconnaître bien plutôt la puissance d'un homme maître de lui que la béatitude d'un convive altéré qui trouve enfin à se rafraîchir. Profitant alors de cette sage lenteur arabe qui, dans les occasions solennelles, place un intervalle de quelques secondes entre chaque phrase, chaque mouvement ou chaque action, je demandai à monsieur Taylor comment il trouvait le breuvage bucolique qu'on venait de nous apporter. « Mais, me répondit-il avec une philosophie parfaite, cela ne ressemble à rien de ce que vous connaissez; goûtez, c'est étrange. » Cette réponse m'avait bien donné quelque défiance ; mais rassuré par l'apparence appétissante de cette malheureuse crême, j'y plongeai la main à mon tour, et, la portant à ma bouche, j'avalai tout ce qu'elle avait pu contenir d'une seule gorgée. La surprise fut horrible, et, moins bon diplomate que mon ami, je la trahis à l'instant même, non-seulement par l'expression de mon visage, mais encore par mes paroles. Je demandai de l'eau à grands cris, on m'en appòrta aussitôt une gargoulette pleine que j'avalai sans pouvoir chasser le goût qu'avait laissé cette infâme préparation. Je fis signe qu'on m'en donnât une seconde, et je l'employai, moitié comme la première, moitié à me rincer la bouche. Abdallah, sur lequel mes yeux effarés s'arrêtèrent par hasard pendant que je me livrais à cet exercice, me regardait comme un homme qui avait parfaitement prévu ce qui venait d'arriver, mais qui n'avait pas voulu se priver de cet agréable spectacle.

Cette espèce de plat était composée, ainsi que je l'ai su depuis, de fromage de lait de chamelle, d'huile et d'oignons coupés en morceaux gros comme des petits pois; on battait le tout ensemble en y joignant quelques ingrédiens tout auss homogènes, et il résultait de cet impur mélange le poison que l'on nous avait servi. Au reste, notre répugnance était toute européenne, à ce qu'il parut, car à peine Mayer eut-il fait avec le même résultat l'essai qui m'avait été si funeste, que les Arabes se jetèrent sur la sébile pleine, et mangèrent avec délices cette préparation, qui me dégoûta du lait pour tout le voyage.

Pendant qu'ils expédiaient ce premier service, j'examinais curieusement l'intérieur d'une de ces tentes qui n'ont pas subi d'altération depuis Abraham, et dont Ismaël a transporté la tradition de la terre de Chanaan au fond de l'Arabie Pétrée. Je suivais donc des yeux une de ces lignes brunes formées par la laine des brebis noires, lorsqu'il me sembla voir passer à travers l'étoffe une lame de poignard. Elle glissa, taillant la laine dans une longueur de deux pouces à peu près, puis elle disparut ; deux doigts fins et déliés aux ongles peints en rouge, lui succédèrent, écartant les lèvres du tissu que la lame venait de séparer, et un œil noir et brillant parut entre les deux doigts; c'étaient les femmes arabes qui, désireuses de voir des Nazaréens, et cependant ne voulant pas être vues par eux, n'avaient pas trouvé de meilleur moyen de satisfaire leur curiosité et de ne point désobéir à la loi, que de pratiquer cette petite ouverture à laquelle un œil nouveau succéda de cinq minutes en cinq minutes, pendant tout le temps que nous demeurâmes assis sous la tente de Toualeb.

Cependant, tandis que ces dames nous examinaient à loisir, leurs maris avaient fait disparaître la crême à l'huile et aux oignons qu'on nous avait d'abord offerte. Un énorme plat de riz lui succéda; mais cette fois, instruit par l'expérience, je n'y goûtai qu'avec les précautions nécessaires. Ce nouveau mets avait du moins l'avantage de n'avoir aucun goût bon ni mauvais; il était cuit à l'eau, et s'il n'affriandait pas beaucoup le palais, du moins il ne soulevait pas le cœur.

Le repas fini, nous songeâmes à payer notre hospitalité par des présens. Nous avions avec nous quelques mouchoirs aux couleurs vives et variées, que nous distribuâmes aux petits Arabes. Ils étaient tous entièrement nus, et portaient au cou, suspendu à une tresse de crin, un grelot, dont je demandai l'usage. J'appris alors que, le soir, lorsque la tribu va se livrer au repos, on fait rentrer dans l'enceinte d'abord les dromadaires, ensuite les moutons, puis enfin les enfans. On compte chaque troupeau, en suivant l'ordre que lui assigne son importance; et si quelque enfant manque à l'appel, les parens se mettent en quête, appelant et écoutant. A défaut de la voix, le bruit de la clochette les guide, l'enfant égaré ou fugitif est retrouvé ou repris, et ramené au camp, qui ne se ferme que lorsqu'il est bien reconnu qu'il ne manque aucune tête.

Au reste, ces enfans, si petits qu'ils fussent, étaient d'une adresse merveilleuse pour se faire à l'instant des draperies ou des vêtemens avec les mouchoirs que nous leur donnions. Ils les roulaient en turban à l'entour de leur tête, s'improvisaient une cotte, ou les laissaient pendre en manteaux, et presque toujours ces parures étaient pleines de goût. J'en dessinai quelques-uns, trop préoccupés par leur joie pour s'apercevoir que j'escamotais leur ressemblance, que, dans toute autre circonstance, ils ne se seraient pas facilement décidés à me laisser prendre.

Nos guides, pour nous remercier de nos bons procédés à leur égard, et peut-être aussi pour prolonger de quelques heures notre halte dans leur tribu, voulaient ajouter au lait et au riz le *harouf machi* ou le mouton cuit sous la braise. Nous refusâmes stoïquement, quoique ce fût sans contredit le meilleur plat de la cuisine arabe. Nous n'étions plus qu'à quelques heures du Sinaï. Nous avions hâte d'y arriver, et, pour y être avant la nuit, nous n'avions pas de temps à perdre.

Les adieux se firent avec la dignité arabe. D'ailleurs, cette fois, la séparation n'était pas longue. Notre escorte, qui ne pouvait entrer au couvent, revenait la même nuit. Nous enfourchâmes donc nos dromadaires sans trop de retard, et, au bout d'une demi-heure, nous entrâmes dans l'oasis Sainte-Catherine, qui conduit au pied du Sinaï. Le chemin est montueux, difficile, escarpé; mais nous touchions au but, et cette idée aplanissait le chemin, embellissait la route, adoucissait les pentes. Le soleil lui-même, quoique dévorant, nous semblait doux et plus léger à supporter que la veille. Cependant ce rude chemin durait depuis deux heures, et nous commencions, malgré l'influence morale, à ressentir une fatigue physique réelle, quand, au détour d'un énorme rocher qui nous masquait l'horizon, nous nous trouvâmes au pied de la montagne Sainte-Catherine, élevée comme une reine au-dessus de ses voisines. A gauche se dressait, la dépassant de toute la cime, le magnifique Sinaï, et, sur le revers oriental du mont sacré, au tiers à peu près de sa hauteur, nous apparaissait le couvent, puissante forteresse bâtie en quadrilatère irrégulier, tandis qu'au côté nord, un vaste jardin, qui descend le long de la dernière colline, rattachant la montagne à la vallée, entouré de murs moins hauts que ceux du couvent, mais cependant à l'abri d'un coup de main, réjouissait, par la cime des arbres, l'œil déshabitué de verdure.

Le Sinaï est le point culminant de la chaîne de montagnes

qui s'élève comme l'épine dorsale de la presqu'île, et qui redescend capricieusement et d'une manière heurtée jusqu'à la mer Rouge, où ses dernières dents de granit se perdent dans un sable doré.

Au moment où nous allions atteindre les murs du jardin, qui s'élèvent au-dessus du sentier, un Arabe, richement vêtu, passa près de nous, nous adressa un salut que nous lui rendîmes, s'approcha de Toualeb, avec lequel il échangea quelques mots; puis il continua sa route, suivant le chemin d'où nous venions. Nous continuâmes alors de longer les murs interminables du jardin, à l'ombre desquels, de pas en pas, nous rencontrions de misérables Bédouins nus et déguenillés, attirés par le voisinage du monastère, et vivant ainsi de la charité des moines, comme les pauvres, à la porte de nos églises, vivent de l'aumône des fidèles.

Enfin, aux murs du jardin succédèrent les murs du couvent; après des fatigues inouïes, nous touchions au port que le dévouement des chrétiens a su conserver aux voyageurs sur cet océan de sable et au milieu de ces rochers de granit. C'était notre terre promise, et je doute que les Israélites aient plus vivement désiré la leur que nous celle-ci.

Néanmoins un simple coup d'œil me convainquit que nous n'étions pas encore arrivés au terme du chemin. Nous voyions bien un mur, mais à ce mur nous cherchions vainement une porte. Cependant, à la moitié de cette façade, qui était celle tournée vers l'orient, Toualeb, à notre grande surprise, donna le signal de la halte en gloussant les chameaux. Ceux-ci s'agenouillèrent comme d'habitude, cherchant l'ombre que les hautes murailles projetaient devant elles. Quoique nous ne comprissions pas parfaitement les causes de la station, nous ne nous arrêtâmes pas moins. Au même instant une fenêtre abritée par un auvent s'ouvrit, et un moine grec, vêtu de noir, la tête couverte d'un chapeau rond sans rebord, avança avec précaution la tête, afin d'examiner à quelle espèce de gens il avait affaire. Nous nous séparâmes alors des Arabes, et nous nous approchâmes de la fenêtre, élevée de trente pieds à peu près, et nous adressant au caloyer, nous lui dîmes que nous étions Français, et que nous venions du Caire pour visiter le couvent. Il nous demanda alors si nous avions des lettres de la succursale. Nous lui montrâmes celles que nous avaient données, aux sources de Moïse, les deux moines que nous avions rencontrés. Aussitôt une corde descendit ; c'était le facteur du couvent. Nous y attachâmes nos dépêches; elle remonta. Le moine les prit et disparut avec elles.

Nous ne savions pas ce que contenaient ces lettres ; nous n'avions pas pu les lire, écrites qu'elles étaient en grec moderne; d'ailleurs nous ignorions le rang de ceux qui nous les avaient données, et si leur recommandation était assez puissante pour nous ouvrir les portes de la sainte forteresse. On devine donc combien nous parut long le quart d'heure qui s'écoula sans que nous vissions reparaître le caloyer, qui portait avec lui notre seule espérance. Qu'allions-nous faire si ces lettres étaient insuffisantes, et si l'entrée nous était refusée? Retourner au Caire, après avoir fait cent lieues à travers le désert pour ne contempler que les murs du couvent, c'était, quelque pittoresques qu'ils fussent, une bien mortifiante perspective. Nous nous regardions donc les uns les autres d'un air assez piteux, lorsque la fenêtre se rouvrit, et les moines vinrent les uns après les autres jeter les yeux sur nous. Nous nous étudiâmes aussitôt à donner à nos physionomies l'air le plus prévenant possible. Il paraît que nous réussîmes à leur inspirer une parfaite confiance, car, après une courte conférence que deux pères, qui paraissaient très influens dans la communauté, eurent ensemble, la corde fut descendue de nouveau, mais cette fois garnie d'un crochet. Nos Arabes déchargèrent aussitôt nos chameaux. Cette corde venait chercher les bagages, qui, sans qu'il fût le moins du monde encore question de nous, commencèrent leur ascension et disparurent successivement, dévorés par cette gueule ouverte au milieu de la face du mur. Nous demandâmes à Béchara l'explication de cette étrange conduite ; mais il nous dit que c'était la manière de procéder des moines, qui employaient ce moyen de peur de surprise, mais qu'après l'ascension de nos paquets, notre tour viendrait immédiatement. En effet, le dernier ballot monté, la corde resta un instant invisible, puis reparut avec un bâton lié en travers à son extrémité : c'était notre selle.

Béchara nous expliqua alors une chose que nous ignorions complétement, c'est que le couvent du Sinaï n'a pas de porte. Les moines ont cru devoir prendre cette précaution, quelque inconvénient qu'elle présentât, afin d'être toujours à l'abri d'une surprise. Nous devions donc prendre le chemin de nos paquets : c'était celui que les bons pères pratiquaient eux-mêmes, et qu'il nous fallait adopter, à moins que les moines ne se décidassent à faire pour nous ce que les Troyens avaient fait pour le cheval de bois, ce qui n'était pas probable. Quant à notre escorte, elle ne pouvait nous accompagner dans l'intérieur du couvent et devait retourner à sa tribu. Nous prîmes congé de Toualeb, de Béchara et de toute la troupe, après être convenus avec elle que, vers le matin du huitième jour, elle viendrait nous reprendre pour nous ramener, selon les conventions faites, au Caire. Pendant que je réglais ces nouvelles dispositions avec nos guides, monsieur Taylor sollicitait et obtenait l'entrée du couvent pour Abdallah et Mohammed.

Cependant, soit intérêt, soit curiosité, nos Arabes ne voulurent pas nous quitter que l'ascension ne fût faite. Mayer, en sa qualité d'officier de marine, nous montra la route. Il enfourcha le bâton à la manière des peintres en bâtimens qui se balancent dans les rues de Paris au-dessus de la tête des passans ; puis, aussitôt qu'il eut fait signe qu'on pouvait commencer la cérémonie, il s'enleva majestueusement dans les airs ; parvenu à la hauteur de la croisée, un frère vigoureux le tira à lui, comme il avait fait de nos paquets, et le déposa en lieu de sûreté. Nous suivîmes son exemple, non, pour mon compte, je l'avoue, sans quelque répugnance, et nous arrivâmes à bon port ; Abdallah et Mohammed nous suivirent.

Quant à Toualeb, aussitôt qu'il vit le dernier de nous entré, il donna à son tour le signal du départ, et toute la troupe, après nous avoir salués de la main et de la voix, repartit au grand galop de ses dromadaires.

LE MONT HOREB.

Nous fûmes reçus admirablement par les pères. L'un des deux moines que nous avions rencontrés aux sources de Moïse, celui-là justement qui nous avait donné des lettres, était le supérieur, et sa recommandation était pressante.

On nous conduisit aussitôt à trois cellules contiguës, fort propres et garnies de divans recouverts de tapis d'un beau dessin ; on nous y laissa le temps de faire notre toilette, pendant laquelle on nous apporta du café et de l'eau ; puis, quelques minutes après, on nous prévint qu'une collation venait de nous être servie. Nous passâmes dans une chambre où nous trouvâmes une table dressée et couverte de riz au lait, d'œufs, d'amandes, de confitures, de fromage de chamelle et d'eau-de-vie de dattes distillée au couvent, et qui, étendue dans de l'eau, forme une boisson délicieuse. Mais ce qui nous toucha le plus le cœur dans cette somptuosité, ce fut du pain frais, de véritable pain, comme nous n'en avions pas mangé depuis quatorze jours.

A la fin du repas, la communauté tout entière entra dans notre réfectoire. Les bons pères venaient nous féliciter de notre arrivée et se mettre à nos ordres pour tout ce que nous pouvions désirer. Nous demandâmes à visiter le couvent, quoique nous fussions horriblement fatigués ; mais notre impatience l'emporta sur notre lassitude. Un des pères marcha devant nous, et nous nous mîmes à l'instant même en route.

Le couvent, placé sous l'invocation de sainte Catherine, ressemble à une petite ville fortifiée du moyen âge ; il renferme environ soixante moines et trois cents domestiques, occupés de tous les travaux de la maison et de ceux plus considérables du jardin. Chacun a son emploi particulier dans cette petite république ; aussi l'on est frappé tout d'abord, en parcourant les rues du couvent, de l'ordre et de l'extrême propreté qui y règnent. Partout l'eau, le premier besoin des habitans de l'Arabie, jaillit pure et rafraîchissante, et, sur toutes les surfaces blanches des murs, grimpe et s'étend une vigne qui réjouit les yeux de sa verte draperie.

L'église est une construction romane; elle date de cette époque de transition entre le byzantin et le gothique. C'est une basilique terminée par une abside d'une époque plus ancienne que le reste de l'édifice, et dont les parois sont recouvertes de mosaïques dans le goût de celles de Sainte-Sophie de Constantinople et de Mont-Réal de Sicile. Une double rangée de colonnes de marbre, surmontées de chapiteaux lourds dans leurs formes et bizarres dans leur ornementation, supportent des arcs à plein cintre, au-dessus desquels s'ouvrent de petites croisées peu distantes de la voûte, ou plutôt du plafond en bois de cèdre sculpté, enrichi de moulures d'or. Les ornemens de l'autel, d'une richesse extrême et très nombreux, sont presque tous d'origine ou de forme russe. Les murs inférieurs sont recouverts de marbre que les religieux nous assurèrent venir de Sainte-Sophie; le jubé, qui sépare l'église en deux parties, est de marbre rouge; un Christ, d'une dimension colossale, le domine, et, chose étrange, ce goût d'ornement, qui fait le principal caractère de l'art byzantin, est étendu jusqu'à la croix où est cloué Notre-Seigneur; cette croix est dorée et enrichie de sculptures très fines et très capricieuses, en forme de coins de cadres.

Quant aux mosaïques qui sont dans l'abside, elles représentent Moïse frappant le rocher pour en faire sortir les eaux, et Moïse devant le buisson ardent. L'abside est bâtie sur un lieu saint, et l'autel repose sur l'endroit même ou Moïse, tandis qu'il gardait les troupeaux de son beau-père, étant venu pour reconnaître le buisson ardent, entendit la voix de Dieu qui l'appela du milieu du buisson, et lui dit : « Moïse, Moïse! » et Moïse lui répondit : « Me voici. »

Et Dieu ajouta : « N'approchez pas d'ici; ôtez les souliers de vos pieds, car le lieu où vous êtes est une terre sainte. »

Il dit encore : « Je suis le Dieu de votre père, le Dieu

d'Abraham, le Dieu d'Isaac et le Dieu de Jacob. » Moïse se cacha le visage, parce qu'il n'osait regarder Dieu.

Le Seigneur dit : « J'ai vu l'affliction de mon peuple qui est en Egypte; j'ai entendu le cri qu'il jette à cause de la dureté de ceux qui ont l'intendance des travaux.

» Et, sachant quelle est sa douleur, je suis descendu pour le délivrer des mains des Égyptiens, et pour le faire passer de cette terre en une terre bonne et spacieuse, en une terre où coulent les ruisseaux de lait et de miel, au pays des Chananéens, des Héthéens, des Amorrhéens, des Phérézéens, des Gergéséens, des Hévéens et des Jébuséens.

» Le cri des enfans d'Israël est donc venu jusqu'à moi ; j'ai vu leur affliction, et de quelle manière ils sont esclaves et opprimés en la terre d'Égypte.

» Mais venez, et je vous enverrai vers Pharaon, afin que vous tiriez de ses mains les enfans d'Israël, qui sont mon peuple. »

L'abside examinée dans tous ses détails, nous passâmes aux sacristies et aux chapelles latérales. Partout les murailles sont tapissées de tableaux du Bas-Empire, d'une étrangeté saisissante, mais pleins de grandeur et d'élévation.

En sortant de l'église, nous nous arrêtâmes pour en admirer les portes. Elles sont divisées en compartimens carrés, dont chaque panneau renferme un émail de la plus belle conservation et d'un dessin parfait. Puis les moines nous conduisirent à la mosquée ; car le couvent grec, en signe de servitude, a été forcé de faire élever dans ses murs sacrés une bâtisse turque: c'est le cachet du firman qui lui permet d'exercer sur cette terre musulmane le culte chrétien. Les pères nous firent bien remarquer qu'elle était croulante et abandonnée; mais telle qu'elle est, elle suffit à l'orgueil mahométan, et chagrine et humilie les pauvres cénobites au delà de toute expression.

La bibliothèque, où l'on nous conduisit ensuite, renferme une foule de manuscrits que les moines n'ouvrent jamais, et dont on ne connaîtra la valeur et l'importance que lorsque quelque jeune savant de l'Europe ira s'enfermer un an ou deux au milieu de ses poudreuses tablettes. Quelques-uns ont des reliures en bois avec des arabesques d'argent.

Un Nouveau-Testament, que l'on nous montra, est, s'il faut en croire la tradition, entièrement écrit de la main de l'empereur Théodose; il est orné des figures des quatre évangélistes, d'un portrait de Jésus-Christ, et de quelques peintures représentant les principales scènes de l'Evangile.

Nous visitâmes ensuite, et les unes après les autres, vingt-cinq petites chapelles qui sont dans les différentes cours du couvent; toutes sont remarquables par leur richesse d'ornementation et par le caractère byzantin des peintures qui les couvrent. Puis notre guide nous mena dans un souterrain voûté, d'une pente assez douce; arrivé à son extrémité, il ouvrit une porte de fer, et nous descendîmes dans le jardin.

Ce jardin est une merveille de patience et de travail. Il a fallu, à dos de dromadaire, faire venir d'Egypte de la terre végétale prise au bord du fleuve, et l'étendre sur les flancs de granit de la montagne, à une épaisseur assez profonde pour que la tige des grands arbres pût y enfoncer ses racines; puis, en dirigeant les eaux supérieures, former un système d'irrigation qui combattît l'activité dévorante du soleil; enfin se vouer à un travail de tous les jours, de toutes les heures, de toutes les minutes, pour élever et conserver les plantes délicates sous ce climat de feu, où le soleil semble une plaque de fer rougie. Il est vrai que, comme aux anciens jours, on dirait que Dieu parle encore à ses fidèles par la voix des miracles. Les plus beaux arbres et les meilleurs fruits que j'aie jamais vus sont la récompense de ce travail, où dans les commencemens il dut certes entrer plus de foi que d'espérance; les raisins surtout rappellent ceux que les envoyés d'Israël rapportèrent de la terre promise; une grappe, que nous détachâmes du cep qui la portait, pesait dix-huit livres.

Nous continuâmes notre promenade sous des orangers embaumés, dont les parfums et l'ombrage nous semblaient plus délicieux encore après les haltes brûlées et les courses dévorantes des jours précédens; à travers leurs branches, dôme délicieux de verdure pour des voyageurs qui depuis si longtemps n'avaient d'autre abri que la toile aride d'une tente, on apercevait un ciel blond, sur la surface duquel glissaient quelques rayons roses envoyés par le soleil couchant, puis, nous faisant tressaillir à chaque instant comme si nous craignions de nous tromper, le murmure d'une source qui jaillissait de quelque rocher. Il faut avoir vécu dans le désert pour comprendre ce qu'il y a de joie pour l'œil et pour l'oreille à voir des arbres et à entendre le murmure de l'eau, aspects et bruits si fréquens sur notre terre d'Europe, que l'on ne comprend pas, lorsque l'on n'a habité qu'elle, que de si vulgaires jouissances puissent un jour nous faire battre le cœur.

A l'extrémité de cet Eden, nous trouvâmes Mohammed et Abdallah en conversation animée avec le jardinier. A peine ce dernier nous eut-il aperçus, qu'il vint à nous et nous salua en disant : « Bonjour, camarades. » Ces deux mots français retentirent autour de nous comme un écho lointain et délicieux de la patrie. Nous nous empressâmes d'y répondre dans la même langue; mais, hélas! toute la science du pauvre jardinier se bornait à ces deux mots. C'était un Cosaque qui avait assisté, en 1814, à la prise de Paris, et qui, pendant l'occupation, avait appris quelques phrases françaises qu'il avait oubliées depuis, ne se souvenant que des paroles sacramentelles dont il nous avait salués; de retour dans la Tartarie russe, son maître, chrétien grec très zélé, l'avait envoyé au couvent du Sinaï, où il résidait depuis une dizaine d'années.

Cependant la nuit descendait avec rapidité; nous rentrâmes par la porte de fer qui protége de ce côté le couvent contre les attaques des Arabes, et, pour la première fois depuis longtemps, nous dormîmes d'un sommeil que ne vinrent troubler ni la crainte des serpens ni les féroces concerts des chacals et des hyènes.

Le lendemain nous nous levâmes avec le soleil; nous devions, dans cette journée, gravir le Sinaï et visiter tous les lieux consacrés par Moïse. Nous nous acheminâmes donc, sous la conduite d'un des bons pères qui voulut nous servir de guide, non pas vers la porte, mais vers la fenêtre; nous enfourchâmes le bâton comme nous avions fait la veille; le cabestan tourna doucement en sens inverse, et au bout de cinq minutes nous nous retrouvâmes tous les quatre au pied de la muraille. Aussitôt la corde reprit sa route, et, rentrant par la croisée, interrompit de nouveau toute communication entre le désert et le couvent.

Le mont Horeb est un mamelon du Sinaï, dont il cache la cime, de manière que de la plaine on ne peut pas l'apercevoir. Nous prîmes une espèce de ravin garni de grandes dalles régulières apportées par les moines, et qui formaient autrefois un escalier commode, à l'aide duquel on gravissait jusqu'au sommet de la montagne sainte. Aujourd'hui cet escalier est disjoint par les eaux de pluie qui se précipitent en torrens dans les jours d'orages, et brisé par les pierres qui de temps en temps roulent de la montagne dans la vallée. Au tiers du chemin, vers le milieu de l'escalier, et au moment où l'on va quitter le mont Horeb pour passer sur le Sinaï, on aperçoit, encadrant le ciel, une porte en arcade, et sur la pierre qui forme la clef de cette voûte une croix à laquelle se rattache une tradition en grand crédit chez les moines. Selon eux, un juif, parti du couvent pour monter au Sinaï, en aurait été empêché par une croix de fer, qui, arrivé à cet endroit, lui barra obstinément le passage, se présentant à lui de quelque côté qu'il essayât d'avancer; le juif, effrayé de ce prodige, tomba à genoux, priant le moine qui l'accompagnait de le baptiser. La cérémonie sainte s'accomplit au lieu même, sur les bords et avec l'eau du ravin. Ce miracle avait donné lieu à une coutume tombée aujourd'hui en désuétude. Autrefois un des moines du couvent se tenait constamment en prières près de cette porte, et les pèlerins, avant d'aller plus avant et de fouler la montagne dont Moïse n'avait osé s'approcher que pieds nus, faisaient une confession générale et recevaient l'absolution de leurs péchés.

Tout le long de la route nous apercevions des serpens qui, à notre approche, rentraient dans les fentes des rochers, et de gros lézards verts qui, se dressant sur leurs pattes, s'appuyaient sur leurs queues et nous regardaient passer, témoignant plutôt le désir de nous attaquer que l'intention de fuir. Ces reptiles sont étrangement hideux; leur corps a la transparence du verre, et à leur poitrine pendent deux mamelles de sphinx. On dirait un de ces animaux fabuleux dont les races ont disparu de nos jours. Au reste, on nous avait prévenus au couvent de nous munir de bâtons, et nous avions suivi ce conseil, la morsure de ces animaux étant toujours douloureuse et quelquefois mortelle.

Nous parvînmes bientôt à une chapelle construite sur le rocher où le prophète Élie demeura quarante jours. C'est une bâtisse de forme grecque avec un autel carré au centre du rond-point de l'abside. Autour de l'autel règne un gradin de pierre. Deux ou trois peintures ornent cette petite station. A cent cinquante pas d'elle à peu près s'élève un magnifique cyprès; c'est le seul arbre de son espèce qui ait résisté à ce climat dévorant. Trois oliviers, qui autrefois s'élevaient près de lui, sont morts et n'ont point été remplacés. De ce petit plateau, destiné par la nature à offrir une halte, on distingue le sommet du Sinaï, ainsi que la chapelle et la mosquée qui le couronnent.

Nous nous remîmes à gravir la montagne, qui, à mesure qu'on s'élève, devient de plus en plus difficile, et nous atteignîmes bientôt le rocher d'où Moïse, dominant la plaine de Raphidim, étendait les mains vers le ciel pendant la bataille que Josué livrait à Amalek.

« Cependant Amalek vint à Raphidim combattre contre Israël.

» Et Moïse dit à Josué : « Choisissez des hommes, et allez combattre contre Amalek. Je me tiendrai demain sur » le haut de la colline, ayant en main la verge de Dieu. »

» Josué fit ce que Moïse lui avait dit, et il combattit contre Amalek. Mais Moïse, Aaron et Hur montèrent sur le haut de la colline.

» Et lorsque Moïse tenait les mains élevées, Israël était victorieux; mais lorsqu'il les abaissait un peu, Amalek avait l'avantage.

» Cependant les mains de Moïse étaient lasses et appesanties; c'est pourquoi ils prirent une pierre, et l'ayant mise sous lui, il s'assit, et Aaron et Hur lui soutenaient les mains des deux côtés; ainsi, ses mains ne se lassèrent point jusqu'au coucher du soleil.

» Josué mit donc en fuite Amalek et fit passer son peuple au fil de l'épée. »

Enfin, après cinq heures d'une laborieuse ascension, nous atteignîmes le sommet du Sinaï, et nous demeurâmes un instant immobiles et tout entiers au panorama magnifique qui se déroulait sous nos yeux, tout peuplé de ces souvenirs bibliques, si pleins encore, après trois mille ans, de grandeur et de poésie.

L'air vif et limpide permettait d'apercevoir les objets à une distance prodigieuse. Au midi, en face de nous, la pointe de la presqu'île, terminée par le Raz-Mohammed, qui va se perdre et se cacher dans la mer, sur laquelle apparaissent les îles des Pirates, blanches et pâles comme des brouillards flottans à la surface de l'eau ; à droite, les montagnes d'Afrique ; à gauche, les plaines de l'Arabie Déserte ; au-dessous de nous, la plaine de Raphidim, et tout autour un chaos de montagnes amoncelées à la base du géant qui les domine, et qui semble au loin une mer de granit aux vagues immobiles.

Lorsque nous fûmes rassasiés de ce vaste ensemble, nous passâmes aux détails. Ce fut sur cette cime que se passa entre Moïse et Dieu un entretien à la suite duquel le législateur redescendit vers le peuple, le front surmonté de deux rayons de lumière.

« Moïse monta ensuite pour parler à Dieu, car le Seigneur l'appela du haut de la montagne, et lui dit : « Voici ce que » vous direz à la maison de Jacob, et ce que vous annonce- » rez aux enfans d'Israël :

» Vous avez vu vous-mêmes ce que j'ai fait aux Egyptiens, » et de quelle manière je vous ai portés comme l'aigle porte » ses aiglons sur ses ailes, et je vous ai pris pour être à » moi.

» Si donc vous écoutez ma voix et si vous gardez mon » alliance, vous serez le seul de tous les peuples que je pos- » séderai comme mon bien propre, car toute la terre est à » moi.

» Vous serez mon royaume, et un royaume consacré par » la prêtrise. Vous serez la nation sainte. C'est ce que vous » direz aux enfans d'Israël. »

. . . .

» Donc, le Seigneur parlait à Moïse face à face, comme un homme accoutumé de parler à un ami.

» Or, Moïse dit au Seigneur : « Si j'ai trouvé grâce devant

» vous, faites-moi voir votre visage, afin que je vous con-
» naisse ; faites-moi voir votre gloire. »

» Mais Dieu lui répondit : « Vous ne pouvez voir mon
» visage, car nul homme ne le verra sans mourir. »

» Il ajouta : « Il y a un lieu où je suis, et où vous vous
» tiendrez sur la pierre. Et lorsque ma gloire passera, je
» vous mettrai dans l'ouverture de la pierre, et je vous cou-
» vrirai de ma main, jusqu'à ce que je sois passé.

» J'ôterai ensuite ma main, et vous me verrez par derrière ; mais vous ne pouvez voir mon visage. »

. . . .

» Après cela, Moïse descendit de la montagne du Sinaï portant les deux tables de témoignage ; et il ne savait pas que de l'entretien qu'il avait eu avec le Seigneur il était resté des rayons de lumière sur son visage. »

Nous lûmes ces versets de la Bible sous la voûte même où Moïse était caché lorsque Dieu se manifesta ainsi à lui dans sa toute-puissance ; et sa frayeur fut si grande, que, s'il faut en croire le caloyer qui nous conduisait, le tremblement de sa tête laissa sur la pierre une trace qu'il nous montra.

Les musulmans, jaloux de cette tradition, toute apocryphe qu'elle est, ont voulu opposer souvenir à souvenir et miracle à miracle. A vingt pas de la pierre de Moïse, on montre le rocher de Mahomet : le prophète étant venu visiter la montagne sainte, son chameau, au moment de redescendre, laissa l'empreinte de son pied sur une dalle de granit. Ainsi les deux religions se côtoient éternellement, trop puissantes pour se détruire, mais assez faibles pour se jalouser.

La chapelle et la mosquée, qui s'élèvent en face l'une de l'autre, sont une nouvelle preuve de ce que j'avance. Toutes deux tombent en ruine, sans que chrétiens ni Arabes songent à les rebâtir. On voit cependant, par les *ex-voto* qu'elles contiennent, que les pèlerins des deux nations ne les ont point abandonnées, et viennent y adorer, les uns le Fils de Dieu, les autres le prophète d'Allah. La fondation de la chapelle est attribuée à sainte Hélène, mais l'architecture dénote une époque plus récente.

Cependant notre ascension avait réveillé en nous un appétit que depuis longtemps nous ne connaissions plus. A la chaleur étouffante de la plaine avait succédé, à mesure que nous nous élevions, la température de la Provence, puis enfin la fraîche atmosphère de nos climats du Nord. Heureusement, le digne religieux qui nous accompagnait avait prévu cette bienfaisante réaction, et avait fait apporter un repas qui fut disposé en peu de temps et mangé encore plus vite. En me relevant, je m'aperçus que la pierre contre laquelle je m'étais appuyé pour déjeuner plus à mon aise portait le nom de miss Bennet, gravé très profondément à l'aide d'un couteau. Miss Bennet est probablement la première et la seule Européenne qui ait visité et gravi le Sinaï.

Nous descendîmes la montagne par le revers occidental; il est couvert de la plante qui produit la manne; c'est une des richesses du Sinaï. Les religieux la récoltent et la vendent. Elle a la réputation d'être d'une qualité supérieure à celle qu'on récolte en Égypte et en Sicile.

Aussitôt que nous rentrâmes dans les régions chaudes, nous retrouvâmes les lézards et les serpens placés aux deux côtés de notre route, et levant leurs grosses têtes étonnées pour regarder les importuns qui venaient troubler leur repos et leur solitude. Nous avancions, au reste, avec une précaution extrême, car le chemin, en quelques endroits, était très difficile, et les plantes nous montaient jusqu'aux genoux. Comme nous marchions nu-jambes, nous sondions le terrain avec nos bâtons, afin d'en faire déguerpir les hôtes immondes qui y avaient établi leur domicile. Toutefois, cette préoccupation n'empêchait pas monsieur Taylor d'herboriser pour former une collection de plantes rares qu'il a donnée depuis au jardin botanique de Montpellier.

Au pied du Sinaï, dans le vallon qui le sépare de la montagne Sainte-Catherine, nous rencontrâmes le rocher d'où Moïse fit jaillir les eaux.

« Tous les enfans d'Israël étant partis du désert de Sin, et ayant demeuré dans les lieux que le Seigneur leur avait marqués, ils campèrent à Raphidim, où il ne se trouva pas d'eau à boire pour le peuple.

» Alors ils murmurèrent contre Moïse, et lui dirent

» — Donnez-nous de l'eau pour boire. Et Moïse leur répondit :

» — Pourquoi murmurez-vous contre moi ? Pourquoi tentez-vous le Seigneur ?

» Le peuple se trouvant donc en ce lieu, pressé de la soif et sans eau, murmura contre Moïse en disant :

» — Pourquoi nous avez-vous fait sortir de l'Égypte pour nous faire mourir de soif, nous et nos enfans et nos troupeaux?

» Moïse, alors, cria au Seigneur, et lui dit :

» — Que ferai-je au peuple? Il s'en faut peu qu'il ne me lapide.

» Le Seigneur dit à Moïse :

» — Marchez devant le peuple. Menez avec vous des anciens d'Israël. Prenez en votre main la verge dont vous avez frappé le fleuve, et allez jusqu'à la pierre d'Horeb.

» Je me trouverai là moi-même, présent devant vous; vous frapperez la pierre, et il en sortira de l'eau afin que le peuple ait à boire. Moïse fit devant les anciens d'Israël ce que le Seigneur lui avait ordonné.

» Et il appela ce lieu Tentation et Murmure, à cause du murmure des anciens d'Israël, et parce qu'ils tentèrent là le Seigneur en disant : « Le Seigneur est-il au milieu de nous, » ou n'y est-il pas ?... »

Le rocher que Moïse toucha de sa verge, et des flancs duquel jaillit l'eau miraculeuse, est un bloc granitique de douze pieds de hauteur à peu près, et a la forme d'un prisme pentagonal qui, renversé, reposerait sur un de ses côtés. De larges traces, qui paraissent creusées par le courant des eaux, forment des espèces de cannelures perpendiculaires, tandis que cinq trous, placés dans une direction horizontale et superposés les uns aux autres, désignent les bouches miraculeuses par lesquelles Dieu répondit à son peuple.

La pierre d'Horeb, car c'est le nom que lui donna le Seigneur, paraît avoir été détachée par quelque secousse volcanique de la base qu'elle occupait, et serait sans doute tombée au fond du vallon, si le plateau sur lequel elle repose ne l'avait arrêtée dans sa chute. Isolée comme elle l'est, on peut en faire le tour facilement, car elle n'adhère au sol que par sa base.

A quelques pas du rocher, on a bâti une chapelle et planté

un jardin où l'on a transporté le superflu des terres de celui du couvent. A une certaine époque de l'année, un moine et quelques domestiques viennent y prendre le plaisir de la campagne.

La chapelle est pauvre et la sécheresse a fendu les murs; les parois intérieures sont couvertes de petits tableaux grecs modernes; quelques-uns, plus anciens, remontent à 1500; tous ont un grand caractère de simplicité, et offrent ce beau type que les peintres et les mosaïstes de Byzance ont su donner à la face du Christ.

En quittant la chapelle et le rocher, et en décrivant un demi-cercle au pied de la montagne pour regagner sa déclivité orientale, le religieux nous montra l'endroit où les Israélites adorèrent le veau d'or, et où Moïse, en descendant de la montagne, brisa les tables de la loi.

Jamais, plus que dans cette course, je n'avais remarqué combien les traditions sont puissantes. Qui pourrait avoir le courage de subir ce soleil dévorant, de gravir ces pics déchirés, de s'enfoncer dans ces vallées arides, où la lumière et la chaleur ruissellent comme en d'autres l'eau rafraîchissante des torrens, si ce n'était pour aller rêver aux endroits où se sont accomplis ces grands événemens? Le nouveau monde, parvenu doré, sans ancêtres et sans souvenirs, appartient au commerce; le vieux monde, avec ses hiéroglyphes de granit et ses monumens bibliques, est le domaine de la poésie.

Nous rentrâmes au couvent après une laborieuse journée, et nous retrouvâmes chez les bons pères les mêmes soins et les mêmes prévenances. Après le souper, ils nous apportèrent l'album sur lequel chaque voyageur qui passe inscrit son nom. Les deux derniers Français qui avaient reçu l'hospitalité au couvent étaient le comte Alexandre de Laborde et le vicomte Léon de Laborde, son fils; quelques mois plutôt, et nous nous rencontrions, nous vieilles connaissances des étroits salons de Paris, au milieu des vastes solitudes du désert.

Monsieur Léon de Laborde, qui a publié depuis un magnifique ouvrage sur l'Arabie Pétrée, accomplissait en ce moment son œuvre scientifique, perdu dans les vallées de la péninsule du Sinaï. Il faut avoir voyagé sous ce climat ardent, où toutes les forces physiques de l'homme suffisent à peine à réagir contre l'action du soleil, pour comprendre ce qu'il y a de courage et de dévouement dans l'exécution d'une œuvre comme la sienne. Les ruines de Pétra, qu'il a dessinées le premier, sa carte de l'Arabie Pétrée, la seule complète qui existe, sont de véritables monumens de ce que peut la volonté de l'homme. Qu'on se figure ce que c'est que d'ajouter à douze heures entières de course sur un chameau la fatigue de descendre cinquante fois de cette haute monture, pour prendre des points de vue à chaque aspect de montagne, et des directions magnétiques à chaque détour de vallée. Le dromadaire, séparé ainsi de la caravane, devient furieux, et refuse de s'accroupir ; alors commence entre l'homme et l'animal une lutte dans laquelle le premier ne triomphe qu'à l'aide des plus fatigans, des plus dangereux efforts. Il y a donc, à part le mérite de l'ouvrage, apprécié à la fois aujourd'hui des savans et des gens du monde, un autre mérite bien plus grand et bien plus appréciable pour tous : c'est celui de se condamner à passer trois ans hors de la société de ses compatriotes, exposé à tous les dangers, en proie à tous les besoins, pour faire faire à la science, la plus ingrate et la plus froide des maîtresses, un pas de plus vers la perfection.

Ce fut un véritable chagrin pour nous que de ne point rencontrer notre jeune compatriote pendant tout le voyage ; mais, absent de nos yeux, il fut du moins bien souvent présent à notre souvenir et amené dans nos entretiens.

Au reste, la proportion des voyageurs qui passent au Sinaï, venant des différens points du monde, est curieuse à examiner ; il y avait, parmi les visiteurs inscrits, un seul Américain, vingt-deux Français et trois ou quatre mille Anglais, dont, comme nous l'avons dit, une Anglaise.

Le lendemain on nous annonça qu'un de nos Arabes demandait à nous parler. Je courus à la fenêtre et je reconnus mon ami Béchara ; il venait prendre nos ordres pour le départ. Nous le fixâmes à quatre jours ; puis, cette disposition bien arrêtée, Béchara retourna vers la tribu.

Ces quatre jours furent employés à dessiner, à voir, à causer; tout l'intérieur du couvent, tous ses alentours, toutes ses légendes, vinrent se fixer en croquis ou en notes sur mon album de voyage; ces quatre jours furent, je crois, les plus parfaitement remplis et les plus complétement heureux de ma vie; il faut avoir goûté de la vie contemplative dans les pays orientaux pour comprendre cette espèce de vertige moral qui pousse l'homme à se précipiter de la société dans la solitude. Pour quiconque a visité la Thébaïde et l'Arabie, les pères du désert, toujours aussi grands dans leur éloquence, sont moins étonnans dans leur ascétisme.

La veille du départ fut employée par les bons religieux aux préparatifs de notre voyage. Chacun voulut ajouter quelques friandises à nos provisions solides : l'un nous apportait des oranges, l'autre du raisin sec, un troisième de l'eau-de-vie de dattes; en échange de tout cela, nous leur donnâmes le sucre que nous avions acheté au Caire à leur intention, et nous vîmes avec joie que ce cadeau, ainsi qu'on nous l'avait dit, se trouvait celui qui pouvait leur être le plus agréable. Ce surcroît de douceurs consola un peu Abdallah et Mohammed de partir si vite; ils s'habituaient admirablement à la vie végétative du cloître, et y seraient parfaitement restés si les moines avaient voulu les garder; les domestiques du couvent leur avaient fait les honneurs de l'office, et, malgré la différence de religion, ils étaient les meilleurs amis du monde.

Le lendemain, à cinq heures du matin, nous fûmes réveillés par les cris des Arabes. Nous ne comprenions rien à cet excès de ponctualité de notre escorte, à qui nous n'avions donné rendez-vous que pour midi. Nous courûmes à la fenêtre, et là notre étonnement redoubla. Les Arabes étaient en nombre égal, il est vrai, mais, parmi eux, je ne voyais ni Toualeb le chef, ni Araballah le guerrier, ni Béchara le conteur; ce dernier surtout me faisait faute; aussi désirai-je connaître les motifs de son absence. Nous appelâmes Mohammed afin qu'il s'informât des causes de ce changement d'heure et de personnel. Le nouveau cheik répondit alors que nos Arabes, absens depuis longtemps de leur tribu et fatigués du dernier voyage, avaient été retenus par leurs femmes; ils avaient, en conséquence, envoyé vers la tribu voisine pour lui proposer un arrangement, qui avait été aussitôt débattu et accepté; c'était en vertu de cette convention que notre escorte nous arrivait composée de figures complétement nouvelles. Au reste, le cheik nous assurait que nous trouverions, en lui et dans ses compagnons, le même courage, la même complaisance et le même zèle; quant au prix, il n'y avait rien de changé. A notre arrivée au Caire, nous l'acquitterions, et, de retour au Sinaï, les deux tribus, filles du même désert, partageraient en sœur.

Notre stupéfaction fut grande lorsque Mohammed nous traduisit ce discours. Outre la douleur d'être oubliés si vite par nos anciens amis, il y avait encore l'humiliation d'être troqués comme des marchandises; ce qui nous étonnait surtout, c'est que pas un seul député ne fût venu avec l'escorte nouvelle pour nous faire part de cet arrangement. A cette objection, le cheik répondit que chacun à son tour avait refusé cette mission, malgré les sollicitations qu'il avait faites, voulant mettre sa bonne foi à l'abri de tout soupçon; mais la tribu d'Oualeb-Saïd, qui était une tribu guerrière, avait éprouvé une espèce de honte de céder ainsi aux instances de ses femmes; puis à ce sentiment se joignait une double crainte: c'était, ou de ne pouvoir résister à nos instances, ou, plus fermes s'ils y résistaient, de paraître avoir reçu avec un cœur ingrat nos avances et nos bons traitemens. Ce sentiment était, ajouta l'orateur, si profond et si réel chez eux, qu'ils avaient même quitté le campement où nous avions fait halte, de peur que l'un de nous n'allât faire à leur cœur ou à leur loyauté un appel auquel ils sentaient qu'ils n'avaient ni le courage ni le droit de résister.

Toute cette histoire nous fut dite avec un ton si parfait de vérité et de bonne foi, que, toute improbable qu'elle était, elle nous parut possible à la rigueur. Le doute qui se peignit à cette occasion sur notre visage fut, à l'instant même, remarqué du cheik, qui, sans paraître presser autrement, nous fit observer que, puisque nous étions prêts à partir, mieux valait profiter de la fraîcheur du matin. D'ailleurs, de cette manière, assurait-il, nous pourrions faire halte près d'une source, tandis qu'en partant à midi, comme nous l'avions décidé d'abord, nous n'aurions d'eau que celle que nous emporterions du couvent: c'était nous prendre par notre faible. Nous prîmes en conséquence congé des bons religieux; nous fîmes descendre notre bagage, puis nous le suivîmes, moitié persuadés, moitié défians. Quant à Mohammed et à Abdallah, ils étaient d'une indifférence parfaite sur la question.

Notre premier coup d'œil, soit prévention, soit justice, ne fut pas favorable à la tribu nouvelle. Le cheik ne paraissait pas exercer sur ses hommes cet empire à la fois paternel et absolu que Toualeb possédait sur les siens. Nous ne retrouvions, parmi les remplaçans, ni la figure honnête et ferme d'Araballah, ni la physionomie fine et joyeuse de notre conteur du désert. Les dromadaires aussi étaient plus petits, bien que tout aussi maigres. Malgré toutes ces observations plutôt intérieures, au reste, qu'exprimées hautement, il nous fallut prendre notre parti. Nous enfourchâmes nos montures, et notre nouveau conducteur, Mohammed-Abou Mansour, autrement dit Mahomet père de la Victoire, donna aussitôt le signal en se lançant au galop. Nos dromadaires le suivirent. A peine eûmes-nous le temps de nous retourner pour faire un dernier signe d'adieu aux bons moines, qui nous saluaient encore du geste lorsque déjà depuis longtemps leur voix ne pouvait plus parvenir jusqu'à nous.

Au lieu de reprendre la route que nous avions suivie pour arriver au Sinaï, nous descendîmes au couchant pour nous diriger vers Thor; une magnifique vallée se déroula tout à coup sous nos pieds, et nous nous y précipitâmes avec la rapidité de pierres qui roulent. En quittant le monastère, nous avions adopté un galop d'une vitesse étourdissante; cependant, les difficultés de la route s'augmentant à mesure que nous avancions, nous exigeâmes, malgré la répugnance du cheik, que l'escorte ralentît sa marche; mais il n'obéit que lorsque nos observations officieuses se convertirent en un ordre absolu. Nous reprîmes donc une allure qui, toute raisonnable qu'elle était, nous promettait encore de nous faire franchir trois lieues à l'heure. Vers le milieu du jour nous étions parvenus au sommet d'une montagne d'où nous devions pour la dernière fois apercevoir le couvent. Nous le vîmes alors déjà à une distance immense de nous, se détachant, grâce à ses murailles et à son jardin, en blanc et en vert sur le fond violâtre de la montagne. Pendant cette courte halte que j'avais eu grand'peine à obtenir de notre cheik, il me sembla apercevoir, à l'autre extrémité de la route que nous venions de parcourir, quelques points noirs et mouvans. Je les fit remarquer à Abou-Mansour, qui s'écria qu'il reconnaissait ces points pour être des hommes, et ces hommes pour appartenir à une tribu ennemie. A ces mots, il lança de nouveau son dromadaire au galop, et les nôtres, fidèles à la consigne donnée par le guide, le suivirent aussitôt et prirent passivement la même allure. Bientôt, quittant la vallée, Abou-Mansour entra dans le lit d'un torrent, que nous descendîmes avec la rapidité d'une avalanche.

Il y avait sept heures que durait cette course infernale, et rien n'indiquait, dans notre escorte, la moindre disposition à faire halte, lorsque tout à coup nous entendîmes un cri à l'arrière-garde. Nous nous retournâmes et nous aperçûmes Araballah couvert de poussière, son turban à moitié dénoué, les vêtemens en désordre, se précipitant au grand galop de son dromadaire, par le même chemin que nous venions de suivre. A sa vue, Abou-Mansour voulut redoubler de vitesse; mais nous déclarâmes que nous n'étions pas disposés à l'imiter sans avoir une explication, et que si nos chameaux, entraînés par le sien, ne voulaient pas s'arrêter, nous leur briserions la tête à coups de pistolets; force fut donc au cheik de faire halte. Cinq minutes après, Araballah, culbutant tout ce qui s'opposait à son passage, fut près de nous. Son premier mouvement fut de nous exprimer par ses gestes sa joie de nous revoir; puis, s'élançant tout à coup vers Abou-Mansour, qui se tenait à l'écart, il lui adressa d'une voix rude et brève, et avec des yeux enflammés, des paroles que nous ne comprîmes pas, mais que nous devinâmes être de sanglans reproches. Le cheik ne répondit qu'en donnant de nouveau le signal du départ. Alors Araballah le saisit par le bras et voulut l'arrêter; mais Abou-Mansour se dégagea en le repoussant et renouvela l'ordre de prendre le galop. Aussitôt Araballah s'élança en avant de la caravane, et, mettant son haghin en travers, il barra le chemin; le cheik fit un mouvement pour porter la main à son fusil, et ses Arabes brandirent leurs lances, lorsque, voyant que le moment était venu de nous mêler de la partie, nous tirâmes nos pistolets, et nous vînmes en aide à notre ancien ami en menaçant de faire feu si l'on ne s'arrêtait pas à l'instant. Abou-Mansour, voyant que nous n'étions que quatre contre lui et ses quatorze Arabes, parut incertain sur ce qu'il allait faire, mais de nouveaux cris se firent entendre derrière nous : c'était Toualeb et Béchara qui descendaient le ravin à leur tour comme si leurs dromadaires eussent eu des ailes ; ce renfort, en donnant à notre résistance une nouvelle énergie, parut achever d'abattre la résolution de nos adversaires. Derrière eux d'ailleurs, et au sommet de la montagne, commençait d'apparaître l'escorte complète; de sorte qu'à notre tour c'était nous qui, outre la conscience de notre bon droit, allions avoir la supériorité du nombre. Béchara et Toualeb, emportés par le galop de leurs dromadaires et enveloppés de leurs bournous blancs, arrivaient, rapides comme des fantômes; ils passèrent devant nous en nous criant : Salut ! et se précipitèrent vers Abou-Mansour. Les Arabes, de leur côté, s'élancèrent à la défense de leur chef. Le cheik, se sentant soutenu, commença aussi à élever la voix. Pendant ce temps là, le reste de l'escorte arriva à son tour, vociférant et menaçant : chacun agitait ou sa lance ou son fusil ; nous vîmes qu'un combat était inévitable si nous ne le prévenions pas; et nous nous jetâmes au milieu de la mêlée, essayant de dominer de nos voix ce bruit infernal. D'abord nous ne réussîmes qu'à augmenter la confusion et à redoubler le vacarme; enfin, le commandement de monsieur Taylor commença à se faire entendre, et son autorité à être reconnue. Il ordonna à chacun le silence d'abord ; ensuite il sépara nos anciens amis de nos nouveaux guides, leur ordonna de marcher, les uns à notre droite, les autres à notre gauche, remettant à la halte du soir l'explication et promettant de rendre justice à qui de droit. Toualeb demanda alors que nous descendissions de nos dromadaires pour reprendre nos anciennes montures; mais monsieur Taylor sentit que cette manœuvre, outre le retard qu'elle occasionnerait, allait remettre le feu aux poudres. Un coup donné, une goutte de sang répandue, eussent rendu, dans l'état d'exaspération où étaient les adversaires, tout arrangement impossible. Il répondit que nous descendrions à la halte, et renouvela d'une voix ferme l'ordre de se mettre en route. Amis et ennemis lui obéirent, et les deux troupes, disposées à notre droite et à notre gauche sur une double ligne, se remirent en marche en silence, sous un soleil atroce, suivant la même direction, mais cette fois marchant à une allure ordinaire. Les deux cheiks menaient la caravane, s'avançant à la même hauteur, Abou-Mansour avec l'air confus et menaçant à la fois, Toualeb avec le front riant et hautain. Quant à Béchara, il était revenu prendre près de moi sa place habituelle, et me racontait, parlant selon sa coutume un patois moitié arabe, moitié français, comment la chose s'était passée.

Au moment convenu, c'est-à-dire vers les onze heures, Toualeb était arrivé au couvent avec notre escorte, et avait réclamé ses voyageurs ; alors les religieux lui avaient appris que depuis le matin nous avions quitté le monastère avec le cheik Abou-Mansour, qui s'était présenté à nous de sa part, et que nous avions pris la route du Thor. Aussitôt, sans perdre un instant, toute la troupe s'était élancée sur nos traces, de toute la vitesse de ses dromadaires, les plus rapides gagnant du terrain, mais tous en masse soutenant leur réputation d'infatigable légèreté. C'est ainsi que nous les avions vus arriver, les uns après les autres, Araballah, Toualeb et Béchara, distancés comme les Curiaces. Ce brave garçon nous disait tout cela avec une ardeur et une joie qui faisaient plaisir à voir. Je lui promis de reprendre pour mon compte, et dès le lendemain matin, mon haghin ordinaire, qui venait derrière nous, mené en main par un Arabe, car, il faut que je le dise, et c'est ici le moment de faire cet aveu, mon nouveau dromadaire m'avait prouvé qu'en me plaignant de la dureté de l'autre, j'avais agi avec précipitation ; j'en fis mes excuses à Béchara, et le priai de les transmettre à qui de droit.

Cette explication donnée, Béchara, qui avait une sainte horreur du silence, passa à un sujet tout pastoral : il me raconta les heureuses journées qu'il venait de passer dans sa tribu et près de sa famille. Les Arabes ont le cœur jeune et largement ouvert à toutes les émotions de la nature. Une fois lancé sur la mer du sentiment, il me raconta d'un bout à l'autre toute l'histoire de ses amours. Les incidens sont rares sous la tente, et n'ont guère varié depuis Jacob et Rachel. Le jeune Arabe qui aime doit, dans quelque excursion contre une tribu voisine, signaler son courage et son adresse, selon que la nature lui a donné la force du lion ou la ruse du serpent. Cette dernière qualité était celle de Béchara, il était plus apte à conseiller les entreprises qu'à les exécuter. Mais si la force brutale d'Araballah dominait son intelligence en temps de guerre, les douceurs de la paix et les loisirs de la vie pastorale lui étaient, en revanche, infiniment plus favorables qu'à son compagnon ; aussi était-ce par l'éloquence et la poésie qu'il avait trouvé le chemin du cœur de sa Rachel. Il en était au portrait physique de sa belle Arabe, et il venait de comparer ses yeux à ceux de la gazelle et sa souplesse à celle du palmier, lorsque mon dromadaire, sans préparation aucune, sans un seul mouvement qui m'indiquât son intention, mit sa tête entre ses jambes, et commença à exécuter une cabriole, exactement de la même manière que les enfans ont l'habitude de pratiquer cet exercice. Je me lançai de côté ; les deux pommeaux de la selle portèrent sur le sable, et mon stupide animal commença de se rouler voluptueusement, adoptant par bonheur la direction opposée à celle où mon corps était étendu. Sans cette heureuse circonstance, j'étais passé au laminoir.

Il faut rendre à chacun la justice qui lui est due ; Béchara fut à terre aussitôt que moi ; seulement je fus relevé aussitôt qu'à terre ; de sorte qu'il me trouva debout sain et sauf, mais l'air tant soit peu étonné, comme doit l'avoir un homme à qui pareille aventure arrive pour la première fois. J'appris alors que le genre d'amusement auquel continuait de se livrer mon dromadaire était encore une des facéties habituelles à sa race, sa manière de rire. Au reste, ma chute avait été, à ce que Béchara m'assura, des plus savantes ; j'étais tombé en véritable Arabe, et lui, qui se vantait d'être un écuyer, n'aurait pas fait mieux. Comme je recevais modestement les félicitations de Béchara, arriva Toualeb ; il avait vu ma descente forcée, et, profitant de cette circonstance pour en revenir à son idée favorite, il me proposa de reprendre mon ancien haghin, qui, mieux dressé, était incapable d'une pareille faute. Je suivis son conseil, j'enfourchai ma vieille monture, et au premier pas qu'elle fit je reconnus ma selle si bien rembourrée du côté de l'animal.

Nous arrivâmes enfin au pied des montagnes : c'était le campement choisi pour la nuit. Les deux cheiks gloussèrent chacun leurs haghins, qui, partageant les haines de leurs maîtres, s'agenouillèrent sans se rapprocher. Cependant nos Arabes se mêlèrent pour dresser la tente, aucun parti ne voulant renoncer aux droits qu'il croyait avoir. Aussi fut-elle prête en un instant. Aussitôt Abdallah, rentré dans ses fonctions, donna ses soins à l'œuvre importante du souper, et nous nous formâmes en cour de justice pour connaître de l'aventure du matin.

Toualeb, en sa qualité de plaignant, parla le premier; il exposa que, la veille du jour où nous devions partir, il avait reçu une communication du Père de la Victoire, qui l'informait que nous ne partirions que dans trois ou quatre jours, attendu que nous avions vu des choses si intéressantes au couvent que nous comptions y prolonger notre séjour. Cette fable, assez bien tissue, avait cependant un côté par lequel elle devait éveiller le soupçon : au lieu d'un domestique du couvent, messager naturel dans cette circonstance, c'était un Arabe d'une tribu assez mal famée sous le rapport de la probité qui apportait cette nouvelle; aussi l'envoyé avait-il paru parfaitement suspect à Toualeb. Il en résultait que, tout en le remerciant du bon avis, Toualeb s'était bien promis de venir, à tout hasard, nous faire le lendemain une petite visite; on a vu comment, moins fins que Toualeb, nous nous étions laissé voler comme trois sacs de marchandises. Déjà prévenus avant d'arriver au couvent, leur étonnement, quand ils ne nous y trouvèrent plus, fit bien vite place au désir de remettre la main sur nous : ils avaient donc lancé leurs dromadaires au grand galop, et, comme ils avaient sur les nôtres l'avantage de la taille, ils nous avaient promptement rattrapés

L'accusé se leva à son tour, assez embarrassé de sa position, malgré la finesse et l'habileté arabes, et son plaidoyer se ressentit du mauvais terrain sur lequel il s'était placé.

— J'ai voulu, dit-il, user de stratagème, et j'ai eu tort, car j'étais dans mon droit; le voyageur n'appartient pas à telle ou telle tribu, et puisque les tribus sont amies, elles doivent jouir des mêmes priviléges; si une seule guidait les voyageurs, les autres mourraient de faim. Puisque Toualeb vous a amenés, c'est à moi de vous reconduire; ce que j'ai essayé de faire par la ruse, je pouvais l'accomplir par la force: mes guerriers sont nombreux et braves, mon courage est incontesté: depuis Suez jusqu'au Raz-Mohammed, mon nom a un écho dans toutes les ouaddis, et il n'y a pas une tribu qui ne connaisse Mohammed-Abou-Mansour.

Il paraît que ces raisons, assez médiocres pour des Européens, n'étaient pas mauvaises pour des Arabes, car ce fut Béchara qui prit la parole pour répondre au Père de la Victoire. Sa réponse fut si rapide, elle rampa par tant de détours, elle embrouilla si bien la discussion, et donna lieu à une réplique si animée, que monsieur Taylor, prévoyant que la scène du matin allait se renouveler, se leva à son tour, imposa silence, et déclara qu'il ne reconnaissait pour nos guides et notre escorte que Toualeb et ses Arabes. Les otages qui attendaient notre retour et qui répondaient de nous tête pour tête étaient de la tribu d'Oualeb-Saïd; il était donc juste qu'ayant couru les risques, elle jouît du résultat. En conséquence, il ne prendrait pas Mohammed-Abou-Mansour, tout Père de la Victoire qu'il était, attendu que la supercherie dont il s'était servi pour se procurer des voyageurs nous avait tous indignés.

Notre interprète traduisit le jugement, qui fut écouté par les deux parties avec recueillement et soumission; mais aussitôt la version terminée, Béchara prit, à notre grand étonnement, Mohammed-Abou-Mansour à part, et peu de temps après ils se rapprochèrent de nous en parfaite intelligence: ils venaient nous annoncer que toutes les difficultés étaient aplanies, que les deux tribus nous accompagneraient, que ce n'était pas trop d'une double escorte pour des personnages aussi recommandables que nous, et que Abou-Mansour et ses Arabes nous serviraient de garde d'honneur.

Après quoi chacun soupa et pensa à prendre du repos; nous en avions besoin, surtout nous autres Européens, que notre séjour au couvent avait déshabitués du dromadaire, et qui étions tombés de Charybde en Scylla avec les haghins du Père de la Victoire.

LE KHAMSIN.

Nous continuâmes, le lendemain, de marcher encore dans la même direction, c'est-à-dire en descendant vers la mer. Depuis longtemps déjà nous distinguions Thor à notre gauche ; mais, à mesure que nous approchions, la ville nous paraissait perdre de son importance ; enfin, nous jugeâmes qu'elle ne méritait pas que nous fissions un détour pour la visiter. Nous fîmes, en conséquence, un angle aigu à droite, et, après une heure ou deux de marche sur le sable tamisé qui borde la mer Rouge, nous rentrâmes dans les montagnes, et, vers le soir, nous descendîmes dans une ouaddi délicieuse appelée la Vallée-des-Jardins. Des palmiers aux panaches flottans, des sycomores au noir feuillage, couvraient de leur ombre une source d'eau fraîche et pure ; cette oasis commandait une halte, et nous dressâmes notre tente au pied d'un bouquet de palmiers.

La nuit fut délicieuse ; nous possédions l'eau et la fraîcheur, ces deux trésors dont le désert est si avare. Aussi nous réveillâmes-nous reposés et vigoureux, et nous nous mîmes en route dans une disposition d'esprit des plus joyeuses. Au moment de partir, nos Arabes se montrèrent les uns aux autres quelques lignes rougeâtres qui sillonnaient l'orient ; néanmoins ils ne parurent pas s'en occuper davantage, et nous avions déjà oublié ces symptômes inquiétants, qui ne nous avaient cependant pas échappé, lorsque, en entrant dans l'ouaddi Pharan, nous sentîmes passer autour de nous quelques-unes de ces âcres bouffées de vent, haleines fiévreuses du désert. Bientôt la chaleur devint insupportable; le sable, soulevé par une brise insensible, qui semblait une vapeur de la terre, nous enveloppait d'un nuage qui nous brûlait les yeux, et, à chaque aspiration, pénétrait dans le nez et dans la gorge. Nos Arabes, de leur côté, paraissaient, contre leur habitude, souffrir comme nous de ces inconvéniens, qui auraient dû leur être familiers; ils échangeaient entre eux des paroles brèves et courtes, et peu à peu les restes d'inimitié de la veille se fondirent dans une commune préoccupation. Les deux tribus rapprochées se mêlèrent, les dromadaires eux-mêmes parurent se chercher les uns les autres, galopant avec agitation et sans ralentir leur allure, et allongeant leurs longs cous de serpent de manière à ce que leur lèvre inférieure effleurât le sol. De temps en temps ils faisaient des écarts irréguliers et soudains, comme si la terre leur eût brûlé les pieds. « Prenez garde, » disait alors Toualeb. Et après lui les Arabes répétaient cet avertissement, que j'entendais sans pouvoir comprendre de quel danger nous étions menacés. Je m'approchai de Béchara pour lui demander d'où venait ce malaise dont nous étions atteints tous, hommes et animaux; mais le temps des conversations était passé : Béchara, pour toute réponse, prit un pan de son manteau, et, le rejetant par-dessus son épaule, il s'en enveloppa de manière à s'en couvrir le nez et la bouche. J'en fis autant, et, en me retournant, je m'aperçus que notre exemple avait été suivi par les Arabes, dont on n'apercevait plus que les yeux noirs et brillans, plus noirs et plus brillans encore sous leurs bournous et leurs abbayes; enfin, au bout d'un quart d'heure, nous n'avions plus de questions à faire, Francs et Arabes, nous en savions autant les uns que les autres. Le désert nous prévenait par tous les signes et nous parlait avec toutes ses voix : c'était le khamsin.

Notre course était dévergondée, car le sable s'élevait comme un mur entre l'horizon et nous. A chaque instant nos Arabes, dont les yeux ne pouvaient percer ce voile de flamme, hésitaient et faisaient des crochets qui dénotaient leur irrésolution. Cependant la tempête augmentait toujours, le désert devenait de plus en plus houleux; nous entrions dans des sillons de sable agité comme des vagues, et nous traversions, ainsi qu'un habile nageur fend une lame, la crête brûlante de ces monticules. Malgré la précaution que nous avions prise de couvrir nos bouches de nos manteaux, nous respirions autant de sable que d'air; notre langue s'attachait à notre palais; nos yeux devenaient hagards et sanglans, et notre respiration, bruyante comme un râle, révélait, à défaut de paroles, nos mutuelles souffrances. Je me suis trouvé quelquefois en face du danger, mais je n'ai jamais éprouvé une impression pareille à celle que je ressentais: ce doit être à peu près celle d'un naufragé perdu sur une planche au milieu d'une mer orageuse. Nous allions comme des insensés, sans savoir où, toujours plus rapidement et plus obscurément, car le nuage de poudre qui nous enveloppait devenait de plus en plus intense et brûlant. Enfin Toualeb fit entendre un cri perçant: c'était un ordre de halte. Les deux chefs, Béchara, Araballah, et l'Arabe qui marchait ce jour-là en tête de la caravane, se réunirent en conseil : c'étaient les pilotes les plus expérimentés de cette mer changeante où nous étions égarés. Les avis furent émis tour à tour, et, malgré la situation, ou peut-être à cause de la situation suprême où nous nous trouvions, émis avec une sage modération et une solennelle lenteur. Pendant ce temps-là la houle de sable continuait de se soulever. Enfin Toualeb résuma les opinions en étendant les bras vers le sud-ouest, et la course frénétique recommença aussitôt, mais cette fois sans hésitation et sans écart, et sur les traces des deux cheiks, qui, vu la gravité des circonstances, avaient pris la conduite de la caravane. Nous marchions vers un but, mais nous n'avions pas le loisir de demander lequel; nous savions seulement que, si nous le manquions, nous étions perdus.

Le désert était imposant et mélancolique; il semblait vivre et palpiter, et fumer jusque dans ses entrailles. La transition avait été rapide et singulière; ce n'était plus l'oasis de la veille, le repos au pied des palmiers, le sommeil rafraîchi par le bruit murmurant de la fontaine; c'était le sable enflammé, c'étaient les secousses du rude dromadaire, la soif dévorante, inhumaine, insensée; la soif qui fait bouillir le sang, fascine les yeux, et montre aux malheureux qu'elle brûle des lacs, des îles, des arbres, des fontaines, de l'ombre et de l'eau. Je ne sais s'il en était des autres comme de moi; mais j'étais en proie à une véritable folie, à un rêve, à un délire sans fin, qui se ployait à tous les dévergondages de mon imagination. De temps en temps nos dromadaires s'abattaient, creusaient le sable ardent avec leur tête pour trouver au-dessous de sa surface un semblant de fraîcheur, puis ils se relevaient fiévreux et haletans comme nous, et reprenaient leur course fantastique. Je ne sais combien de fois ces chutes se renouvelèrent, je ne sais comment nous fûmes assez heureux pour ne pas être écrasés sous le poids de nos haghins ou ensevelis sous le sable; ce dont je me souviens, c'est qu'à peine tombés, Toualeb, Béchara et Araballah étaient près de nous, rapides et secourables, mais muets comme des spectres, relevant hommes et chameaux, puis se remettant en chemin, silencieux et enveloppés de leurs manteaux. Une heure encore de cette tempête, j'en suis bien convaincu, et elle nous ensevelissait tous. Mais tout à coup une rafale de vent passa, éclaircissant l'horizon, comme si l'on tirait à nos yeux la toile d'un théâtre: — Le Mokatteb! cria Toualeb. — Le Mokatteb! répétèrent tous les Arabes. Puis le sable s'éleva de nouveau entre nous et la montagne; mais Dieu, comme pour nous rendre la force, nous avait montré le port désiré. — Le Mokatteb! le Mokatteb! répétions-nous sans savoir ce que c'était que le Mokatteb, mais devinant que c'était le port, le salut, la vie. Cinq minutes après, nous nous glissions, comme des serpens, dans une caverne profonde, mais dont la gueule étroite laissait passer peu de lumière et peu de chaleur, tandis que nos montures, agenouillées, la tête tournée et étendue vers le rocher, étaient déjà tombées dans une immobilité qui les faisait ressembler, avec leur peau grise recouverte de sable, à des chameaux de pierre. Quant à nous, sans nous inquiéter de tente, de tapis, de repas, nous nous couchâmes pêle-mêle, en proie à la fois à un engourdissement et à un délire qui tenaient le milieu entre le sommeil et la fièvre chaude; puis, sans parler, sans dormir, sans remuer, nous restâmes là jusqu'au lendemain matin, étendus sur la face, comme des statues précipitées de leur base.

La tempête continuait toujours, et nous l'entendions hurler au dehors ; cependant, peu à peu ses mugissemens tombèrent. Vers le milieu du jour, elle avait perdu presque toute sa force, et c'était elle qui râlait à son tour, et qui, à son tour, touchait à son agonie. Il y avait trente heures que nous n'avions mangé : nous revenions à la vie par la faim ; quant à la soif, elle ne nous avait pas quittés. Abdallah se leva et fit les apprêts de son déjeuner. Pendant ce temps, les Arabes cherchèrent une source dans tous les coins de la caverne, mais inutilement; il fallut se contenter de l'eau empoisonnée de nos outres. Nous faisions, tristes et maussades, notre maigre repas de riz et de dattes, quand Mohammed entra avec l'air piteux qui lui était familier lorsqu'il avait une demande à faire. Les Arabes, selon leur louable habitude, n'avaient rien emporté avec eux, et l'escorte était doublée. Nous partageâmes, entre trente, le déjeuner qu'Abdallah était censé avoir fait pour trois, mais que, probablement prévenu de la chose, il avait tant soit peu allongé ; chaque Arabe reçut du riz plein le creux de la main et une datte : il est vrai que nous n'en mangeâmes guère davantage.

Le troisième jour le vent changea, et, malgré les apparences fâcheuses du ciel, nous quittâmes la caverne du Mokatteb, car nous sentions qu'avec notre surcroît de bouches nos provisions ne nous permettaient guère de nous arrêter en route. Lorsque nous reparûmes à la lumière, nous nous regardâmes et nous nous effrayâmes mutuellement, tant nous ressemblions à des spectres. L'épreuve de ces trois jours était profondément écrite sur tous les visages : nous avions l'œil terne et vitreux, la peau sèche, la respiration haletante et le corps entièrement courbaturé. Bientôt nous aperçûmes la mer, et comme notre chemin nous conduisait un instant sur ses bords, nos Arabes y coururent remplir d'eau leur bouche et revinrent la souffler dans les narines de leurs dromadaires, ce qui leur redonna à l'instant toute leur ardeur. J'eus l'envie de me baigner, mais je ne l'osai pas, dans la crainte de ne pouvoir résister au désir de boire. Au reste, toute saumâtre qu'eût été l'eau de la mer, elle ne m'eût certes pas paru plus fétide et plus impotable que celle de nos outres.

Vers le soir, nos Arabes trouvèrent enfin une citerne. Cependant, craignant que notre avidité à boire cette eau glacée, après un si long jeûne et une si rude chaleur, ne fût nuisible à notre santé, ils dressèrent la tente à quelque distance de la source, et quelques instans après Béchara revint avec les gargoulettes pleines. Ce fut une véritable fête, et cela nous mit en appétit pour le souper. Il paraît, au reste, que l'eau avait une vertu apéritive, et qu'elle produisit le même effet sur nos Arabes, car, pendant la nuit, ils mangèrent tout le sucre et le reste du micmich, pour augmenter leurs rations. Quant aux dattes, nous avions mangé les dernières dans la caverne du Mokatteb.

Nous nous aperçûmes de la soustraction le lendemain au déjeuner, pour lequel Abdallah ne nous servit que ses infâmes galettes, que nous ne mangions jamais, du raisin sec et du café. Nous demandâmes autre chose ; alors il nous avoua la vérité. Le bonheur du danger passé et la certitude qu'il avait fallu à nos hommes un besoin bien pressant pour se livrer à ce maraudage nous rendirent moins sévères : notre indulgence porta ses fruits. Le soir, après avoir mangé avec nous le reste du riz, qui n'était pas considérable, il est vrai, ils achevèrent le café et le raisin sec.

Le lendemain, nous nous mîmes en route par un temps radieux ; Toualeb donna le signal du départ en mettant son dromadaire au galop. Nous suivîmes son exemple, et pendant six heures nous allâmes ventre à terre, sans pouvoir deviner la cause de cette vélocité. Enfin, vers le milieu du jour, nous aperçûmes les sources de Moïse, où nous avions fait halte en venant ; nos dromadaires redoublèrent de rapidité, en aspirant de plus d'une lieue leur fraîche émanation. Arrivés aux palmiers ils s'agenouillèrent d'eux-mêmes, les Arabes dressèrent la tente avec une activité et un empressement que je ne leur avais pas encore vus ; cinq minutes après, leur promptitude et leur complaisance nous furent expliquées : nous n'avions plus absolument rien à manger ; dattes, sucre, micmich, café, raisin sec, ils avaient tout dévoré. Nous nous décidâmes alors à nous rejeter sur ces malheureuses galettes que nous avions méprisées la veille; mais notre répugnance pour elles n'avait point échappé à nos guides, et pendant que nous dormions ils avaient mis le reste de la farine sur les braises. Heureusement nous avions de l'eau en abondance: nous en bûmes chacun une gargoulette pleine, puis nous nous remîmes immédiatement en route, quelque envie et quelque besoin que nous eussions du repos; l'urgence de la position nous avait rendu des forces, il fallait arriver au passage de la mer Rouge à l'heure opportune, sous peine de jeûner toute la journée et toute la nuit. Quant à nos dromadaires, ils étaient d'acier, et, comme le soleil de Louis XIV, ils acquéraient des forces en allant. Nous avions bien fait douze ou quinze lieues le matin, nous en fîmes environ la moitié autant de deux heures de l'après-midi à cinq. Enfin nous arrivâmes au gué, épuisés, haletans: il était trop tard, les eaux étaient hautes.

La situation n'était pas couleur de rose, car là nous n'avions plus même d'eau; dans l'espérance d'arriver à temps, et d'après la certitude que nos Arabes, jaloux de ne pas nous désespérer, nous avaient donnée, nous n'avions pas pensé à emporter de l'eau des sources, de sorte que nous mourions littéralement de soif et de faim. Si le soleil avait été dans toute sa force nous devenions enragés du coup; enfin Béchara, voyant notre détresse, nous dit qu'il y avait quelquefois sur l'autre rive un passeur avec un bateau; en tirant un coup de pistolet en l'air, ce qui était le signal, il était probable qu'il viendrait nous prendre. Il n'avait pas achevé que j'avais fait feu: nous attendîmes dix minutes avec anxiété, et nous vîmes avec peine que je n'avais pas été entendu. Un feu général de toutes nos armes fut alors commandé par M. Taylor. Cette fois la manœuvre fut couronnée d'un plein succès; nous vîmes la bienheureuse embarcation se détacher de la rive et glisser sur les vagues. Un quart d'heure après elle abordait sur la rive où nous l'attendions; nous nous élançâmes aussitôt dans la barque, en faisant signe à Abdallah et à Mohammed de nous suivre. Quant aux Arabes, ils restèrent pour garder les bagages; mais notre premier soin, en débarquant, fut de leur renvoyer Mohammed avec des provisions; quant à nous, nous nous acheminâmes vers

Suez de toute la force que notre estomac avait laissée à nos jambes. Enfin nous arrivâmes toujours en courant chez monsieur Comanouly, qui nous reçut à bras ouverts et nous donna la chambre de Bonaparte. Je dois avouer à notre honte que nous y entrâmes avec une préoccupation toute différente de celle que nous avions éprouvée la première fois que nous en avions franchi le seuil. Nous avions vraiment besoin de quelque chose de plus nourrissant que des souvenirs, si glorieux qu'ils fussent. Monsieur Comanouly eut la bonté d'aller au-devant de nos désirs ; il est vrai que je crois bien que de notre côté nous fîmes au moins la moitié du chemin ; le fait est qu'il nous improvisa un souper dont il nous fit ses excuses, et dont nous lui fîmes nos remerciemens.

Le repas achevé, nous nous approchâmes de la fenêtre : elle donnait sur le port de Suez, et nous jouîmes avec délices de la fraîcheur de la mer. Notre veille s'y prolongea fort avant dans la nuit ; car, quelque besoin physique que nous eussions de nous reposer, les émotions que nous avions ressenties, les dangers auxquels nous venions d'échapper nous tenaient éveillés. Là nos haltes de chaque soir, avec leurs incidens divers, vinrent se représenter à notre esprit ; le désert, avec son concert de chacals et d'hyènes, ses traces de lézards et de serpens, son soleil dévorant et son khamsin mortel, n'était déjà plus qu'un souvenir, mais un souvenir vivant, que, pour ainsi dire, nous touchions de la main encore, et qui, si près que nous en étions, se présentait déjà à notre esprit avec toute sa poésie et toute sa magnificence. Depuis, la distance et le temps n'ont fait que grandir encore ces souvenirs ; et, après huit ans d'intervalle, toutes les émotions douces et terribles de ce merveilleux pèlerinage sont restées si palpitantes dans mon cœur, que je n'hésiterais pas, si une occasion d'y retourner se présentait, à les racheter encore au prix des mêmes fatigues et des mêmes dangers.

LE GOUVERNEUR DE SUEZ.

Le lendemain, le gouverneur de Suez eut notre première visite; il paraît que nous lui étions vivement recommandés, ou que notre amabilité lui avait laissé un souvenir des plus agréables, car l'accueil qu'il nous fit fut véritablement fraternel. A peine fûmes-nous entrés qu'on nous apporta, dans les mêmes gargoulettes d'argent, de cette fameuse eau que j'avais regrettée si souvent pendant les trois semaines que nous venions de passer à chercher sa pareille sans avoir pu la trouver. Après l'eau vinrent la pipe et le café, et après la pipe et le café le récit de nos aventures.

Je disais et Mohammed répétait, ce qui me donnait la faculté de suivre sur la physionomie bienveillante et grave du pacha les impressions qu'éveillaient en lui les différens événemens de notre voyage. La supercherie du Père de la Victoire parut le réjouir beaucoup; mais ce qui m'étonna le plus, ce fut l'espèce de plaisir avec lequel il accueillit la dénonciation bien innocente et bien désintéressée que je lui fis du larcin de nos Arabes. Arrivé à cet endroit, il me fit répéter deux fois l'épisode du michmich, du sucre et du café; puis il demanda la suite avec un visage si radieux, qu'il était évident qu'il avait pris le plus grand plaisir à la traduction de ma prose. Cela me donna une haute idée de son goût et le regret bien sincère qu'il n'ait pas pu apprécier le texte original. Lorsque j'eus achevé de raconter notre odyssée, le gouverneur nous fit rapporter de l'eau et exigea que nous lui promissions de dîner avec lui. Nous n'avions aucun motif de refuser cette invitation; nous acceptâmes donc, après nous être seulement défendus le temps convenable. Nous allâmes faire un tour dans la ville, puis nous revînmes à l'heure dite.

En traversant la cour intérieure du pacha, nous remarquâmes que, pour nous faire honneur, il avait déployé un certain appareil militaire. Tout était sur pied dans le palais, serviteurs, esclaves, eunuques. On nous introduisit dans une grande salle carrée, où il nous attendait, accroupi à l'angle du divan. Après les salutations d'usage, que notre fidèle interprète Mohammed traduisit quant aux paroles, car, pour les gestes, nous commencions à les exécuter assez comfortablement, on apporta un grand plateau d'argent que l'on posa à terre. Nous nous levâmes aussitôt et allâmes nous accroupir autour. Alors un esclave entra avec des aiguières et des bassins d'argent, et nous donna de quoi nous laver. Le pacha demanda de l'eau deux fois; nous n'avions jamais vu un Turc pousser si loin la propreté.

Le plateau supportait quatre plats d'argent recouverts de dômes du même métal, d'une ornementation un peu lourde, mais riche. L'un contenait le pilau de rigueur avec sa poule couchée au milieu ; le second, un ragoût au piment, dont je ne pus deviner la composition; le troisième un quartier d'agneau, et le quatrième, un poisson. Nous mîmes hardiment la main au plat, tout en conservant une certaine hiérarchie, même entre nous, et nous commencâmes par écarteler la poule. Quant à la partie liquide du repas, nous avions chacun près de nous une gargoulette de notre eau favorite, et je ne connais pas de vin que je lui eusse préféré en ce moment.

De la poule nous passâmes au ragoût. Ici le service devenait plus facile encore; la viande de l'animal qui nous était offert avait été coupée d'avance par morceaux. Chaque morceau nous servit de cuillère pour emporter avec lui certaine quantité de l'assaisonnement. Seulement nous nous aperçûmes que ce que nous avions pris pour de la viande était un légume quelconque. En somme, la chère eût été fort médiocre pour des Parisiens; mais pour nous, qui étions devenus de véritables fils d'Ismaël, tout était pour le mieux.

Après le ragoût vint le quartier d'agneau. Nous remarquâmes, à la démonstration par laquelle le gouverneur accueillit ce nouveau plat, que, pour découper, il était de l'école de Toualeb et de Béchara. Il allongea les deux bras, maintint d'une main le morceau dans son récipient, et de l'autre pinça la chair, qui se détacha de l'os avec une facilité qui tenait de l'enchantement. Cette fois, nous ne tentâmes même pas de suivre l'exemple, certains que nous échouerions à notre honte. Nous demandâmes au gouverneur la permission de tirer nos lames, afin qu'un geste inattendu ne l'effrayât point trop, et, cette permission accordée, nous nous mîmes à découper l'animal avec nos poignards.

Restait le poisson, et là nous attendait une des plus rudes épreuves par lesquelles nous soyons passés de toute notre vie. Le cétacé, dont j'ignore le nom, était farci intérieurement d'un nombre effroyable d'arêtes, de sorte qu'aux premières bouchées nous nous aperçûmes qu'il y avait des précautions préparatoires à prendre, si nous ne voulions pas périr par la strangulation. Nous nous mîmes donc à inventorier chacun avec un soin tout particulier le morceau que nous avions devant nous, afin d'en tirer les corps malfaisans; ce que voyant le gouverneur, qui avait avalé sa ration sans paraître s'inquiéter des arêtes, il se fit apporter un nouveau morceau de poisson sur un plat d'argent, en détacha avec la main droite un fragment, qu'il mit dans le creux de la main gauche, commença d'en extraire les arêtes depuis la plus grande jusqu'à la plus petite, joignit à cette première préparation du pain émietté en quantité à peu près égale, y ajouta quelques épices, roula le tout ensemble de manière à en faire une boulette de la grosseur d'un œuf, déposa cette boulette sur un plat d'argent, fit signe à l'esclave de la porter à monsieur Taylor, et se mit incontinent à exécuter une seconde édition du même ouvrage. L'idée que cet hommage était pour moi m'arrêta court, et je sentis que j'aurais grand'-peine à achever même ce que j'avais sur mon assiette. Le gouverneur vit mon interruption ; il crut que j'attendais mon tour, et se hâta davantage, sans cependant, il faut lui rendre justice, y mettre un soin minutieux. La besogne terminée, il m'envoya le fruit de son travail ; c'était une fort jolie boulette, de la grosseur d'un abricot à peu près. Je la pris en m'inclinant, et, comme pour admirer la perfection avec laquelle elle était arrondie, je l'examinai, attendant un moment où le gouverneur aurait les yeux tournés d'un autre côté, et rappelant pendant cet intervalle toutes mes notions d'escamotage, afin de l'avaler comme paillasse avale les couteaux. La ruse me réussit. Le gouverneur, infatigable dans sa courtoisie, se mit immédiatement à la boulette destinée à Mayer, et, absorbé dans cette opération, qu'il exécutait en véritable artiste, il ne s'aperçut pas que la mienne, au lieu d'entrer dans ma bouche, était passée dans ma manche, et de ma manche dans mon gilet. Quant à celle de monsieur Taylor, il me fut impossible de savoir ce qu'elle était devenue, et je l'ai toujours soupçonné de l'avoir courtoisement digérée.

Pour Mayer, sa position était clairement dessinée. Après lui, il n'y avait personne à servir, de sorte que tous les yeux l'avaient pris pour point de mire. Aussi il prit son parti en brave, et avala loyalement la boulette d'un coup et au risque de s'étouffer, ce qui lui fit grand honneur aux yeux du pacha, qui prit pour de l'empressement ce qui n'était que le désir d'en avoir plutôt fini avec cette singulière pâtisserie.

Le second service était composé de gâteaux, de confitures et de sorbets, préparés par les femmes du gouverneur; le tout d'un aspect fort réjouissant, mais d'un goût assez médiocre, grâce aux mélanges inouïs qui constituent le fond de la cuisine turque.

Au reste, le pacha, qui pendant tout le dîner avait été d'une humeur charmante, se montra plus gai que jamais au dessert. Il nous reparla de notre voyage, nous demanda de nouveaux détails sur la manière dont nous avions été enlevés par le Père de la Victoire à la tribu d'Oualeb-Saïd, et nous fit raconter une seconde fois comment voleurs et volés s'étaient réunis pour manger notre sucre et boire notre café; puis, lorsque j'eus fini :

— Maintenant, dit-il, levons-nous et allons voir couper la tête à tous ces brigands-là.

Nous crûmes avoir mal entendu, et nous fîmes répéter Mohammed ; mais à la stupéfaction de notre interprète, à la manière dont il balbutiait en nous répétant la proposition du gouverneur, nous vîmes que notre hôte avait pris la chose au plus grand sérieux. Monsieur Taylor, comme chef de la caravane, se leva et supplia le pacha, qui avait déjà fait quelques pas vers la fenêtre, de vouloir bien l'entendre. Le gouverneur se retourna, et répondit que c'était avec un très grand plaisir qu'il écouterait ce que nous avions à lui dire, et qu'aussitôt l'exécution faite il serait à nous. Monsieur Taylor lui fit observer que c'était justement au sujet de l'exécution qu'il avait quelques objections de conscience à lui soumettre. Le gouverneur fit un signe gracieux, et se prépara à écouter, non sans jeter un dernier regard vers la fenêtre, comme pour dire à l'orateur : Faisons vivement, car nous sommes attendus pour le spectacle.

Alors monsieur Taylor, au grand étonnement du gouverneur, se mit à plaider la cause de notre escorte ; il exposa au pacha que ces pauvres diables, mourant de faim, étaient bien excusables d'avoir grignotté tant soit peu nos provisions. D'ailleurs, cette petite infidélité n'avait eu d'autre résultat que de nous faire jeûner vingt-quatre heures, tandis que, s'ils ne l'avaient pas commise, ils seraient eux, assurément morts de faim ; quant à l'espièglerie du Père de la Victoire, elle rentrait tellement dans les mœurs arabes, que c'eût été à nous de ne pas nous y laisser prendre. D'ailleurs, elle n'avait eu d'autre suite que de nous donner une escorte plus nombreuse, et par conséquent plus sûre. Il priait donc instamment le pacha de ne pas insister sur l'article de la punition.

Le gouverneur répondit que ce que monsieur Taylor avait dit, en parlant des mœurs arabes, était parfaitement vrai, et prouvait qu'il avait étudié le pays en observateur ; la chose même, il était obligé de l'avouer, s'était déjà renouvelée plusieurs fois, mais sur des voyageurs ordinaires, de misérables peintres ou de pauvres savans, gens qui ne valaient pas la peine, au dire du pacha, que l'on s'occupât de quelle manière ils avaient été traités. Mais pour nous, c'était bien autre chose : nous étions des ambassadeurs du gouvernement français accrédités près du vice-roi d'Egypte, et spécialement recommandés à tous les gouverneurs par Ibrahim-Pacha. Il nous devait donc justice pleine et entière ; en conséquence, il nous invitait de nouveau à nous joindre à lui pour regarder couper le cou aux coupables. Ce disant, il fit un pas vers la fenêtre.

Nous vîmes alors qu'il tenait si sérieusement à nous donner cette preuve de considération pour nous, que nous commençâmes à trembler pour nos pauvres compagnons de voyage. Nous nous levâmes à notre tour, et joignîmes nos instances à celles de monsieur Taylor. Le gouverneur alors parut se faire violence, et, nous faisant signe de nous rassurer, il ordonna qu'on fît entrer les coupables, et nous invita à nous asseoir à ses côtés. Cinq minutes après nos braves amis parurent, Toualeb et Abou-Mansour en tête, puis Béchara, Araballah, et le commun des martyrs ensuite; le tout escorté par une trentaine de soldats, le sabre nu à la main.

Toualeb et Béchara nous jetèrent, en entrant, un regard d'indicible reproche qui nous alla jusqu'au cœur. Nous leur fîmes signe de se rassurer ; ils en avaient grand besoin, car ils tremblaient de tous leurs membres, et étaient aussi pâles que leur teint basané leur permettait de le devenir. Le fait est que, depuis trois heures qu'ils étaient arrêtés sans que nous en fussions informés, ils avaient appris de leurs gardes le sort qui leur était réservé; de sorte que, reconnaissant au fond du cœur qu'ils étaient dans leur tort, et parfaitement instruits de la manière expéditive et impitoyable dont procédait la justice turque, ils se regardaient déjà comme décapités, et cela avec d'autant plus de raison, que, croyant que la dénonciation venait de nous, ils étaient loin d'espérer en notre intercession; le regard amical que nous échangeâmes lors de leur entrée, tout rassurant qu'il était, n'en demeura donc pas moins d'abord tout à fait inintellible pour eux.

Lorsqu'ils furent rangés en cercle autour de nous, le gouverneur les regarda un instant en silence, et avec un œil si terrible, que les malheureux perdirent bientôt le faible espoir que nous leur avions rendu ; enfin, lorsqu'il les vit suffisamment abattus et repentans :

— Misérables enfans du prophète, qui avez manqué à tous vos devoirs envers ceux qui s'étaient confiés à vous, leur dit-il, notre intention première avait été de vous faire trancher la tête pour votre crime; mais, touché par les instances que viennent de nous adresser l'envoyé du sultan des Français, et les honorables Européens qui l'accompagnent, nous vous faisons grâce de la peine capitale. Vous en serez donc quittes, chacun, pour cinquante coups de bâton sous la plante des pieds. Allez.

Ce n'était pas encore là précisément l'affaire de nos Arabes; ils aimaient mieux la bastonnade que la décollation; mais il était bien évident qu'ils eussent préféré leur grâce tout entière à la bastonnade; heureusement pour eux, nous partagions entièrement cette opinion. Monsieur Taylor fit donc un signe pour qu'ils demeurassent encore un instant, et, se retournant vers le gouverneur étonné de notre obstination, il lui exprima, en notre nom et au sien, toute sa gratitude pour l'aimable accueil que nous avions reçu de lui. Il lui affirma, en outre, que cette reconnaissance était si grande, que nous n'avions aucunement besoin de la nouvelle gracieuseté qu'il voulait nous faire aux dépens de la plante des pieds de nos Arabes. Il le pria, en conséquence, de les tenir généreusement quittes de tout châtiment, attendu que si ces hommes avaient, pressés par la faim, manqué à leur strict devoir, ils avaient, en mille autres occasions, dépassé, par leurs prévenances et leur dévouement, ce qu'ils s'étaient engagés à faire pour nous; que, d'ailleurs, après les services qu'ils nous avaient rendus, nous ne les regardions plus comme des guides à qui on a promis un salaire, mais comme des amis qui ont droit au partage. Sachant nos sentimens, ils avaient agi en conséquence; leur seul tort était d'avoir fait leur part avec tant de laisser-aller qu'il ne nous était rien resté pour la nôtre; mais cela était une erreur et non un vol. Or, tout homme qui se trompe et qui avoue franchement qu'il s'est trompé étant excusable, il demandait que l'amnistie fût accordée sans restriction, et qu'après avoir sauvé leur tête ils obtinssent grâce pour leurs pieds; monsieur Taylor ajouta que c'était, au reste, non-seulement son désir, mais encore celui des deux autres Européens qui l'accompagnaient, ainsi que le gouverneur pouvait s'en assurer s'il nous permettait de joindre nos prières aux siennes. Le gouverneur se retourna vers nous d'un air de doute; mais il vit à nos regards supplians, encore plus qu'à nos paroles, la vérité de ce que lui avait dit monsieur Taylor, et resta un instant sans nous répondre, indécis et réfléchissant, comme s'il cherchait la solution d'un problème impossible à résoudre. Pendant ce temps les Arabes avaient suivi la traduction du discours de notre ami avec l'expression de la reconnaissance la plus vive, accompagnant chaque parole miséricordieuse de gestes à l'appui ; de sorte que, lorsqu'ils nous virent nous joindre à leur avocat, ils pensèrent que le moment était venu ; en conséquence, ils s'agenouillèrent, et, tendant les bras vers le juge indécis, ils firent chorus de supplications et de prières. Enfin, le gouverneur nous regarda une dernière fois, comme pour nous demander si bien décidément nous voulions rémission pleine et entière pour les coupables, et trouvant dans notre voix, dans nos regards et dans nos gestes la même expression qu'il y avait déjà lue, il se retourna vers ses soldats, et leur fit, avec un soupir, signe de se retirer; les soldats obéirent. Quant à Toualeb et au Père de la Victoire, il leur adressa, en leur qualité de cheiks, une longue admonestation, où nous ne comprîmes rien autre chose, si ce n'est qu'ils étaient bien heureux d'avoir affaire à des maîtres aussi indulgens que nous. Ce discours achevé avec la dignité convenable, nos Arabes se retirèrent en silence et sans demander le reste.

Quant à nous, nous exprimâmes au gouverneur toute notre reconnaissance pour ses bons précédés, et nous lui assurâmes que, si jamais nous repassions par Suez, notre première visite serait certainement pour lui. Il nous remercia à son tour de nos bonnes dispositions, et nous fit promettre que nous lui écririons du Caire comment notre escorte s'était conduite à notre égard pendant le reste du voyage. Cette double convention arrêtée, nous prîmes congé de lui.

A dix minutes de chemin de son palais et en tournant l'angle de la première rue, nous trouvâmes nos Arabes qui nous attendaient. Aussitôt qu'ils nous aperçurent ils se précipitèrent sur nos mains, qu'ils baisèrent avec une effusion qui ne laissait aucun doute sur leur gratitude. Ces démonstrations reconnaissantes étaient en outre accompagnées de promesses d'un attachement inviolable et à toute épreuve. Ce qui les touchait surtout, c'était, non pas que nous eussions intercédé pour leur tête, mais que nous eussions résisté au plaisir de voir donner la bastonnade, ce qui était, à leur avis, un spectacle des plus intéressans et des plus curieux. Néanmoins, après les premiers momens d'effusion, ils nous proposèrent de partir sans retard. La clémence du gouverneur leur avait paru si peu naturelle, qu'ils ne s'y fiaient pas parfaitement. Nous nous informâmes alors où nous devions rejoindre les chameaux. Ils étaient sellés et chargés, et nous attendaient sur la route du Caire. A peine sortis du palais, quatre d'entre eux étaient partis pour tout préparer, de sorte que nous pouvions quitter Suez à l'instant même. Nous comprîmes l'empressement de nos Arabes, et nous les suivîmes en riant. Effectivement, à la porte occidentale de la ville, nous trouvâmes nos dromadaires ; en un instant nous fûmes en selle comme par enchantement. Nos Arabes, de leur côté, ne se donnèrent pas le temps de faire agenouiller leurs montures ; ils grimpèrent dessus en courant comme je l'avais vu faire à Béchara en sortant du Caire, et une fois dessus, Toualeb et Abou-Mansour, fraternellement unis désormais par le danger commun qu'ils avaient couru, prirent la tête de la colonne et lui imprimèrent un mouvement de galop à l'aide duquel nous mîmes, en moins de deux heures, une dizaine de lieues entre nous et le gouverneur de Suez, dont ils ne pensaient pas pouvoir jamais être assez loin.

Néanmoins, comme la nuit était arrivée pendant que nous parcourions les deux dernières lieues, il nous fallut bien faire halte. En un instant notre tente fut dressée. Nos Arabes étaient gais et légers comme nous ne les avions jamais vus ; Béchara surtout était d'une hilarité qui allait jusqu'à la folie ; il courait et gambadait sans cause, comme pour s'assurer que ses jambes n'avaient éprouvé aucune mésaventure, et nous étions retirés depuis longtemps dans notre tente, que nous l'entendions encore parler avec une volubilité qui trahissait l'émotion fiévreuse qu'avaient laissée en lui les événemens de la journée.

Le lendemain nous nous mîmes en route avec le jour ; nous suivîmes, comme nous l'avions fait en venant du Caire, la ligne des ossemens : une carcasse de dromadaire, encore garnie de quelques lambeaux de chair, et de laquelle s'échappèrent à notre approche deux ou trois chacals, nous prouva qu'une caravane était passée depuis nous, qui avait payé son tribut à la route sinistre. Nous passâmes sous l'arbre du désert sans nous arrêter, nous plantâmes les piquets de notre tente sur l'emplacement de la forêt pétrifiée; la terreur de la veille avait bouleversé toutes les habitudes topographiques de nos Arabes. Au reste, la journée avait été rude, nous avions fait au moins une vingtaine de lieues sans nous reposer plus d'une heure.

Nous étions engagés dans le chemin sinueux et malaisé du Mokkatan avant que le soleil ne fût levé; il parut à l'horizon comme nous atteignions le haut de la montagne, et la lueur de ses premiers rayons se refléta sur les dômes dorés du Caire. Nous saluâmes la populeuse cité toute hérissée de madenehs, toute couverte de coupoles, et l'immense horizon qui l'encadre, avec toute la joie du retour. Nous fîmes, au sommet le plus élevé de la montagne, une halte de dix minutes, pour embrasser tous les détails de cette vue merveilleuse, plus splendide encore au soleil levant qu'à aucune autre heure de la journée; puis, comme si nos haghins eussent deviné notre intention, à peine arrivés au versant occidental du Mokkatan, ils s'élancèrent au galop, et eurent bientôt dévoré l'espace qui nous séparait des tombeaux des califes. De là au Caire il n'y a qu'un pas. Cette fois nous rentrâmes dans la ville, triomphans et sans craindre que nos dromadaires nous jouassent de mauvais tours. Nous étions devenus des écuyers consommés, et, avec nos costumes arabes et nos figures brûlées par le soleil, il eût été vraiment difficile de nous reconnaître pour des chrétiens. A dix heures nous étions chez monsieur Dantan, vice-consul de France, qui parut enchanté de nous voir sains et saufs. Il fit aussitôt prévenir les otages de la tribu d'Oualeb-Saïd, qui, quoique moins expansifs que lui, parurent aussi fort satisfaits de revoir notre troupe au complet et en bonne santé : on se rappelle que leurs têtes répondaient des nôtres.

Immédiatement après ces premiers momens donnés au plaisir de revoir un compatriote et de se retrouver, pour ainsi dire, en France, il fallut songer aux affaires. L'arrangement amical fait au pied du Sinaï, entre Toualeb et le Père de la Victoire, était qu'ils partageraient entre eux le prix du retour. Pour ne pas priver nos fidèles amis du salaire qu'ils avaient si loyalement gagné, nous décidâmes que ce serait nous qui supporterions la différence. Nous donnâmes, en outre, à chacun de nos guides, un batchis aussi considérable que nous le permettait l'état de nos finances, ce qui fit que nous nous séparâmes, eux nous promettant de garder un souvenir éternel de nous, nous leur promettant de revenir un jour. Je ne sais si jamais je pourrai tenir mon engagement vis-à-vis d'eux; mais ce dont je suis sûr, c'est qu'ils ont tenu le leur vis-à-vis de nous, et que plus d'une fois, sur le haghin au galop rapide, autour du feu allumé du désert, ou sous la tente voyageuse de la tribu d'Oualeb-Saïd, nos noms ont été répétés par Béchara et par Toualeb, comme ceux de loyaux amis et de braves compagnons.

DAMIETTE.

Monsieur de Linant, ce jeune artiste qui nous avait mis en relations avec la tribu d'Oualeb-Saïd, ayant appris notre retour, était accouru à l'hôtellerie franque, et, pour cette fois, n'ayant pas voulu que nous eussions d'autre maison que la sienne, il nous avait emmenés chez lui. Au premier mot que nous lui dîmes de notre intention de visiter Jérusalem et Damas, il nous offrit de nous accompagner, ce que nous acceptâmes par acclamation. Monsieur de Linant, ayant déjà parcouru deux ou trois fois toute la Syrie, était le plus merveilleux cicérone que nous pussions avoir. Il fut décidé que nous nous reposerions en descendant le Nil jusqu'à Damiette, et qu'arrivés à cette ville, frais et dispos pour un second voyage, nous y retrouverions Toualeb et ses dromadaires, qui nous conduiraient par El-Arich jusqu'à Jérusalem.

Le jour même nous nous occupâmes des préparatifs du départ. Rien ne nous prend plus facilement et ne nous quitte plus à regret que la fièvre des voyages ; une fois qu'elle s'est emparée de nous, elle nous pousse en avant, et il faut marcher toujours : le Juif-Errant n'est qu'un symbole.

Nous partîmes par une belle soirée, ayant contre nous la brise, mais pour nous le courant et quatorze rameurs nubiens. Pendant la nuit, qui descendit bientôt, nous franchîmes toute la partie du Nil que nous connaissions déjà et qui s'étend de Boulacq à l'angle du Delta; lorsque le jour parut, nous commençâmes à nous engager dans la brame de l'est, plus majestueuse que celle de Rosette, et dont la fertilité nous frappait d'autant plus vivement que nous sortions du désert.

Vers le soir, nous vîmes descendre des villages qui bordaient la rive une vingtaine de femmes nues ; attirées sans doute par les chants de nos rameurs, elles plongèrent dans le Nil, et, nageant vers nous, elles suivirent quelque temps notre barque. La nuit nous débarrassa de nos sirènes basanées, dont heureusement les enchantemens n'étaient point à craindre.

Le lendemain, nous relâchâmes à Mansourah.

Ce nom, comme les Pyramides, rappelait un de ces souvenirs nationaux auxquels un Français ne peut pas rester indifférent. Que nos lecteurs nous permettent donc de suivre, à son tour, l'expédition de saint Louis comme nous avons suivi celle de Napoléon.

Ce fut au mois de décembre de l'an 1244 que la croisade fut décidée. Le roi Louis IX, qui avait déjà signalé sa ferveur pour la religion en rachetant la couronne d'épines du Christ des Vénitiens, chez qui Beaudoin l'avait mise en gage, et en la portant, tête et pieds nus, depuis Vincennes jusqu'à Notre-Dame, venait d'investir, dans une cour plénière tenue à Saumur, son frère Alphonse des comtés de Poitou et d'Auvergne, et de l'Albigeois cédé par le comte de Toulouse. Il avait battu le comte de La Marche, qui avait refusé de lui rendre hommage à Taillebourg et à Saintes, et lui avait fait grâce, quoiqu'il sût que la comtesse avait tenté de l'empoisonner ; enfin il avait forcé Henri III d'Angleterre de demander une trêve, qui ne lui fut accordée qu'au prix de 5,000 livres sterling. Tout était donc tranquille au dedans et au dehors lorsque, se trouvant à Pontoise, il tomba malade d'une fièvre mal guérie, dont il avait été atteint dans son expédition du Poitou. Le mal fit des progrès si rapides que bientôt l'on désespéra de sa vie. La nouvelle funeste retentit par toute la France; Louis n'avait que trente ans, et les commencemens de son règne avaient promis au royaume une ère de prospérité. Le deuil fut donc général; plusieurs seigneurs et beaucoup de prélats accoururent à Pontoise; dans toutes les églises on fit des aumônes, des prières et des processions; enfin la reine Blanche envoya son aumônier à Eudes Clément, abbé de Saint-Denis, afin qu'il tirât de leurs caveaux les corps des bienheureux martyrs, exposition qui ne se faisait que dans les grandes calamités publiques.

Cependant tous les secours de l'art semblaient insuffisans, et toutes les prières de la religion inutiles; Louis tomba dans un évanouissement si profond que l'on fit sortir les deux reines, Blanche, sa mère, et Marguerite, sa femme. Deux dames restèrent seules dans la chambre, priant de chaque côté du lit. Bientôt l'une d'elles, ayant fini sa prière, se leva et voulut couvrir le visage du roi d'un linceul; mais l'autre dame s'y opposa, disant qu'il était impossible que Dieu eût frappé un coup au cœur de la France; et comme elles en étaient sur ce funèbre discours, Louis rouvrit les yeux, et d'une voix faible, mais distincte, il prononça ces paroles: « *La lumière de l'Orient s'est répandue sur moi par la grâce du Seigneur et m'a rappelé d'entre les morts.* » Les deux dames poussèrent un grand cri de joie, s'élancèrent vers la porte, rappelèrent la reine Blanche et la reine Marguerite, qui, ne pouvant croire à ce miracle, rentrèrent en tremblant. En les apercevant, le roi leur tendit les mains; puis, les premiers transports de joie calmés, il demanda Guillaume, évêque de Paris. Ce digne prélat se hâta de se rendre au chevet du malade, qui, animé d'une nouvelle force à sa vue, se leva sur son lit et demanda la croix d'outre-mer. Les assistans crurent que le roi était encore en délire; mais Louis, s'apercevant de leur erreur, étendit la main vers l'évêque, qui hésitait à lui obéir, et jura qu'il ne prendrait pas de nourriture avant d'avoir obtenu le signe de la croisade. Guillaume n'osa le lui refuser, et le malade, ne pouvant le mettre encore sur son armure, le fit placer du moins au chevet de son lit.

A compter de ce jour la santé du roi se rétablit rapidement. Il écrivit aux chrétiens d'Orient de reprendre courage, leur promettant de passer la mer dès qu'il aurait rassemblé son armée, et, en attendant, leur envoyant un secours d'argent.

Louis ne perdit pas de temps pour accomplir sa promesse. Odon de Châteauroux, cardinal-évêque de Tusculum, autrefois chancelier de l'église de Paris, et alors légat du saint-siége, vint en France prêcher la croisade, et un grand nombre de seigneurs accoururent des provinces, attirés plus encore par leur amour pour le roi que par leur zèle pour la religion.

Alors la reine Blanche tenta un dernier effort. Elle vint, accompagnée de Guillaume, trouver son fils, toujours occupé de son projet. Le prélat parla le premier, et dit au roi que le vœu qu'il avait fait pendant sa maladie était un vœu précipité, et qu'un tel vœu n'engageait pas; que si, d'ailleurs, le roi avait quelque scrupule à ce sujet, il se chargeait d'obtenir une dispense du pape. Il montra la France à peine pacifiée, qu'il laissait en butte aux artifices du roi d'Angleterre, à l'esprit séditieux des Poitevins et à l'inquiétude des Albigeois. Blanche continua :

— Mon cher fils, lui dit-elle, écoutez les conseils de vos amis, et ne vous en rapportez pas entièrement à vos sens. Souvenez-vous que l'obéissance à une mère est agréable à Dieu. Restez ici, la Terre-Sainte n'y perdra pas, et vous y enverrez des troupes en plus grand nombre que si vous y alliez vous-même.

— Ce n'est point la même chose, ma mère, répondit Louis, et Dieu attend mieux que cela de moi. Quand les voix de la terre n'arrivaient plus à mon oreille, j'ai entendu une voix du ciel qui me disait : « Roi de France, tu vois les outrages faits à la cité de Jésus-Christ; c'est toi que j'ai choisi pour les venger!... »

— Cette voix, reprit Blanche, ne vous y trompez pas, c'était celle du délire et de la fièvre. Dieu n'exige pas l'impossible, et l'état où vous étiez lorsque vous avez fait le serment vous sera près de lui une excuse pour le rompre.

— Vous croyez, ma mère, que ma raison était égarée lorsque j'ai pris la croix, répondit le roi. Eh bien! je la quitte, selon votre désir. — Tenez, mon père, dit-il en la détachant de son épaule et en la remettant à l'évêque, la voici.

L'évêque la prit, et Blanche voulut se jeter dans les bras de son fils; mais il l'arrêta en souriant.

— Et maintenant, ma mère, continua-t-il, je n'ai ni fièvre ni délire, vous n'en doutez point. Or, je vous demande la croix que je viens de vous rendre, et Dieu m'est témoin que je ne prendrai pas de nourriture qu'à votre tour vous ne me l'ayez rendue.

— Que la volonté de Dieu soit faite! dit la reine reprenant la croix des mains de l'évêque et la remettant elle-même à son fils : nous ne sommes que les instrumens de sa Providence, et malheur à ceux qui tentent de s'opposer à ses décrets!

Cependant le souverain pontife avait envoyé dans tous les États chrétiens des ecclésiastiques chargés de prêcher la guerre sainte : leur zèle n'avait point été infructueux, et grand nombre de seigneurs s'étaient rendus à Paris; cependant il y en avait d'autres à qui l'espoir d'augmenter leurs dignités et leur fortune, sous la régence d'une femme et dans l'absence de leurs aînés, donnait un enthousiasme plus réfléchi. Ceux-là, tout en paraissant approuver la croisade, faisaient entendre qu'il n'y aurait pas de mal à laisser en France quelques hommes de courage et de noblesse, dont la tâche serait moins glorieuse, sans doute, mais tout aussi utile que celle des autres, qui, plus favorisés du sort, accompagneraient le roi dans son pèlerinage armé. Louis ne fut pas dupe de ce prétendu bon vouloir, et il employa un moyen assez bizarre pour déterminer les hésitans et hâter les retardataires. Le jour de Noël s'avançait, et c'était alors l'usage que, la veille de la Nativité, le roi, au moment de la messe de minuit, fît don aux seigneurs de sa cour de riches manteaux, ornés tous d'une broderie uniforme Louis non-seulement se conforma à l'usage, mais, cette fois, fit la distribution plus nombreuse qu'elle ne l'avait jamais été sous les rois ses prédécesseurs, ni même dans aucune année de son règne. Comme cette largesse avait été faite au moment où la messe sonnait, et dans une chambre mal éclairée, ceux qui en avaient été l'objet revêtirent leurs manteaux en hâte et dans l'obscurité, puis s'acheminèrent vers l'église; mais arrivés dans le saint lieu, chacun aperçut, à la lueur des cierges, sur son épaule et sur celle de son voisin, le signe sacré de la croisade, qu'il n'était plus permis de déposer une fois qu'on l'avait pris. Il n'y avait pas à s'en dédire, et, quelque étrange que fût la manière dont les nouveaux soldats du Christ avaient fait leur vœu, pas un n'eut l'idée de le rompre.

Le vendredi 12 juin 1248, Louis, accompagné de ses frères, Robert, comte d'Artois, et Charles, comte d'Anjou, se rendit à Saint-Denis; le cardinal Odon de Châteauroux l'y attendait. Ce fut lui qui déploya l'oriflamme, qui pour la troisième fois allait reparaître en Orient, et qui donna au roi le bourdon et la panetière, attributs des pèlerins; puis la procession reprit le chemin de l'abbaye de Saint-Antoine, où la mère et le fils devaient se dire adieu. La séparation fut terrible pour Blanche; cette reine, si fortement trempée pour les autres événemens de la vie, fondait en larmes dès qu'un danger menaçait son fils.

Enfin Louis quitta sa mère et se mit à la tête de l'armée qui se rassemblait sur le territoire de l'abbaye de Cluny. Là se trouvèrent, prêts et réunis pour la sainte cause, Robert, comte d'Artois, que la mort réclamait à Mansourah, et Charles, comte d'Anjou, qu'un trône attendait en Sicile; Pierre de Dreux, comte de Bretagne; Hugues, duc de Bourgogne; Hugues de Châtillon; Hugues de Saint-Pol; les comtes de Dreux, de Bar, de Soissons, de Blois, de Rhetel, de Montfort et de Vendôme; le seigneur de Beaujeu, connétable de France; Jean de Beaumont, grand amiral et grand chambellan; Philippe de Courtenay, Gayon de Flandres, Archambault de Bourbon, Jean de Barres, Gilles de Mailly, Robert de Béthune, Olivier de Thernes, le jeune Raoul de Coucy, et le sire de Joinville, qui emportait en Égypte l'épée du soldat, sans savoir encore qu'il en rapporterait la plume de l'historien.

Louis apparut au milieu de tous ces seigneurs, les épassant par le rang, les égalant par le courage. Il avait alors trente-trois ans ; il était grand, mince et pâle, avait la figure douce et régulière, les cheveux blonds et coupés courts. Quant à son costume, c'était la simplicité chrétienne dans toute sa rigide humilité; et le même roi qui avait fait donner par sa splendeur à la cour de Saumur le nom de *cour sans pareille*, ne se montra plus que vêtu de la robe de pèlerin, ou couvert d'une armure de fer poli ; *de sorte*, dit Joinville, *qu'en la voie d'outre-mer on ne remarqua une seule cotte brodée, ni celle du roi, ni celle d'autrui.*

Toute cette magnifique assemblée descendit à Lyon, suivit le Rhône, se rendit à la mer. Comme le royaume de France n'avait point encore, à cette époque, de port sur la Méditerranée, et que celui de Marseille, le seul dont Louis pût disposer par sa double alliance avec Béatrix de Provence, ne lui suffisait pas, il avait acheté Aigues-Mortes à l'abbé de Psalmodi : c'était donc dans cette ville qu'était le rendez-vous général, et dans son port qu'attendaient les cent vingt-huit vaisseaux destinés à transporter le roi et les hommes de guerre. Ces nefs, comme les appelle Joinville dans son naïf et poétique langage, étaient en outre escortées d'une multitude de bâtimens de transport, destinés aux chevaux et aux vivres. Comme la France n'avait pas de marine, les pilotes et les matelots étaient presque tous Italiens ou Catalans; les deux amiraux étaient génois; quant à la plupart des barons, c'était la première fois qu'ils voyaient la mer.

Louis s'embarqua le 25 août 1248, et toute la flotte se dirigea vers Chypre, où régnait Henri de Lusignan, descendant des rois de Jérusalem. Cette île avait été offerte par son souverain comme le relais le plus commode, et des magasins considérables y avaient été formés ; toute la flotte y débarqua le 21 septembre de la même année, et ce fut alors seulement que les chrétiens d'Orient virent leur espérance si souvent trompée se changer en certitude. Cette nouvelle fut accueillie avec enthousiasme; ils étaient arrivés au dernier degré de misère et de servitude.

Depuis la croisade de Philippe-Auguste, pendant laquelle Saint-Jean-d'Acre avait été pris, les affaires des chrétiens n'avaient fait qu'empirer en Orient. Le roi de Jérusalem,

Jean de Brienne, avait fait une campagne en Egypte, avait pris Damiette et était en route vers le Caire, lorsque, abandonné par la plus grande partie de ses chevaliers, il avait été forcé à la retraite, et, maître de deux trônes, gendre de deux rois, beau-père de deux empereurs, était allé mourir à Constantinople sous l'habit d'un disciple de saint François. Frédéric, à son tour, s'était rendu à Jérusalem avec de grands projets et une belle armée; mais arrivé là, comme s'il n'eût eu l'intention que d'y accomplir un simple pèlerinage, toute son ambition s'était bornée à se faire couronner dans l'église du Saint-Sépulcre, et, ainsi qu'il l'avait dit dans sa lettre au sultan du Caire, *à planter son étendard sur le Calvaire et sur la montagne de Sion pour conserver l'estime des Francs, et lever sa tête parmi les rois de la chrétienté.* Thibault de Champagne, roi de Navarre, plus troubadour que chevalier, et le dernier des princes croisés qui fût allé en Terre-Sainte, avait fait plus par ses vers que par son épée, et était revenu dans ses États achever des poésies interrompues. Derrière lui un de ces accidens familiers à l'Asie avait refoulé tout un peuple vers l'occident; c'étaient les Karismiens, que les Tartares avaient chassés de la Perse et qui avaient pris Jérusalem, parce que Jérusalem s'était trouvée sur leur route, puis dévasté la Palestine, parce qu'il fallait vivre, et qui à leur tour venaient d'être exterminés presque entièrement par le sultan de Damas, à qui ils étaient inconnus, et qui n'en avait jamais entendu parler avant que le souffle de Dieu ne les poussât l'un contre l'autre. Enfin les dissensions intestines venaient se joindre aux malheurs généraux : le roi d'Arménie et le prince d'Antioche se battaient pour quelques lambeaux de territoire. A Chypre, où abordait le roi, les Latins et les Grecs étaient divisés pour cause de religion, les hospitaliers et les templiers pour cause de prééminence, et les Génois et les Pisans pour cause de commerce.

Louis commença par rétablir la paix et la bonne harmonie parmi tous ces auxiliaires si importans. A Nicosie comme à Vincennes, sous le chêne comme sous le palmier, il rendait la justice, et ses arrêts étaient religieusement exécutés. Mais la mission de l'ange de paix retarda celle de l'homme de guerre: lorsqu'on voulut se remettre en route, on s'aperçut que la saison était trop avancée. Hugues de Lusignan offrit aux croisés l'hospitalité pour tout l'hiver, s'engageant à les suivre au printemps, lui et sa noblesse. Chypre, avec sa situation merveilleuse, son admirable fertilité, ses vins chantés par Salomon, et ses femmes moitié grecques, moitié arabes, ne plaidait que trop vivement en faveur d'une pareille proposition, et, avant d'avoir vaincu comme Annibal, les chrétiens avaient trouvé leur Capoue.

De leur côté, les musulmans étaient en proie à d'affreuses discordes. Depuis la mort de Saladin, un an s'était rarement écoulé sans que le repos de la famille des Ajoubites eût été troublé par quelque dissension. Cependant chez un peuple pareil, campé plutôt qu'établi en Egypte, et ne se soutenant que par la guerre, ces révolutions étaient une école perpétuelle des armes, d'où sortaient, dans toutes les circonstances où un danger commun réunissait les intérêts divisés, les plus terribles adversaires que pussent rencontrer les chrétiens.

Au moment où Louis IX débarqua à Chypre, le sultan du Caire, Malek-Saleb-Negmeddin, qui régnait alors en Egypte, se trouvait au milieu de la Syrie, où il faisait la guerre au prince d'Alep et tenait assiégée la ville d'Emesse. La maladie dont il mourut peu de temps après le retenait à Damas, lorsqu'un homme déguisé en marchand pénétra jusqu'à lui, et lui annonça les préparatifs terribles qui se faisaient à Chypre : cette nouvelle produisit sur son esprit une vive sensation. Les Orientaux avaient appris à regarder les Français comme les plus braves de leurs ennemis, et le roi de France comme le plus puissant et le plus redoutable des rois. A ces craintes réelles venait se joindre une prédiction que les missionnaires trouvèrent répandue jusque dans la Perse, et qui était également accréditée parmi les chrétiens et parmi les musulmans. Elle annonçait qu'un roi des Francs disperserait tous les infidèles et délivrerait l'Asie du culte de Mahomet. Malek-Saleh ne crut donc pas qu'il y eût un instant à perdre : il abandonna le siége commencé, et, tout souffrant qu'il était, monta dans une litière, et arriva à Achmoun-Tanah, au mois d'avril 1249. Alors, comme il ne doutait pas que la ville de Damiette ne fût la première attaquée, il s'occupa aussitôt de la mettre en état de défense, y fit entasser des amas de vivres et porter des armes et des munitions de toute espèce; ensuite il ordonna à l'émir Fakreddin de marcher vers cette ville pour s'opposer à la descente des ennemis; puis, comme il sentait que sa maladie empirait, il fit publier par tout son royaume que tous ceux à qui il devait quelque chose pouvaient se présenter à son trésor, et qu'ils y seraient payés. Fakreddin campa au Gyzeh de Damiette, sur la rive gauche du Nil : le fleuve passait entre la ville et le camp.

Cependant l'hiver s'était écoulé dans ces doubles préparatifs, et le roi ayant jugé que le temps allait arriver de se remettre en mer, fit donner l'ordre que tous les navires fussent chargés de vivres et prêts à partir au premier signal. Les provisions, comme nous l'avons dit, avaient été amassées longtemps à l'avance; des dépôts d'orge, d'avoine et de froment avaient été faits dans les plaines en telles quantités que ces monceaux semblaient des montagnes. Ce qui rendait la ressemblance plus frappante encore, c'est que les blés exposés à l'air et à la pluie avaient germé sur une profondeur de quatre ou cinq pouces; de sorte que ces collines étaient couvertes d'herbe; mais sous cette croûte les grains s'étaient conservés aussi beaux et aussi frais que s'ils eussent été battus de la veille. Rien ne s'opposa donc à l'ordre donné. Tous les transports achevés, le roi et la reine passèrent à bord de leur vaisseau, le vendredi d'avant la Pentecôte, et alors on cria de navire en navire que chacun se tînt prêt; de sorte que le lendemain, au point du jour, au signal donné, tous les bâtimens à la fois déployèrent leurs voiles et s'avancèrent majestueusement, couvrant la mer de toiles tendues et de bois flottans sur l'eau, car la flotte se composait de dix-huit cents vaisseaux, tant grands que petits.

Le lendemain, jour de la Pentecôte, le roi, se trouvant à la pointe de Lymesso, vit à terre une église d'où partait le son des cloches. Ne voulant pas perdre cette occasion qui semblait offerte par Dieu d'entendre une fois encore la sainte messe, il gouverna vers la terre et aborda avec une douzaine de vaisseaux. Mais tandis qu'il était dans l'église, une grande tempête s'éleva qui dispersa la flotte, et un vent terrible venant d'Afrique éloigna les vaisseaux de la route d'Egypte, et les poussa, tous perdus et en désordre, sur les côtes de la Palestine, où le roi eût été jeté comme les autres, si son saint désir ne l'avait conduit à terre; il en résulta que de deux mille huits cents chevaliers qui étaient partis de Chypre, sept cents à peine purent se rallier autour de lui; ce qui n'empêcha pas que le lendemain, le vent étant devenu favorable, le roi ne se rembarquât et ne continuât sa route vers l'Egypte. « Bien doulans et esbahi, » dit Joinville, de la perte de ses chevaliers, car il les croyait tous morts ou en grand péril.

Le quatrième jour après cette catastrophe, comme la flotte continuait de marcher sur une mer calme, sous un beau ciel et par un temps favorable, le pilote du vaisseau royal, homme expérimenté qui connaissait toute la côte et parlait plusieurs langues, s'écria tout à coup, du haut du mât où il était en observation : « Dieu nous aide, Dieu nous aide, voici Damiette!... » Au même instant plusieurs autres pilotes répondirent à ce cri par un cri pareil, et bientôt les croisés eux-mêmes, tout émus de cette grande nouvelle, purent apercevoir le sable doré de la rive, sur lequel se détachaient en blanc les murailles crénelées de la ville. C'était le vendredi 4 juin 1249, l'an de l'hégire 647, le 21 de la lune de sefer. Alors de grands cris de joie retentirent par toute la flotte. Mais Louis étendit la main, faisant signe qu'il voulait parler. On fit aussitôt silence à bord du navire qu'il montait, et les autres nefs s'approchèrent autant qu'il était possible pour entendre ce qu'il allait ordonner. « Mes fidèles, dit alors le roi d'une voix sonore et pleine de foi, ce n'est pas sans une permission divine que nous nous sommes transportés ici pour aborder dans un pays si puissamment occupé. A cette heure, je ne suis plus le roi de France, je ne suis plus le chevalier de l'Eglise; je ne suis qu'un homme dont la vie s'éteindra comme celle du dernier des hommes, lorsqu'il plaira au Seigneur de souffler dessus. Mais souvenez-vous que tout est pour nous, quelque chose qu'il arrive : vaincus, nous sommes martyrs; vainqueurs, le nom du Seigneur sera glorifié, et l'honneur de la France grandira encore, non-seulement dans la chrétienté, mais encore dans tout le monde. En tout cas, soyons humbles comme il convient à des soldats du Christ : nous vaincrons pour lui, mais il triomphera pour nous. Et maintenant Dieu nous garde, car voilà des nouvelles qui nous arrivent de la part de nos ennemis!..... »

En effet, tout le rivage était couvert, tant par l'armée de Fakreddin que par les habitans de Damiette, effrayés de voir tant de vaisseaux réunis. Entre ces deux multitudes, le Nil coulait et venait se jeter majestueusement à la mer. Bientôt, à son embouchure, parurent quatre galères montées par des pirates, qui s'avançaient pour examiner et reconnaître quelle était cette armée et ce qu'elle voulait; puis, lorsqu'elles furent à trois portées de trait des premiers navires du roi, elles voulurent retourner en arrière, comme si elles avaient appris ce qu'elles voulaient savoir. Mais il était trop tard : de légers bâtimens déployèrent toutes leurs voiles et les joignirent. Ces bâtimens étaient armés de mangonneaux disposés de telle manière qu'ils lançaient au loin et en même temps les uns des pierres, les autres des traits, ceux-là des vases de chaux. Les pirates eurent beau se défendre, ils furent bientôt écrasés; trois de leurs galères, brisées, coulèrent à fond; la quatrième, moins avancée que les autres, parvint à regagner le rivage, toute démâtée et couverte de blessés et de morts. Alors ceux qui survivaient reprirent terre en montrant leurs blessures et en criant à cette multitude que c'était le roi de France qui arrivait en ennemi avec une multitude de chevaliers qui faisaient pleuvoir des flèches, des pierres et du feu. Tous ceux qui n'étaient pas armés s'enfuirent vers la ville. Les croisés virent ce mouvement, et leur courage en fut redoublé. Le roi cria le premier : « Au rivage! » et tous répétèrent : « Au rivage! au rivage! » Alors on fit approcher des grands vaisseaux les bateaux plats qui devaient servir au débarquement. Joinville, qui avait à lui une petite galère, s'y jeta le premier, suivi de Jehan de Belmont, de d'Ayrard de Brienne. Aussitôt tous les chevaliers qui montaient le même navire que lui, n'ayant pas de galère, se précipitèrent dans la barque; en un instant elle reçut le double de ce qu'elle pouvait porter. Mais aussitôt les mariniers, voyant le danger, s'accrochèrent aux cordages et remontèrent à bord du navire. Malgré cet allégement à sa charge, la barque continua de s'enfoncer; il n'y avait pas un instant à perdre, le péril était pressant. Joinville fit gouverner vers elle, demandant à grands cris combien il y avait de chevaliers de trop dans la barque. « Dix-huit ou vingt, répondirent les mariniers. » Aussitôt il arriva bord à bord, fit passer dix-huit hommes d'armes dans sa galère. Pendant ce temps, un chevalier nommé Plouquet voulut sauter du navire dans la barque; mais la distance était trop grande, il tomba dans la mer; et, alourdi par son armure, il se noya. Ce fut le premier martyr de cette campagne, qui devait en compter tant d'autres.

Cependant les Sarrasins s'apprêtaient à bien recevoir les croisés. Au milieu d'eux, l'émir Fakreddin, revêtu d'une armure d'or qui réfléchissait les rayons du soleil, semblait le dieu du jour lui-même. Une multitude de musiciens faisaient retentir l'air du bruit des cors et des tambours. Les chrétiens leur répondaient par leurs cris, et s'avançaient rapides comme une volée d'oiseaux de mer. C'était à qui toucherait la terre le premier. Joinville tenait toujours la tête de la ligne qui s'avançait; il avait laissé derrière lui le navire royal. Alors les gens du roi lui crièrent d'attendre, et qu'il eût à débarquer avec le vaisseau qui portait l'oriflamme; mais le brave sénéchal ne voulut entendre à rien, continua sa route, et alla toucher, lui vingt et unième, le rivage en face d'un gros de cavalerie. Il s'y élança le premier, suivi de d'Ayrard de Brienne et de Jehan de Belmont. Derrière eux les chevaliers qu'il avait recueillis dans sa galère prirent terre. Au même instant les Sarrasins piquèrent leurs chevaux, et vinrent droit à eux pour les repousser dans la mer. Alors Joinville et ses chevaliers plantèrent leurs lances et leurs écus dans le sable, la pointe tournée vers ceux qui les chargeaient, et tirèrent leurs épées. Mais, en voyant ces préparatifs de défense, les Sarrasins tournèrent bride, et s'enfuirent sans même attaquer. Aussitôt les croisés s'apprêtèrent à les poursuivre; mais, au même instant, un des écuyers de messire Beaudoin de Reims arriva à la nage, priant Joinville de ne rien faire sans son maître, et le bon chevalier lui fit répondre aussitôt qu'un si vaillant homme valait bien la peine d'être attendu; et, ce disant, il s'arrêta effectivement pour attendre.

Alors il jeta les yeux autour de lui. A sa gauche abordait le comte de Jaffa, qui touchait noblement le rivage, porté sur une magnifique galère, merveilleusement peinte et ornée, tout à l'entour, de l'écusson de ses armes, qui étaient d'or à une croix de gueules pattée. Trois cents mariniers faisaient voler ce splendide bâtiment sur la mer; chacun portait au cou une targe au milieu de laquelle brillait un écusson d'or pur. Cent musiciens répondaient aux cors et aux tambours des Sarrasins par des instrumens pareils; de sorte qu'il semblait un roi qui rentre dans son royaume, et non un soldat qui met le pied sur un sol ennemi. A peine la galère eut-elle touché le sable, que lui, ses chevaliers et ses gens de guerre s'en élancèrent armés, et que ceux-ci tout aussitôt tendirent leurs pavillons, comme si cette terre était sienne. Alors les Sarrasins se rassemblèrent de nouveau et en plus grand nombre, et de nouveau chargèrent les Français, frappant leurs chevaux des éperons. Mais, voyant que leurs ennemis les attendaient de pied ferme et sans s'épouvanter, ils tournèrent une seconde fois le dos, et s'enfuirent sans plus oser attaquer les croisés que la première.

Les voyant s'éloigner ainsi, le sire de Joinville tourna les yeux vers sa droite, et il vit, à une portée d'arbalète de lui, la galère de l'enseigne Saint-Denis qui prenait terre à son tour. Ceux qu'elle portait étaient à peine débarqués quand, honteux de la double fuite de ses compatriotes, un Sarrasin s'en vint heurter cette muraille de fer qui venait de s'élever sur la rive; mais, en un instant, il fut mis en pièces, et son cheval s'en retourna seul et en hennissant vers ses compagnons, qui n'avaient point osé le suivre.

Au même instant, derrière Joinville, il se fit un grand cri et un grand tumulte. Le roi Louis, voyant l'oriflamme arrivée à terre, n'avait point eu la patience d'attendre que sa barque gagnât le rivage; et malgré le légat, qui voulait le retenir, il avait sauté à la mer en criant : *Montjoie et Saint-Denis*. Heureusement il n'avait de l'eau que jusqu'aux épaules, de sorte qu'il gagna aussitôt la rive, l'épée au poing, le casque en tête. Chacun suivit son exemple. La mer se couvrit d'hommes et de chevaux, comme si toute cette flotte eût fait naufrage. En ce moment trois colombes s'élevèrent au-dessus du camp des Sarrasins, et prirent leur vol vers Mansourah : c'étaient les messagers qui portaient au sultan la nouvelle du débarquement des croisés.

Alors les Sarrasins semblèrent se repentir de la facilité qu'ils avaient laissée aux chrétiens d'aborder sur la terre d'Egypte. Les gens du roi venaient de dresser sa tente, qui était d'un rouge éclatant, semée de fleurs de lis d'or; toute l'armée musulmane fondit sur ce point de mire, toute l'armée chrétienne se pressa autour de son souverain. En même temps la flotte infidèle sortit du Nil et vint heurter la flotte des croisés. Ce fut une mêlée générale, sanglante et acharnée, mais courte; car pendant que Français et Sarrasins se battaient corps à corps sur la terre et sur l'eau, les captifs et les esclaves enfermés à Damiette parvinrent à ouvrir les portes de leurs prisons, et, sortant de la ville avec de grands cris, traversèrent le Nil, brandissant les premières armes qu'ils avaient pu trouver. Alors les Sarrasins, qui ne savaient d'où sortait ce nouveau renfort, lâchèrent pied, et se retirèrent dans leur camp. Au même instant, la flotte, voyant fuir l'armée, rentra dans le Nil. Le champ de bataille resta couvert de cadavres sarrasins, parmi lesquels les deux émirs Nedjin-Eddin et Sarin-Eddin. Quant aux croisés, ils ne perdirent qu'un seul homme, et, comme si Dieu eût voulu lui remettre toutes ses fautes par une prompte mort, cet homme fut le comte de La Marche, l'ex-allié des Anglais, le vassal rebelle de Saintes et de Taillebourg !...

Les croisés n'osèrent poursuivre les Sarrasins, de peur de quelque embûche; ils dressèrent leurs tentes autour du pavillon royal. La reine Marguerite et la duchesse d'Anjou, qui pendant la bataille étaient restées à l'écart sur un navire, débarquèrent alors, et le clergé, présidé par le légat, chanta le *Te Deum.*

Dès que la nuit fut venue, Fakreddin profita de son obscurité pour abandonner son camp et se retirer sur la rive droite du Nil. Puis, arrivé là, au lieu d'anéantir le pont qui venait de lui offrir un passage, et de se renfermer dans Damiette ou d'attendre le chrétien sous ses murs, il rentra dans la ville, mais pour la traverser seulement, et sortit par la porte opposée, prenant la route d'Acmoun-Tanah, sans avoir donné un seul ordre pour la défense de la place. Alors les habitans de Damiette, se voyant abandonnés et trahis, se répandirent dans les rues, égorgeant les chrétiens; la garnison, qui se composait d'Arabes de la tribu Beni-Kenamé, l'une des plus braves et des plus cruelles du désert, suivit l'exemple, et pilla les maisons. Alors par toutes les portes de la ville, comme les abeilles sortent par les ouvertures d'une ruche, des familles entières se mirent à fuir sans savoir où elles allaient, poussées par la terreur du nom chrétien, comme les grains du désert par l'ouragan, emportant avec elles leurs meubles, leurs habits et leur or, qu'elles semaient sur les routes. La garnison ne resta pas longtemps après eux, et se retira à son tour; si bien que vers la minuit la ville se trouva, non-seulement sans défenseurs, mais encore sans habitans.

Le camp des chrétiens commençait à reposer, lorsque les sentinelles donnèrent l'alarme. Une grande flamme s'élevait au-dessus de Damiette, éclairant les murailles, le Nil et le Giseh. Tout semblait désert et muet, et, dans ce cercle immense qu'éclairait l'incendie, on ne voyait aucune ombre, on n'entendait aucun cri. Les croisés ne comprenaient rien à cette solitude et à ce silence; ils restèrent debout et sous les armes jusqu'au jour. Au moment où il commençait à paraître, c'est-à-dire vers les trois heures du matin, deux esclaves qui avaient échappé au massacre et qui avaient attendu que la ville fût entièrement évacuée pour se hasarder à sortir dans les rues, accoururent au camp, et annoncèrent ce qui s'était passé. Le roi ne le pouvait croire, tant la chose était étrange, quoiqu'il les reconnût pour des frères et qu'ils jurassent par le Christ.

Alors un chevalier de bonne volonté s'offrit pour vérifier ce récit. Son offre fut acceptée, et ayant demandé au légat l'absolution de ses péchés, il s'avança vers Damiette, traversa le pont, et entra dans la ville. Une heure après, on le vit sortir par la même porte; mais le roi n'eut pas la patience de l'attendre, et, mettant son cheval au galop, accompagné de tous les seigneurs qui se trouvaient appareillés, il courut au-devant de lui. Le chevalier raconta qu'il était entré dans la ville et n'y avait trouvé que des cadavres. Alors il avait visité plusieurs maisons, elles étaient vides, les Sarrasins étaient partis. Damiette était au roi de France, et il n'avait pour cela d'autre peine à prendre que d'y entrer comme ce chevalier venait de le faire lui-même.

Le roi ordonna à l'armée de se mettre en bataille et de s'avancer vers la ville; une avant-garde, conduite par le chevalier qui venait de parcourir la cité déserte, y entra la première et s'occupa d'abord d'éteindre l'incendie; puis derrière elle le roi de France, le légat du pape, le patriarche de Jérusalem, suivis d'une foule de prélats et d'ecclésiastiques, tête et pieds nus, entrèrent à leur tour, chantant des psaumes et remerciant Dieu de cette conquête miraculeuse. Ils se rendirent ainsi à la grande mosquée, qui fut convertie aussitôt au culte chrétien et mise sous l'invocation de la Vierge; puis, la messe entendue, le roi, les barons et les chevaliers se répandirent sur les murailles et sur les tours, et rendirent une seconde fois grâce au Seigneur de ce qu'une cité si forte, qui aurait pu se défendre des années entières contre une armée triple de celle qui l'assiégeait, s'était rendue d'elle-même, sans blocus et sans assauts, et comme si les anges du ciel en eussent ouvert les portes.

La consternation fut grande par toute l'Égypte lorsque s'y répandit cette nouvelle : chacun sentait combien une pareille fuite allait augmenter la confiance et le courage des chrétiens. Le sultan en apprit la nouvelle sur son lit de mort, et la colère lui rendit quelque temps l'énergie de la santé. Il fit venir à son lit cinquante officiers de la garnison de Damiette et les condamna à être étranglés. Un de ces officiers, qui avait un fils, jeune homme d'une rare beauté, et qu'il aimait de tout l'amour d'un père, demanda à mourir le premier afin de ne pas voir le supplice de son fils.

— Tu m'y fais penser, répondit le sultan : qu'on exécute le fils sous les yeux du père.

Puis il fit approcher Fakreddin à son tour.

— La présence des Francs, lui dit-il, doit avoir quelque chose de bien terrible, puisque des hommes comme vous n'ont pu la supporter un jour tout entier? Alors les émirs, craignant pour leur chef le sort des autres officiers, lui firent signe qu'ils étaient près de poignarder le sultan; mais l'effort que ce dernier avait fait ayant épuisé ses forces, et Fakreddin le voyant retomber sur ses coussins pâle et sans voix :

— Non, dit-il, ce n'est pas la peine, laissez-le mourir.

En effet, le 22 novembre 1249, le 15 de la lune de chaban, le sultan mourut, désignant pour son successeur son fils Touran-Chah.

MANSOURAH.

Cependant les Français ignoraient la mort de Negmeddin, car toutes précautions avaient été prises pour la cacher non-seulement à eux, mais encore aux Égyptiens. Quoique ce magnifique sultan ne fût plus qu'un cadavre, quoique l'autorité et le pouvoir fussent remis momentanément aux mains d'une femme, les Mameluks *baharites*, qu'il avait institués, et qui prenaient leur nom de *baharites* ou *maritimes* de ce qu'ils gardaient ordinairement le château de Raoudah, situé au milieu du Nil, continuèrent de veiller à la porte de son palais; les repas étaient servis comme s'il eût été vivant; les ordres étaient en son nom; les prières se faisaient pour son rétablissement dans toutes les chaires des mosquées, et tout cela pendant que des messagers avaient été envoyés à Husn-Keifa, sur les bords du Tigre, où Touran-Chah, son fils, était exilé. Pendant ce temps, l'émir Fakreddin avait pris le commandement de toute l'Egypte : c'était un grand général et un brave soldat, quoique, par sa retraite précipitée, qui, au reste, n'était peut-être qu'une ruse, il eût livré Damiette. Il avait été fait chevalier par Frédéric II, et sur son écusson il portait réunies les armes des empereurs d'Allemagne et des sultans du Caire et de Damas.

Mais à la longue, si bien cachée que fût cette mort, les croisés avaient fini par l'apprendre ; cependant, comme les Turcs, ils attendaient aussi quelqu'un pour agir. C'était le comte de Poitiers, qui, resté en France, devait amener au secours de l'armée campée devant Damiette des hommes et de l'argent. Mais, vers le temps qu'ils devaient arriver, la mer devint si mauvaise et les vents tellement contraires, que plus de cent trente vaisseaux furent jetés à la côte ou sombrèrent sous voiles. Le comte de Poitiers, parti d'Aigues-Mortes vers la fin de juin, au moment où la nouvelle de la prise de Damiette arrivait en Occident, fut poussé par le vent à Saint-Jean-d'Acre, de sorte que le roi et tous les chevaliers, ne le voyant point paraître et ne sachant point ce qu'il était devenu, se désespéraient, le croyant mort ou du moins en grand péril. Chacun ouvrait un avis différent à ce sujet, lorsque le sire de Joinville se rappela que, pendant son voyage de Marseille à Chypre, il lui était arrivé une chose merveilleuse. A la hauteur de Tunis, environ vers l'heure des vêpres, ils avaient rencontré sur leur route une grande montagne toute ronde; ils la doublèrent le soir et croyaient l'avoir laissée bien loin derrière eux pendant la nuit, lorsque, en se réveillant le matin, ils se retrouvèrent à la même place que la veille, ayant toujours la montagne à l'avant de leur navire, quoique le pilote eût juré qu'il avait fait cinquante lieues pendant la nuit. Alors ils joignirent les rames aux voiles, nagèrent et voguèrent toute la journée et toute la nuit ; mais cette peine fut inutile; en rouvrant les yeux le lendemain, ils revirent encore la montagne fatale devant eux. Alors ils comprirent bien qu'il y avait là-dessous quelque magie que l'on ne vaincrait pas tant que l'on n'emploierait contre elle que des moyens humains. Un prud'homme d'église, nommé le doyen de Mauru, éleva en conséquence la voix, et dit : « Chers sires et chevaliers, je n'ai de ma vie vu ni persécution ni péril qui ne disparaisse par l'aide de Dieu et de sa sainte mère, lorsqu'au jour du samedi on fait trois fois et dévotement procession en chantant les louanges du Seigneur. » Ce jour était justement un samedi ; de sorte que tout l'équipage, sans plus attendre, se mit à marcher en chantant des psaumes autour des mâts de la nef; et Joinville lui-même s'y fit mener, soutenu par les bras, car il souffrait beaucoup du mal de mer. Or, la conjuration fut efficace, et le lendemain ils avaient perdu de vue la montagne d'aimant. Joinville proposa donc le même moyen au légat; celui-ci l'accepta incontinent, et fit crier trois processions dans l'armée. Elles devaient avoir lieu de samedi en samedi, et se rendre à la maison du légat au moustier Notre-Dame, en la ville de Damiette. Elles furent exécutées avec grande foi et grande espérance, et, à chacune de ces processions, auxquelles assistaient le roi et tous les seigneurs de sa cour, le légat faisait un sermon et remettait les péchés. Enfin, le troisième samedi étant arrivé, comme le roi était à l'église, on vint lui annoncer que l'on apercevait plusieurs vaisseaux en mer : c'étaient le comte de Poitiers et l'arrière-ban de la France.

L'arrivée du frère du roi, sauvé d'une manière si miraculeuse, réjouit toute l'armée. Chacun courut au débarquement, et l'on vit avec plaisir qu'outre un puissant renfort d'hommes, le comte de Poitiers amenait un grand secours d'argent. Onze chariots traînés chacun par quatre forts chevaux, et chargés de vingt-quatre grands tonneaux liés en fer, contenant des talens, des sterling et de la monnaie de Cologne, s'acheminèrent vers Damiette. C'était le prix des biens de l'église, qui avaient été vendus pour aider au succès de la croisade.

Le même jour, Louis IX rassembla ses plus hauts barons, leur adjoignit ceux qu'il reconnaissait comme habiles gens de guerre, et leur demanda leur avis sur la voie qu'il fallait prendre, et si l'on devait marcher sur Alexandrie ou sur le Caire. Le comte Pierre de Bretagne et les plus expérimentés opinèrent pour que le roi allât à Alexandrie, qui avait un bon port, au moyen duquel on pourrait ravitailler l'armée; mais cet avis fut repoussé avec force par le comte d'Artois, qui déclara que, pour son compte, il n'irait à Alexandrie que par le Caire; que le Caire était la capitale du royaume d'Égypte, et que, lorsqu'on voulait tuer le serpent, il fallait d'abord lui écraser la tête. Le roi lui-même se déclara pour cette proposition, et, le 6 décembre, les croisés se mirent en marche, laissant la reine Marguerite, les comtesses d'Artois, d'Anjou et de Poitiers à Damiette, sous la garde d'Olivier de Thernes.

Malgré tous ces accidens, l'armée présentait encore une magnifique apparence; vingt mille cavaliers, la fleur de la chevalerie, quarante mille fantassins, les meilleurs soldats de pied qu'il y eût, remontaient la rive droite du Nil. En même temps le fleuve, dans la longueur d'une lieue, disparaissait tout entier sous les barques, les galères et les grandes et petites nefs chargées d'armes, de harnais, d'instrumens de guerre et d'hommes. Le lendemain on fit halte à Pharescour, et là se présentèrent le premier obstacle et la première surprise.

On était arrivé à l'une de ces branches nombreuses du Nil qui s'échappent du fleuve et vont se jeter dans la mer depuis la bouche Pélusiaque jusqu'à la bouche Canopique : et, quoique peu large, la rivière était trop profonde pour être passée à gué. A cette époque, où l'art stratégique n'avait point encore le secret de ces ponts volans qui transportent aujourd'hui nos armées d'une rive à l'autre, il n'y avait, en pareil cas, d'autre ressource que de faire des saignées au fleuve, jusqu'à ce que ses eaux, en baissant graduellement, laissassent un gué à découvert. On se mit à l'œuvre, et comme elle s'avançait déjà, on vit s'approcher, faisant des signes pacifiques, cinq cents cavaliers sarrasins merveilleusement montés et couverts de magnifiques armures. Louis les envoya reconnaître et leur fit demander ce qu'ils voulaient. Ils répondirent que, le sultan étant mort et ne voulant pas servir son successeur, ils venaient offrir leurs services au roi de France. Quoique ce prétexte parût peu plausible, comme à cause de leur petit nombre ils se trouvaient à la discrétion des croisés, le roi ordonna que, sous peine de rébellion, et par conséquent de mort, il ne fût fait aucune insulte à ces nouveaux alliés. On se mit donc, sous leurs yeux, en mesure de passer le fleuve.

Les templiers marchaient les premiers, conduits par Regnault de Bichers, lorsqu'ils virent les cinq cents Sarrasins, qui s'étaient formés en corps serré, se mouvoir tout à coup et venir à eux au grand galop de leurs chevaux; ils s'arrêtèrent alors pour savoir ce qui allait se passer, se contentant toutefois de se mettre en défense, car eux non plus ne pouvaient croire qu'une si petite troupe attaquât toute une armée. Leur doute ne fut pas long : un des Turcs, qui devançait les autres de la longueur de quatre ou cinq lances, frappa de sa masse d'armes un templier qui se trouvait sur les flancs de la bataille, et l'envoya rouler sous les pieds du cheval de Regnault de Bichers. Alors celui-ci, tirant son épée, se dressa sur ses étriers en criant : « Or, en avant, compagnons ; à eux de par le Seigneur, car nous ne pouvons souffrir de telles choses. » A ces mots il frappa son cheval de ses éperons, et tous ces moines terribles, que Dieu avait armés chevaliers, se retournèrent contre les Sarrasins, les poussant vers le fleuve et les frappant de leurs épées, jusqu'à ce qu'une part fût couchée sur le rivage et que l'autre eût disparu dans le Nil ; si bien que pas un de cette troupe d'élite n'échappa, et que tous furent tués ou noyés. Puis les templiers, qui avaient fait à eux seuls cette sanglante exécution, revinrent se placer à l'avant-garde et passèrent le fleuve sans autre accident. L'armée les suivit. Le lendemain soir elle arriva au bourg de Scharmesah.

Cependant le bruit de sa marche remontait le Nil devant elle ; et à mesure qu'on approchait de Mansourah, ce dernier rempart du Caire, l'effroi se répandait par toute l'Égypte, que la mort récente de son sultan laissait dans le trouble et la confusion. On n'entendait point encore parler du jeune prince Touran-Chah ; aucun des messagers envoyés vers lui n'était revenu, et la responsabilité des affaires publiques pesait tout entière sur une femme. Il est vrai que l'historien arabe Makrisi dit que cette femme surpassait toutes les femmes en beauté et tous les hommes en génie.

Cette crainte fut encore augmentée par une lettre que l'émir Fakreddin envoya au Caire pour appeler tous les bons musulmans aux armes. A l'heure de la prière, le mufti monta dans la chaire, et ayant annoncé qu'il avait quelque chose d'intéressant à communiquer au peuple, il déroula la lettre de Fakreddin et la lut. Elle était conçue en ces termes :

« Au nom de Dieu et de Mahomet son prophète.

» Accourez, grands et petits : la cause de Dieu a besoin

de vos armes et de vos richesses. Les Francs, que le ciel les maudisse ! sont arrivés dans notre pays avec leurs étendards déployés et leurs épées nues ; ils veulent s'emparer de nos cités et ravager nos provinces. Quel musulman peut refuser de marcher contre eux et de venger la gloire de l'islamisme ? »

Le contenu de cette lettre lue dans la grande mosquée se répandit bientôt par tout le Caire. Les lâches songèrent à fuir, les braves à marcher au-devant du danger. Pendant trois jours la ville fut éplorée et abattue, comme si ces Francs tant redoutés étaient déjà aux portes. Pendant ce temps, les croisés avançaient toujours, n'ayant aucune connaissance des localités, mais remontant le cours du Nil, et sachant que sur la rive ils trouveraient Mansourah, et après Mansourah le Caire.

Tout à coup, à quelques lieues au delà de Bermoun, l'avant-garde s'arrêta en poussant de grands cris : elle avait aperçu la ville de la victoire, et de l'autre côté du canal de l'Achmoun, sur les deux rives du fleuve, les deux camps de leurs ennemis, soutenus par une flotte qui barrait le Nil, tandis que les Turcs barraient la terre. Cette fois, ce n'était plus un torrent à détourner et cinq cents Sarrasins à vaincre, c'était un véritable fleuve à franchir, c'était toute une armée à combattre. On était enfin arrivé au lieu marqué par la destinée, et où devait se décider le sort de la guerre. La flotte des croisés s'avança jusqu'à la hauteur du canal de Mansourah, les chevaliers chrétiens parvinrent jusqu'aux rives du canal sans attaque et sans opposition. Arrivés là, la flotte jeta l'ancre et l'armée établit son camp. Nasir-Daoud, prince de Carak, établi sur la rive occidentale du Nil, les regarda faire. C'était le 19 décembre de l'an 1249, le treizième jour de la lune de ramadan.

Les croisés tracèrent aussitôt leur enceinte sur l'emplacement où l'armée du roi Jean de Brienne avait campé trente ans auparavant, et le roi donna ses ordres pour le passage du canal.

Ce canal, qui s'échappait comme une natte de la tête chevelue du Nil, avait, devant Mansourah, une largeur égale à celle de la Seine. Son lit était profond, ses bords escarpés ;

aucun pont n'existait, aucun gué n'était connu, et quelques hommes dispersés sur l'autre rive eussent suffi pour détruire une armée qui eût tenté de le traverser à la nage. Louis décida donc que l'on construirait une chaussée, et que deux tours roulantes et à plusieurs étages défendraient les travailleurs. On se mit à ces deux beffrois, qui furent construits en quelques jours; puis on s'occupa de la jetée.

Les Sarrasins amenèrent alors seize machines de guerre qu'ils disposèrent sur la rive méridionale du fleuve, afin de lancer des pierres et des traits de l'autre côté de l'eau. Aussitôt le roi fit faire dix-huit machines qu'il leur opposa. Parmi ces dix-huit il y en avait une très meurtrière, et dont le maître inventeur fut un chevalier nommé Jousselin de Courrent. Or, pendant qu'on élevait ces châtels et ces machines, les frères du roi et les chevaliers faisaient bonne garde le jour et la nuit.

Cependant les galeries étant terminées, malgré la pluie de pierres et de flèches qui tombaient sur les travailleurs, la jetée commença d'allonger sa tête sur le fleuve. Mais au même instant, et juste en face, les Sarrasins se mirent à creuser la terre, de sorte que le rivage reculait par un effort pareil à celui qu'on faisait pour le joindre. Pendant trois jours, la chaussée s'avança laborieusement ainsi, toute détrempée de sueur et toute teinte de sang, et, à la fin du troisième jour, il se trouva le même espace à franchir qu'avant le commencement des travaux.

Pendant ce temps, Fakreddin fit descendre la rive gauche du Nil à une troupe nombreuse de Sarrasins, qui traversa le fleuve à Scharmesah, et qui, faisant de nuit la même route qu'avaient faite les chrétiens, s'avança pour les attaquer: l'émir les y avait encouragés en jurant par le nom du prophète que le jour de saint Sébastien il coucherait dans la tente du roi de France.

L'armée était en train de dîner, se gardant avec grand soin du côté du canal et du fleuve, lorsque, sur les derrières du camp et du côté de Damiette, on entendit de grands cris d'alarme. Joinville, qui était toujours, comme nous l'avons vu, des premiers au combat, se leva de table avec son compagnon Pierre d'Avallon et tous ses gens, et, faisant seller leurs chevaux en toute hâte, ils s'élancèrent vers la partie du camp que l'on attaquait. En même temps que lui et sa bataille, venait au secours de ceux qui avaient été surpris toute la milice des templiers, conduite par son infatigable maréchal Regnault de Bichers. Ces deux troupes d'élite tombèrent sur les Sarrasins au moment où ils emmenaient déjà le sire de Perron et le seigneur Duval, son frère, qu'ils avaient rencontrés aux champs. Lorsqu'ils se virent ainsi poursuivis, ils voulurent tuer leurs prisonniers; mais leurs bonnes armures les protégèrent, et Joinville les retrouva couchés à terre, meurtris et blessés, mais encore vivans tous deux. Bientôt de nouveaux renforts arrivèrent aux croisés; les Sarrasins furent forcés de quitter le champ de bataille, et les deux bons chevaliers furent ramenés en triomphe dans le camp.

Alors Louis ordonna de nouveaux travaux, et recommanda une nouvelle vigilance. Des fossés furent creusés sur toute la ligne qui s'étendait vers Damiette ; de sorte que le camp, qui avait la forme d'un triangle, se trouvait protégé sur l'une de ses faces par le Nil, sur l'autre par le canal de l'Achmoun, et sur la troisième par les nouveaux fossés, que l'on revêtit encore d'une palissade. Le roi et le comte d'Anjou se chargèrent de veiller sur la partie qui regardait le Caire; le comte de Poitiers et le sénéchal de Champagne dressèrent leurs logis de manière à garder le côté de Damiette, et le comte d'Artois, avec une troupe choisie, s'établit autour des machines de guerre. Ainsi jamais camp ne fut mieux défendu que le camp de l'Achmoun, car il était gardé par un roi et par trois frères de roi.

Or les Turcs, voyant qu'il n'y avait plus moyen de prendre les croisés par surprise, amenèrent un jour, en face de la digue, une machine de guerre plus forte et plus terrible qu'aucune de celles qui se trouvaient là ; en même temps d'autres machines jetaient des flèches et des pierres non-seulement par-dessus le canal de l'Achmoun, mais encore de la rive gauche à la rive droite du Nil. Ces préparatifs, qui annonçaient des dispositions hostiles pour le lendemain, firent que messire Gauthier de Curel et le sénéchal de Champagne furent appelés à veiller avec le comte d'Artois, dont le roi se défiait toujours à cause de sa jeunesse et de sa fougue. Les chevaliers prirent donc leurs logis au milieu des machines de guerre.

Vers les dix heures du soir, comme les deux bons chevaliers veillaient à dix pas de distance l'un de l'autre, ils virent une lumière de l'autre côté de la rive, et se rapprochèrent, pensant qu'il se tramait quelque chose; au même instant un globe de feu de la grosseur d'un tonneau, traînant après lui une queue pareille à celle d'une comète, et semblable à un dragon volant par l'air, partit de la machine infernale, jetant une si grande lueur qu'on voyait le camp, et Mansourah, et toute la bataille des Turcs, comme en plein jour. Il vint s'abattre entre les deux galeries, dans une saignée que les croisés avaient faite au fleuve pour le diminuer, et là, quoique dans l'eau, continua de brûler, car ce feu, c'était le feu grégeois, inventé par Callinique, et que l'on ne pouvait éteindre qu'avec du sable et du vinaigre. Tout le camp se réveilla d'un seul coup à ce bruit et à cette flamme, pareils à la flamme et au bruit de la foudre, Le roi sortit de sa tente, chacun se leva, restant debout et immobile: et le bon sire Gauthier de Curel, voyant ce feu, se tourna vers Joinville et ses chevaliers, criant: « Seigneurs, nous sommes perdus sans nul remède, car si nous restons ici nous sommes brûlés, et si nous laissons notre garde, nous sommes flétris d'honneur! Or, comme Dieu seul peut nous défendre dans un pareil péril, je vous conseille, compagnons et amis, que, toutes les fois qu'ils nous enverront ce feu, chacun de nous se jette sur les genoux et la face contre terre, criant merci à Notre-Seigneur, en qui est la toute-puissance. » Le sénéchal et les chevaliers promirent de faire ce que le prud'homme leur enseignait. En ce moment arriva un chambellan du roi pour leur demander si la flamme avait fait quelque dommage. Mais justement elle venait de s'éteindre, cédant aux efforts d'un homme qui avait quelque connaissance de cette infernale matière, et qui avait seul osé s'approcher de l'endroit où elle était tombée. Le chambellan retourna donc un peu rassuré vers le roi. Mais à peine arrivait-il à la tente, que tout le ciel s'éclaira de nouveau d'une lueur si terrible, que Louis lui-même tomba à genoux, criant d'une voix pleine de larmes : « Beau sire Jésus-Christ, garde-nous, moi et toute mon armée !... »

Cette seconde foudre traversait le canal comme la première ; mais, inclinant plus à droite, elle se dirigeait vers la tour que gardaient les gens de messire de Courcenay, qui, la voyant venir à eux, abandonnèrent la place où elle devait tomber, et prirent la fuite à droite et à gauche. Le dragon ardent s'abattit sur la rive du fleuve, à quelques pieds seulement du beffroi, de sorte qu'un chevalier, qui voyait la flamme gagner la machine, n'espérant pas pouvoir l'éteindre seul, accourut tout éploré vers le sire de Joinville et messire Gauthier, criant : « Aidez-nous, sire, aidez-nous, au nom du Seigneur Dieu, ou nous sommes tous brûlés, nous et nos tours. A l'aide, messeigneurs ! à l'aide !... » Les deux chevaliers y coururent aussitôt, le courage revint à leurs gens, grâce à cet exemple ; tous se pressèrent où brûlait le feu ; cependant, à peine eurent-ils commencé de l'éteindre, qu'une pluie de flèches, de pierres et de viretons tomba sur eux, rapide comme une grêle. Mais c'étaient là des armes humaines que pouvaient repousser des moyens humains. Les croisés s'en inquiétèrent donc peu, quoique au bout d'un instant leurs boucliers et leurs cuirasses en fussent tout hérissés.

La nuit se passa ainsi au milieu de terreurs surnaturelles ; jusqu'au jour le ciel flamboya et les chevaliers veillèrent, commençant à croire que Mahomet, le faux prophète, envoyait à la défense de l'Égypte, non pas des hommes, mais des démons. Les bruits les plus bizarres obtenaient crédit sur cette terre inconnue et dans cette époque de ténèbres. Le Nil lui-même, qui coulait aux yeux de tous, bienfaisant et nourricier, était l'objet des contes les plus inouïs. Joinville, avec sa crédule et religieuse bonhomie, nous a conservé les opinions étranges que les croisés s'étaient faites ou avaient reçues à ce sujet. Le Nil prenait, disait-on, sa source dans le paradis terrestre ; et ce qui donnait force à cette croyance, c'est que souvent les pêcheurs, en tirant leurs filets, ramenaient de la canelle, du gingembre et de l'aloès, qu'il charriait avec ses eaux. Or, comme ces arbres précieux poussent dans l'Eden, il était évident pour les chrétiens que le vent abattait des fragmens de ces arbustes, comme dans nos pays le vent brise les branches mortes et sèches; ces fragmens tombaient dans le fleuve, et le fleuve les apportait jusqu'au Caire, jusqu'à Mansourah, jusqu'à Damiette, où les marchands les recueillaient et les vendaient au poids de l'or.

On disait encore que le soudan qui venait de mourir avait un jour voulu savoir d'où venait le fleuve aux sources inconnues. Alors il avait ordonné à des gens experts d'explorer son cours; aussitôt une flottille s'était mise en route, emportant avec elle des vivres et du biscuit, de peur d'être arrêtée par la famine. Les voyageurs étaient restés trois mois en route; puis enfin, au bout de ce temps, ils étaient revenus, disant qu'ils avaient remonté le fleuve jusqu'à un endroit où des roches taillées à pic barraient le passage, et que du haut de ce tertre inaccessible ils avaient vu le Nil se précipiter comme une immense cascade. Il leur avait paru, au reste, que le sommet de ces roches était couvert d'arbres magnifiques, et, entre ces arbres, il leur avait semblé distinguer une grande quantité de bêtes sauvages, telles que lions, éléphans, dragons, tigres et serpens, qui les venaient regarder au bord du précipice. Alors les voyageurs s'en étaient retournés, n'osant pas aller plus avant, et étaient venus rendre compte au sultan de ce qu'ils avaient vu pendant leur voyage.

On conçoit maintenant quelles impressions terribles les moindres événemens qui paraissaient surnaturels devaient faire naître au milieu d'une armée perdue dans un pays où personne ne révoquait en doute de pareilles histoires. On ne s'étonnera donc pas que la crainte du feu grégeois, ce secret des empereurs de Constantinople, découvert par les Turcs mais encore inconnu des chrétiens, se fût répandue aussi profonde dans toute l'armée. Heureusement pour les chrétiens cette première attaque se passa sans que la gravité des effets répondît à la terreur qu'inspirait la cause; ceux qui avaient veillé la nuit allèrent se reposer, il n'y eut que le roi et ses frères qui ne voulurent se laisser relever par personne et qui continuèrent leur garde.

Au jour, le comte d'Anjou ordonna que l'on réparât les machines; et comme les traits des Sarrasins inquiétaient les travailleurs, il fit approcher ses deux tours, et répondit avec les arbalètes de ses beffrois; or, comme les chrétiens avaient d'excellens archers et d'habiles ajusteurs, les Turcs s'aperçurent du désavantage qu'ils éprouvaient. Ils traînèrent alors une espèce de catapulte, qu'ils appelaient la *perrière*, en face des galeries des croisés, et, accouplant tous leurs engins pour donner plus de force, ils ajoutèrent à ces globes terribles de feu, que lançait la principale machine, une multitude de traits enflammés à laquelle personne n'osa plus s'exposer.

Cette fois, servi par la lumière du jour, le feu grégeois fut plus sûrement et plus fatalement dirigé; en un instant les deux tours et tous les logis qui les environnaient furent en flammes. A cette vue le comte d'Anjou voulut s'élancer seul pour essayer d'éteindre cet incendie; on le retint de force, si bien qu'il en devint presque insensé. Toute la journée cette pluie de Gomorrhe tomba, dévorant tout, et le soir il n'y avait plus ni bagages ni machines. La nuit fut tranquille; il ne restait plus rien à brûler.

Tout le bois était consumé; il n'y en avait ni dans le camp ni dans les environs. Le roi assembla ses chevaliers, il leur exposa sa détresse. Il fut arrêté qu'on dépècerait une certaine quantité de vaisseaux, et que de leurs débris on construirait une nouvelle tour. On perdit maint navire; mais quinze jours après une galerie plus forte et plus haute que les précédentes était complétement achevée. Le roi, par un sentiment de chevalerie qui avait pour but de rendre à son frère l'honneur que celui-ci croyait avoir perdu en laissant brûler ses beffrois, ordonna que cette tour ne serait conduite à la chaussée que lorsque le jour de garde du comte d'Anjou serait revenu. Il fut fait ainsi que le roi avait décidé, et au jour marqué on poussa la nouvelle tour vers la rive du canal, et l'on ordonna aux travailleurs de se remettre à leur besogne.

Alors les Sarrasins recommencèrent la même manœuvre dont les croisés avaient déjà été victimes; ils conduisirent sur le point menacé l'infernale perrière, lui adjoignirent seize autres machines, qu'ils accouplèrent, comme la première fois, pour doubler leurs forces, et firent pleuvoir sur les travailleurs une grêle de pierres et de traits. Ceux-ci tinrent un instant, mais, écrasés bientôt sous cette pluie mortente, ils se retirèrent hors de portée. Aussitôt, voyant la tour abandonnée, les Sarrasins braquèrent la perrière droit sur elle: cinq minutes après, un globe de flamme, enveloppé de fumée, traversa le canal, sifflant et grondant, et vint tomber aux pieds du beffroi. Alors le comte d'Anjou s'élança seul au milieu de cet espace vide, décidé à éteindre cette flamme infernale ou à être dévoré par elle. Au même instant la pluie de flèches et de pierres redoubla, et ce fut un miracle qu'aucune ne l'atteignît. Pendant ce temps on voyait les préparatifs que faisaient les Sarrasins pour lancer une seconde fois le feu grégeois; il n'y avait pas un instant à perdre pour sauver le comte d'Anjou. Quatre chevaliers se dévouèrent, marchèrent à lui comme pour le secourir, puis, le saisissant par les bras et par le corps, ils l'entraînèrent de force hors de la portée des traits et de la flamme. A peine s'était-il éloigné qu'un second globe traversa l'air et vint s'attacher aux flancs de la galerie. A toute autre flamme peut-être la tour eût résisté, car elle était entièrement garnie de cuir et construite avec du bois humide; mais toutes ces précautions étaient inutiles contre le feu grégeois: le dragon brûlant se cramponna de ses griffes de feu au cœur de la tour, enveloppant de ses ailes gigantesques le colosse inerte et immobile sur lequel il s'était abattu; bientôt tout se confondit dans un immense brasier, et au bout d'une heure il ne resta plus de la machine, qui avait coûté tant de peines et d'argent, qu'un monceau de cendres.

Le roi était écrasé; il ne voyait pas de fin à cette lutte; il fallait traverser le canal ou renoncer à la croisade. Etablir une chaussée était impossible; le courant était trop rapide et trop profond pour qu'on le traversât à la nage; la retraite vers Damiette était honteuse et impolitique, et cependant les choses ne pouvaient demeurer en l'état où elles étaient. La famine commençait à se mettre dans l'armée; quelques hommes étaient morts d'une maladie qui, sans avoir de caractère contagieux, offrait cependant des symptômes uniformes, et par conséquent inquiétans. Louis rassembla tous ses barons en conseil extraordinaire.

L'assemblée se tenait sous la tente du roi, et l'on n'attendait plus, pour commencer la discussion, que messire Humbert de Beaujeu, connétable de France, qui était en ronde à l'entour du camp, lorsqu'il entra porteur d'une nouvelle qui rendit le courage à tout le monde. Pendant sa patrouille, un Bédouin s'était présenté à lui, qui lui avait offert de lui montrer un gué accessible aux chevaux, moyennant cinq cents besans d'or. Le roi accepta, à la condition que la somme ne serait payée que lorsque les croisés auraient touché l'autre rive. Le traité ainsi conclu, le passage fut décidé pour la nuit du mardi 8 février.

Le lundi soir, le roi remit la garde du camp au duc de Bourgogne, qui commanda aussitôt des patrouilles de peur de surprise; puis le roi et ses trois frères se mirent en marche commandant les différentes batailles. A l'avant-garde était le frère Gilles avec les templiers, dont il était le grand-commandeur. Derrière eux venait le comte d'Artois, suivi des prud'hommes et gendarmes de sa maison; puis enfin le roi et ses deux frères, le comte d'Anjou et le comte de Poitiers, commandant le reste du détachement: en tout quatorze cents cavaliers à peu près, plus trois cents arbalétriers qui devaient passer en croupe avec l'avant-garde.

Le détachement commandé pour l'expédition se mit en route vers une heure du matin, dans l'obscurité, en silence, et suivant les bords du canal dans l'ordre que nous avons dit. Pendant la route quelques cavaliers s'écartèrent imprudemment, et, comme les rives en pente étaient de limon et de glaise, ils tombèrent, eux et leurs chevaux, dans le canal, et disparurent à l'instant même, tant l'eau était profonde et le courant rapide. Au nombre de ceux-ci se trouva un très brave capitaine nommé Jehan d'Orléans, lequel portait la bannière de l'armée; le roi apprit ces accidens, secoua la tête comme les tenant pour mauvais présage, et ordonna que les chevaliers s'éloignassent de la rive.

Vers les deux heures du matin les croisés étaient parvenus au gué. A la lueur de l'aube naissante on aperçut, sur l'autre rive, trois cents cavaliers sarrasins à peu près qui, sans doute, avaient été mis là pour garder le passage. Alors le Bédouin descendit le premier avec son cheval dans le canal, alla jusqu'à l'autre rive, et revint vers le roi, qui lui compta aussitôt les cinq cents besans d'or et le renvoya au camp. Alors, malgré l'ordre qu'il avait donné que nul ne quittât son poste, le comte d'Artois passa de la seconde bataille à l'avant-garde et poussa le premier son cheval dans l'eau. Le roi n'eut que le temps de lui crier, sur sa vie, qu'arrivé à l'autre bord, il l'attendît. Le prince fit signe de la main pour rassurer son frère, et tout le premier, en avant des templiers blessés de cette atteinte à leurs droits, il se mit à traverser le canal. En même temps, les gens du comte, voyant leur maître en tête de la colonne, se jetèrent à l'eau pour le rejoindre, rompant la bataille des templiers et arrivant pêle-mêle avec eux sur l'autre rive, qui heureusement était d'une pente douce, et par conséquent d'un abord facile.

A peine le comte d'Artois eut-il touché l'autre bord, que, malgré l'ordre du roi, qui avait commandé que l'on attendît que tout le monde fût passé pour engager le combat, il ne put résister au désir d'attaquer le camp, et partit au galop avec ses hommes d'armes, remontant la rive. Les templiers alors, les voyant partir ainsi, ne voulurent pas demeurer en arrière, et s'élancèrent à l'envi des chevaliers. Ils arrivèrent ainsi, emportés avec une telle rapidité (quoique la plupart des chevaux, outre leurs cavaliers, portassent un arbalétrier en croupe), qu'ils surprirent la garde et entrèrent dans le camp, apportant au bout de leurs lances la nouvelle de leur passage. Ils trouvèrent les Sarrasins couchés et endormis. Alors ils jetèrent bas leurs arbalétriers, qui s'éparpillèrent dans le camp, et le carnage commença. Exaspérés par un mois de lutte impuissante, les croisés, qui étaient enfin parvenus à joindre leurs ennemis, ne faisaient plus grâce à personne : enfans, vieillards, guerriers, jeunes filles, tous étaient frappés de même ardeur, sans pitié ni merci, les uns dans leurs lits, les autres fuyant entre les joncs, d'autres enfin à moitié armés et vêtus ; l'émir Fakreddin était au bain et se faisait parfumer la barbe lorsqu'il entendit les cris de mort que poussaient à la fois les assaillans et les victimes. Il courut à la porte de sa tente, tout nu et sans autre défense qu'une masse d'armes ; un cheval sans selle et sans bride passait, tout effrayé ; il le saisit par la crinière, s'élança sur son dos, et courut vers le point où il entendait le plus de bruit, criant *Islam ! Islam !* d'une voix qui fut ouïe de tout le camp. Il rencontra les Français au moment où ils venaient de se rendre maîtres des machines de guerre, parmi lesquelles était endormie et sombre cette fatale perrière qui avait jeté tant de flammes dans le camp. L'émir ne croyait pas les croisés si près de lui, de sorte qu'il se trouva au milieu d'eux et ne reconnut le danger que lorsqu'il n'était plus temps de fuir. En un instant son corps fut le but de tous les coups, et il tomba percé de plus de vingt blessures. Alors un chevalier, nommé Foucault de Nesle, voyant fuir de tous côtés les Sarrasins, saisit le cheval du comte d'Artois par le frein, criant : *Or, à eux! or, à eux!* Le comte d'Artois avait déjà plutôt besoin d'être retenu que d'être excité : il piqua donc son cheval des éperons pour poursuivre les infidèles; mais le grand commandeur du Temple, frère Gilles, se jeta en travers de son chemin, lui rappelant l'ordre du roi, qui voulait qu'on l'attendît. Cependant le chevalier continuait de tirer le cheval du comte d'Artois par la bride, criant toujours et de toute sa voix : *Or, à eux! or, à eux!* car, étant sourd, il n'avait point entendu l'ordre du roi et ne savait pas ce que le commandeur du Temple disait au au comte. Celui-ci, blessé de la hardiesse de frère Gilles, frappa le cheval du commandeur avec le plat de son épée pour le faire écarter de la route, lui disant : « que s'il craignait, il demeurât où il était, mais le laissât aller, lui qui n'avait pas peur. — Nous n'avons pas plus peur que vous, monseigneur, répondit frère Gilles, et où vous irez, avec l'aide de Dieu, nous irons. » En même temps il mit son cheval au pas de celui du comte d'Artois et partit au galop, ne permettant pas, tout frère du roi qu'il était, qu'il le dépassât d'une demi-longueur de lance. En ce moment ils entendirent crier derrière eux : « *Arrêtez!* » C'étaient dix chevaliers qui venaient de la part du roi ordonner au comte d'Artois d'attendre les autres batailles ; mais le comte d'Artois leur montrant les infidèles en déroute : « Ne voyez-vous pas qu'ils fuient, dit-il, et que ce serait mauvaiseté et couardise que de ne pas les poursuivre? » A ces mots il reprit sa course, s'écartant pour frapper à droite et à gauche, partout où il voyait des troupes de Sarrasins, sans tenir aucune route, et toujours suivi de frère Gilles. Enfin, toujours poursuivant et frappant, ils vinrent jusqu'à Mansourah, et, comme les portes en étaient ouvertes, afin que les Turcs pussent s'y réfugier, ils y entrèrent, laissant la route qu'ils venaient de suivre jonchée de morts et détrempée de sang. Derrière eux les portes se refermèrent, et l'on entendit aussitôt un grand bruit de tambours et de trompettes; les Sarrasins s'appelaient aux armes par toutes les voix de la guerre, ne pouvant croire que les Français fussent assez insensés pour s'être engagés en si petit nombre au milieu d'une ville fortifiée, et qui servait de garnison à leurs plus braves soldats, les mamelucks baharites.

Cependant le roi avait passé le canal derrière le comte d'Artois et le maître du Temple avec la seconde partie de l'armée; mais la troisième était encore sur l'autre rive, et cependant les Sarrasins se ralliaient et s'armaient en toute hâte. Joinville aperçut, à sa main gauche, une troupe considérable qui allait charger sur le roi, et résolut de la prévenir, afin de donner à la troisième bataille le temps de gagner la rive. Il appela donc à lui, outre ses chevaliers, les prud'hommes de bonne volonté qui le voudraient suivre, et répondirent à cet appel messires Hugues de Trichatel, seigneur de Conflans, qui portait bannière; messire Raoul de Vernon; messire Errard d'Esmeray; messire Regnault de Menoncourt; messire Ferreys de Loppey; messire Hugues d'Écosse, et beaucoup d'autres: si bien que, se voyant en nombre suffisant pour faire diversion, ils piquèrent droit aux Sarrasins. Le bon sénéchal, comme toujours et partout, arriva le premier et avec tant de rapidité que celui des infidèles qui paraissait commander cette troupe n'avait pas encore eu le temps de monter à cheval: il mettait le pied à l'étrier, et un de ses chevaliers lui tenait la bride, lorsque Joinville, le frappant au défaut de la cuirasse, lui enfonça sous une aisselle son épée, qui ressortit sous l'autre. Alors le chevalier sarrasin lâcha la bride du cheval de son maître, et, avant que Joinville n'eût pu retirer son épée, il le frappa, entre les deux épaules, d'une masse d'armes si rudement que le chevalier plia, se courbant jusque sur le cou de sa monture. Mais se relevant aussitôt, il tira une seconde épée qu'il portait à l'arçon de sa selle et en frappa le Sarrasin, qui prit la fuite. Comme cette dernière troupe se dispersait, une seconde, composée de six mille hommes à peu près, qui avait à la première alerte abandonné ses logis et s'était ralliée aux champs, parut, et, voyant cette petite compagnie de chrétiens devant elle, mit ses chevaux au galop et courut sus. Quoiqu'ils fussent à peine deux cents, tant écuyers que chevaliers, Joinville et ses amis s'apprêtèrent à faire bonne contenance. Au premier choc, messire Hugues de Trichatel fut tué et messire de Vernon fut pris. Mais comme les Turcs le tiraient à eux, Joinville l'aperçut au milieu de ceux qui l'avaient fait prisonnier; et, se dégageant du combat, il chargea avec messire Errard d'Esmeray sur ceux qui l'emmenaient, et ils le dégagèrent. Au même instant Joinville reçut sur son casque un si grand coup que son cheval tomba sur ses genoux et, lui faisant vider les arçons, le jeta pardessus sa tête. Les Sarrasins crurent l'avoir tué et coururent à d'autres. Mais lui se releva aussitôt, son écu au cou et son épée au poing, et, regardant autour de lui, il vit Errard d'Esmeray abattu comme lui, qui venait de se relever comme lui, et tous deux résolurent de se retirer vers les ruines d'une maison où ils espéraient se cacher ou se défendre jusqu'à ce que leurs gens vinssent à leur secours et leur amenassent des chevaux. Sur ces entrefaites, une grande bande de Turcs, qui couraient à la mêlée, parut tout à coup. Les deux chevaliers n'essayèrent ni de fuir ni de se mettre en défense; en quelques secondes les Sarrasins les atteignirent: heurtés par les chevaux, ils tombèrent; et toute la charge passa sur eux comme une trombe de fer, et alla chercher une lutte plus sérieuse, sans s'inquiéter de ces deux hommes qu'elle croyait écrasés. Cette fois Joinville était presque évanoui, son bouclier était séparé de son cou, et lui-même gisait à terre sans avoir la force de se relever, lorsque messire Errard vint le secourir. Soutenu par son compagnon, il gagna enfin la masure qui leur offrait un abri; et à peine y étaient-ils arrivés qu'ils y furent rejoints par Hugues d'Écosse, Ferreys de Loppey, Regnault de Menoncourt, Raoul de Vernon et plusieurs de leurs gens. Ils venaient de se rallier ainsi lorsqu'ils furent chargés par un gros de Turcs qui les enveloppa, les attaquant de face et par derrière, car quelques-uns étaient descendus de cheval et étaient entrés dans les ruines pour combattre de plus près, et la lutte se rengagea de nouveau et avec plus d'acharnement, car les seigneurs avaient donné un cheval à Joinville et un cheval à messire Errard d'Esmeray; de sorte que, grâce à des prodiges de valeur, les Sarrasins furent repoussés, et, voyant qu'ils avaient affaire à de trop rudes chevaliers, allèrent chercher du renfort. Alors la petite troupe put se reconnaître. Quatre ou cinq chevaliers étaient tués; messire Raoul de Vernon et messire Ferreys de Loppey avaient reçu chacun un coup d'épée entre les épaules, et le sang sortait de leurs plaies comme le vin d'un tonneau; messire Errard avait été navré par le visage d'un tel coup d'épée, que son nez et une partie de sa joue, détachés des os, retombaient sur sa bouche. Tous les autres étaient blessés plus ou moins, et dans une détresse telle que Joinville, ayant perdu confiance dans le courage humain, s'adressa à la force divine, et se souvenant de monseigneur saint Jacques, auquel il avait une dévotion particulière, joignit les mains, disant : « Beau sire saint Jacques, je te supplie, aide-moi et secoure-moi. » Il n'avait pas achevé cette prière que le comte d'Anjou apparut au milieu des champs conduisant sa bataille et à mille pas d'eux à peu près.

Cependant le comte d'Anjou, occupé à combattre les Sarrasins qui l'entouraient, ne voyait ni Joinville ni ses compagnons, qui étaient si faibles qu'ils ne pouvaient aller à lui. Alors messire Errard se tourna vers le bon sénéchal et lui dit :

— Sire, si vous ne pensiez que je le fais pour m'enfuir et vous abandonner, je vous irais quérir à mon péril monseigneur le comte d'Anjou, que nous voyons là en ces champs.

Alors Joinville lui répondit :

— Messire Errard, vous me feriez grand honneur et grand plaisir si vous alliez nous chercher un aide qui pût nous sauver la vie.

A ces mots il lâcha le cheval de messire Errard, qu'il tenait par la bride. Aussitôt le chevalier partit au galop. Il était temps : derrière lui les Sarrasins revinrent à la charge Le combat s'engagea de nouveau, et Joinville et ses compagnons allaient succomber, malgré leur défense, écrasés de fatigue, accablés sous le nombre et trempés de sueur et de sang, lorsque les cris d'*Anjou à la rescousse* se firent entendre : c'était le prince et toute sa bataille qui les venaient secourir et délivrer, conduits par messire Errard d'Esmeray, qui mourut le lendemain de cette terrible blessure qu'il avait reçue à travers le visage.

Au même instant le roi parut sur une colline avec un grand bruit de clairons et de cors ; là il s'arrêta pour donner quelques ordres. Dépassant tous ceux qui l'entouraient de la tête, il avait au front un casque doré ; il portait à la main une épée d'Allemagne à la poignée dorée ; il était couvert d'une cuirasse couverte de fleurs de lis dorées ; de sorte que, comme en ce moment le soleil levant donnait en plein sur sa personne, il semblait déjà resplendir de la lumière du paradis. Chrétiens et infidèles, amis et ennemis le reconnurent aussitôt, et tous, retrouvant des forces, coururent à lui, les uns pour le défendre, et les autres pour l'attaquer. Alors il jeta un regard calme autour de lui, et, voyant en quel péril ceux qui n'avaient pas suivi ses instructions avaient mis toute l'armée, il ordonna à sa bataille de se serrer et de ne point se désunir, jurant que, grâce à cette précaution et avec l'aide de Jésus-Christ, les Sarrasins, si nombreux qu'ils fussent, ne pourraient rien contre eux. A peine cette ordonnance fut-elle rendue, qu'avec un grand bruit de cymbales et de cors les Sarrasins, à plus de dix mille, s'en vinrent attaquer le roi.

La bataille, ainsi engagée, était un des plus magnifiques spectacles que l'on pût voir, car nul ne se servait d'arc ni d'arbalète, mais de glaive, de masse et d'épieu, si bien que l'on combattait corps à corps comme dans un tournoi. C'était là que brillait la chevalerie de France, grâce à ses longues épées ; et quoique chaque prud'homme eût affaire à trois ou quatre Sarrasins, le combat était égal et se maintenait ; or, le premier de tous, au milieu de tous, on voyait le roi, exposant plus sa personne qu'aucun homme de son armée ; de sorte que l'un de ses plus fidèles, messire Jehan de Valéry, prit son cheval par la bride, et, malgré lui, l'entraîna du côté du fleuve, où pouvaient du moins, de l'autre rive, le protéger les machines de guerre et les arbalétriers du duc de Bourgogne. Il y était à peine que messire de Beaulieu, connétable de France, arriva tout sanglant, n'ayant plus en main qu'un tronçon de son épée fleurdelisée. Il dit au roi que son frère, le comte d'Artois, était en grand péril dans les rues de Mansourah, se défendant que c'était merveille, mais cependant près de succomber s'il n'était secouru !... Alors le roi s'écria :

— Piquez devant, connétable, et, sur mon Seigneur Jésus-Christ, je vous suivrai de près. Aussitôt le connétable prit une autre épée, et la levant en l'air :

— Qui est de bonne volonté et de bon courage me suive ! dit-il. Et Joinville et cinq autres, tout blessés et meurtris qu'ils étaient, répondirent : Nous voilà ! puis, frappant leurs chevaux des éperons, suivirent le connétable.

Ils n'étaient plus qu'à une faible distance de Mansourah, lorsqu'un sergent à masse aux armes du connétable, monté sur un cheval frais, les rejoignit, criant :

— Arrêtez, messeigneurs, car le roi est en grand péril; arrêtez. La petite troupe obéit. Depuis dix minutes le combat avait changé de face, car les Sarrasins avaient changé de tactique. Voyant qu'ils ne pouvaient entamer cette masse de fer, ils s'étaient éloignés et avaient fait pleuvoir sur les chrétiens une telle quantité de flèches, de traits et de viretons, que le soleil en était obscurci, et que les pointes de fer de ces projectiles, rencontrant les cuirasses et les boucliers de fer des croisés, cliquetaient comme la grêle sur un toit. Les hommes, abrités sous leurs armures, supportaient encore cette tempête; mais les chevaux tombaient, entraînant leurs cavaliers : si bien que Louis, voyant la confusion se mettre dans les lignes, cria : En avant ! et, malgré les représentations de ses barons, chargea le premier. Tout s'ébranla et le suivit; de sorte que les deux batailles se heurtèrent de nouveau avec un tel bruit, que le connétable et Joinville l'entendirent à un mille de distance : alors ils hésitèrent pour savoir qui ils devaient secourir du roi ou de son frère, et il leur parut à tous que c'était le roi. Ils firent donc volter leurs chevaux; mais entre eux et Louis il y avait un corps de douze cents Sarrasins à peu près, et eux n'étaient que six : ils prirent alors un détour par les bords du canal, et, tout en suivant sa rive, ils voyaient flotter au gré de l'eau, venant de Mansourah, des arcs, des lances, des piques, des hommes et des chevaux, faussés, brisés, rompus, morts ou mourans; c'étaient de tristes nouvelles qui leur arrivaient du comte d'Artois et de ses gens. Ils détournèrent les yeux du canal, et continuèrent leur course vers le roi.

Louis s'était retiré sur la rive du fleuve dans une position avantageuse, après avoir fait dans cette lutte gigantesque ce qu'on n'aurait pas cru qu'un homme pût faire : entraîné à la fois par six Sarrasins, dont deux avaient déjà saisi le mors de son cheval, il les avait abattus tous les six de six coups d'épée, et s'était dégagé seul. Or, sans cet exemple royal et ce courage surhumain, tout était perdu. Mais lorsque les chevaliers virent leur prince accomplir de pareils faits d'armes, il n'y en eut pas un qui voulût demeurer en arrière; de sorte que chacun fit de son mieux, et que les Sarrasins reculèrent enfin pour se rallier à leur tour, car, quoique dix fois plus nombreux, ils avaient été mis par les croisés dans un terrible et piteux état.

Joinville et le connétable étaient donc arrivés à temps, non pas pour voir la fin du combat, car ce repos momentané n'était qu'une trêve où chacun reprenait des forces, mais pour venir en aide à leurs compagnons dans la lutte nouvelle qui se préparait. Or, devant le roi était un torrent qui se jetait dans le canal, et sur ce torrent un petit pont. Joinville vit que la position était importante; il s'y arrêta avec le connétable, et apercevant son cousin le comte de Soissons :

— Sire, lui dit-il, je vous prie de demeurer ici, à garder ce passage, et, ce faisant, vous ferez bien, car, si vous le laissez, ces Turcs que vous voyez devant vous viendront assaillir le roi par derrière, tandis que leurs compagnons l'attaqueront par devant.

— Sire, mon cousin, répondit le comte de Soissons, si je demeure à ce pont, y demeurerez-vous avec moi?

— Oui, répondit Joinville, jusqu'à ce que j'y meure.

— Eh bien! répondit le comte, soit, je suis votre homme. Ce que voyant et entendant le connétable :

— C'est bien! dit-il, gardez ce pont comme de braves et

loyaux chevaliers, et je vais vous chercher du secours. Alors les chevaliers s'organisèrent pour cette garde, et Joinville, qui avait eu l'idée de cette défense, se mit en tête du passage, ayant à sa droite le comte de Soissons, et à sa gauche messire de Noailles.

Ils étaient depuis un instant à ce poste, lorsqu'ils virent accourir droit à eux le comte de Bretagne, qui revenait du côté de Mansourah, où il n'avait pu entrer. Il était monté sur un gros cheval flamand, dont toutes les rênes étaient brisées et rompues, et qu'il tenait à deux mains par le cou, de peur que les Sarrasins, qui le suivaient de près, ne l'en fissent choir, auquel cas il eût été perdu. De temps en temps il se relevait sur ses arçons, ouvrait la bouche, et le sang alors en sortait comme s'il l'eût vomi ; ce qui ne l'empêchait pas de se retourner, raillant et insultant ceux qui le poursuivaient. Enfin, il arriva au pont, toujours menacé par les Turcs et toujours se moquant d'eux; mais ceux-ci, voyant un poste de chevaliers qui faisaient bonne contenance et qui tournaient vers eux leurs visages et leurs épées, se retirèrent aussitôt, et allèrent joindre les autres batailles des Sarrasins.

Elles venaient d'être ordonnées de nouveau, de sorte qu'au bout d'un instant les cors, les cymbales et les cris retentirent plus menaçans et plus terribles que jamais. Toutes les forces turques s'étaient réunies, et allaient tenter un dernier effort pour repousser le roi, et les six ou sept cents chevaliers qui lui restaient, dans le canal auquel il était acculé.

Ce que Joinville avait prévu arriva. Une partie des Sarrasins marcha au roi, et l'autre tenta de forcer le passage du pont; mais, sur les deux points, ils furent vigoureusement reçus. Parmi la petite troupe de Joinville étaient deux hérauts du roi, dont l'un se nommait Guillaume de Bron et l'autre Jehan de Gamache. Leurs tabards semés de fleurs de lis attiraient spécialement sur eux l'attention des infidèles. Une grande quantité de populace et de valets s'était donc assemblée contre eux et les accablait de pierres. De leur côté, les arbalétriers sarrasins faisaient pleuvoir sur eux des milliers de flèches ; si bien que derrière les chevaliers la terre semblait hérissée d'épis inclinés par le vent. Joinville, pour se garantir de cette pluie mortelle, dépouilla un Sarrasin mort de sa cuirasse matelassée, et s'en fit un bouclier ; de sorte qu'il ne fut atteint que de cinq flèches, tandis que son cheval en avait reçu quinze. Chacune de ces décharges était accompagnée de cris et d'insultes qui mettaient le bon sénéchal hors de lui. Aussi à peine un des bourgeois de sa sénéchaussée lui eut-il apporté une bannière à ses armes et un grand couteau de guerre pour remplacer son épée brisée, qu'il fondit, avec le comte de Soissons et le comte de Noailles sur tous les vilains, les dispersa, et, après en avoir tué plusieurs, revint au pont, où bientôt ils furent attaqués avec de nouveaux cris et un nouvel acharnement. Aussi voulait-il charger encore, lorsque le comte de Soissons l'arrêta, disant :

— Laissons crier et braire cette canaille, et par la coiffe Dieu, croyez-moi, nous parlerons un jour de cette journée, en chambre et devant les dames. Et il ne fallut rien moins que cette promesse du comte pour faire prendre patience au bon sénéchal.

De son côté, le roi n'était pas moins attaqué, et ne tenait pas moins ferme. Les Sarrasins avaient mis en œuvre la même tactique : ils se tenaient à distance, et accablaient l'armée de traits et de flèches, se succédant les uns aux autres, vidant leurs carquois et se retirant pour aller les remplir. Lorsqu'ils virent les trois quarts des chevaux blessés et une partie des cavaliers démontés, profitant de la confusion répandue dans les rangs des croisés, ils pendirent leurs arcs à leurs bras gauches, et, décrochant leurs masses en tirant leurs épées, ils chargèrent tous ensemble en criant : *Islam ! islam !* Mais le roi et toute sa bataille, leur répondant par le cri de *Montjoie et saint Denis !* reçurent le choc sans s'ébranler, et le combat corps à corps recommença à la fin de la journée avec le même acharnement qu'il avait été entamé le matin.

Cependant les croisés qui étaient de l'autre côté du canal, séparés de leurs frères par la distance d'un trait et demi d'arbalète tout au plus, se désespéraient de ne pouvoir porter secours au roi, dont ils comprenaient le péril. On les voyait se frapper le visage et se tordre les bras ; on entendait leurs cris de rage et leurs menaces impuissantes. Tout à coup, adoptant une résolution désespérée, ils jettent dans le canal les poutres, les engins, les instrumens de guerre. Les cadavres, les piques, les boucliers, les corps de chevaux, qui suivent le courant, s'arrêtent contre cette espèce de digue; bientôt à la chaussée commencée s'ajoute cette chaussée nouvelle : c'est un pont improvisé, mouvant, infernal, mais c'est un pont qui joint une rive à l'autre. Pourvu que l'on puisse passer, c'est tout ce qu'il faut; on se presse, on se pousse, on se heurte : ceux qui tombent au delà du pont sont emportés par le courant; ceux qui tombent en deçà, s'accrochant aux débris, aux poutres, aux cadavres, remontent tout mouillés. A la place de l'arme qu'ils ont laissée échapper, ils se saisissent du premier fer qu'ils rencontrent, puis abordent enfin, joyeux et triomphans de pouvoir prendre part au combat que depuis le matin ils regardent en spectateurs. Leurs cris annoncent au roi qu'il lui arrive du secours, et aux Sarrasins que la victoire qu'ils croient tenir est près de leur échapper; bientôt toute cette multitude se répand sans ordre, sans chef, comme un incendie, comme une inondation, et conduite par sa seule colère : le roi et ses chevaliers font un dernier effort et reprennent l'offensive. Messire Humbert de Beaulieu rassemble à grand'peine une centaine d'arbalétriers, dont il fait une compagnie; il se jette avec eux en avant de Joinville, du comte de Noailles, du comte de Soissons et de leur compagnie, qui allaient être forcés. Les Sarrasins reculent à leur tour. A leur tour, ce sont les croisés qui chargent en criant : *Montjoie et saint Denis!* Les infidèles reculent; les chrétiens les repoussent au delà des limites de leur camp. Cependant on combat toujours; c'est une retraite et non pas une fuite, un avantage et non une victoire : la nuit tombe avec la rapidité des climats orientaux et sépare les combattans; les Turcs s'enfoncent dans de grands joncs, où ils disparaissent. Les chrétiens rentrent dans leur camp, inutile conquête qui ne leur présente d'autre résultat que la prise de vingt-quatre machines de guerre; la bataille avait duré dix-sept heures!

Alors le connétable, voyant la journée gagnée, dit à Joinville d'aller trouver le roi, et de ne point l'abandonner qu'il ne l'eût vu descendre de cheval et rentrer dans son pavillon.

Au moment où le sénéchal arriva près de Louis, il se mettait en chemin pour se rendre aux tentes que l'on avait dressées sur le bord du canal. Alors Joinville lui enleva son casque, qui était lourd et tout bossué, et lui mit son propre heaume, qui était de fer battu très mince et très léger. Tandis qu'ils cheminaient ainsi côte à côte, frère Henry, prieur de l'hôpital de Ronnay, qui avait passé la rivière, vint audevant du roi et baisa sa main gantelée, s'enquérant de lui s'il avait quelques nouvelles de son frère le comte d'Artois.

— Oui, bien! lui dit le roi, j'en ai de sûres.

— Et lesquelles? demanda le prieur.

— C'est qu'il est en paradis, répondit le roi d'une voix étouffée. Et comme le prieur tentait de le consoler en lui disant que jamais roi de France n'avait eu honneur pareil au sien, puisque, grâce à son courage, lui et son armée avaient passé une mauvaise rivière et chassé de leur camp les infidèles, le bon roi lui répondit :

— Que Dieu soit adoré dans tout ce qu'il nous donne! Et, malgré la résignation du chrétien, de grosses larmes pressées et silencieuses coulaient des yeux du frère.

Alors ils furent rejoints par Guyon de Malvoisin, qui revenait de Mansourah. Quoique le roi sût déjà, comme nous l'avons dit, la mort de son frère, le nouvel arrivant était le premier qui pût lui en donner des détails : ils étaient désastreux.

Les Sarrasins, en voyant les chrétiens entrer dans Mansourah, avaient cru que toute l'armée suivait le comte d'Artois; de sorte que, se regardant comme perdus, ils avaient aussitôt fait partir un pigeon pour le Caire. Ce pigeon portait sous son aile un billet contenant un message conçu en ces termes : « Au moment où l'oiseau est expédié, l'ennemi attaque Mansourah; une bataille terrible est livrée par les chrétiens aux musulmans. » Cette lettre avait porté la terreur dans la capitale de l'Égypte, et le gouverneur avait ordonné que toute la nuit les portes en resteraient ouvertes pour recevoir les fuyards. Mais, dès qu'on se fut aperçu à Mansourah du petit nombre des croisés qui s'étaient engagés dans la ville, le chef des mameluks, homme de courage et de tête, fit aussitôt, comme nous l'avons dit plus haut, sonner les trompettes, battre les tambours et baisser les herses ; puis, au moment où les croisés pillaient le palais du sultan, il tomba sur eux avec les baharites, cette milice d'esclaves qui était déjà la meilleure troupe des Égyptiens, et sur laquelle Napoléon devait venger, par la victoire des Pyramides, le désastre de Mansourah.

Aussitôt, tout musulman en état de porter une lance, de tirer une flèche, de lancer une pierre, s'arme et se prépare au combat. Les chrétiens voient s'amasser l'orage, et tâchent de se rallier pour y faire face ; mais, dans les rues étroites de cette ville arabe, ils ne peuvent faire manœuvrer leurs chevaux ni se servir de leurs épées. A l'instant chaque fenêtre devient une meurtrière, de laquelle partent des traits et des pierres ; chaque terrasse se transforme en rempart, d'où tombent le sable embrasé et l'eau bouillante. Alors tout le monde oublie l'imprudence du comte d'Artois en face du danger qui en est la suite. Le comte de Salisbury et ses Anglais, le grand maître du Temple et ses moines, le sire de Coucy et ses chevaliers, se rallient et se pressent autour du frère de leur roi, et la lutte commence sans l'espérance de la victoire, mais avec la foi du martyre. Pendant cinq heures les croisés combattirent ainsi contre Bibars et ses mameluks, contre la population tout entière, ayant la mort devant eux, la mort derrière eux, la mort sur leurs têtes. Tous, ou du moins presque tous, tombèrent les uns après les autres, et les uns près des autres. Le comte de Salisbury fut tué à la tête de ses chevaliers ; Robert de Vair, qui portait la bannière anglaise, s'en enveloppa comme d'un linceul, et mourut dans son drapeau. Raoul de Coucy expira au milieu d'un cercle de Sarrasins abattus autour de lui et par lui. Le comte d'Artois, assailli dans une maison où il s'était retiré, s'y défendit plus d'une heure contre tout ce que la chambre pouvait contenir d'infidèles. Sa cuirasse fleurdelisée l'avait fait prendre pour le roi ; de sorte que tous les efforts étaient réunis contre lui, et qu'il répondait à tous de la voix et de l'épée, par la menace et par les coups. Enfin, les Sarrasins, lassés de cette lutte où tombaient leurs plus braves, mirent le feu à la maison. Mais alors le comte d'Artois, se voyant perdu, voulut du moins, comme Samson, perdre ses ennemis avec lui ; il se plaça en travers de la porte, et dès lors personne ne sortit plus : si bien que les murailles tombèrent, écrasant croisés et Sarrasins, chrétiens et infidèles, et tout ce que le comte d'Artois n'avait pas frappé de l'épée périt par la flamme.

Le grand maître des Hospitaliers, resté seul sur le champ de bataille après avoir brisé deux épées et frappé de sa masse tant qu'il avait eu la force de lever le bras, fut fait prisonnier. Le grand maître du Temple, après avoir vu tomber à ses côtés deux cent quatre-vingts de ses chevaliers, se jeta, lui cinquième, dans le canal, et revint au camp, un œil crevé, ses habits déchirés, sa cuirasse percée de coups ; et de tous ceux qui étaient entrés dans Mansourah et qui avaient vu périr le comte d'Artois, lui et ses quatre compagnons furent les seuls qui purent donner de ses nouvelles.

A cinq heures du soir, un second pigeon était parti pour le Caire porteur d'un billet bien différent du premier. Celui-ci annonçait qu'avec l'aide de Mahomet l'armée française, entrée à Mansourah, y avait été défaite, et que le roi de France y avait été tué avec la fleur de sa chevalerie.

L'erreur venait, comme nous l'avons raconté, de ce que la cuirasse du comte d'Artois, comme celle de son frère, était semée de fleurs de lis d'or.

Cette nouvelle, dit un auteur arabe, *fut la clef de joie pour tous les vrais croyans.*

LA MAISON DE FAKREDDIN-BEN-LOKMAN.

La nuit fut agitée ; les Sarrasins, vainqueurs à Mansourah, avaient été vaincus sur les bords du canal, leur camp tout entier était resté au pouvoir des croisés, et le roi et les chefs de l'armée avaient élevé leurs tentes tout autour des machines de guerre qu'ils avaient prises. Aussi Joinville, qui avait établi son logis à droite des engins, dans une tente qui lui venait du grand maître des Templiers, et que ses gens lui avaient apportée de l'autre rive, fut-il, vers le milieu de la nuit, quelque envie et quelque besoin qu'il eût de dormir, réveillé par les cris : *Alarme! alarme!* Il fit aussitôt lever son chambellan, et lui ordonna d'aller voir ce qui se passait. Celui ci rentra quelques secondes après, tout effrayé et criant :

— Sire, or sus! or sus, sire! car voici les Sarrasins à pied et à cheval qui égorgent les gens qui font le guet autour des machines.

A ces mots, Joinville se leva en hâte, passa sa cuirasse, mit un casque de fer sur sa tête, et il sortit de sa tente, appelant ses hommes d'armes. Quelques chevaliers, attirés comme lui par les cris des gens de garde, accouraient au seuil de leurs logis; tout blessés et à demi armés qu'ils étaient, ils se ruèrent sur les Sarrasins, qui furent repoussés. En ce moment le roi envoya Gauthier de Châtillon avec un corps de troupes fraîches qu'on avait tirées du camp; ils s'établirent entre les pavillons et les Turcs, et, grâce à cette précaution, les chevaliers purent au moins dormir jusqu'au jour.

Ce jour était celui du premier mercredi de carême. Toute l'armée commença ses pénitences; seulement, au lieu de cendres, le légat répandit sur la tête du roi le sable du désert.

Les Sarrasins étaient campés dans la plaine, à un jet de pierre à peine des chrétiens. Quoique le combat eût cessé, les traits volaient toujours de part et d'autre, et continuaient de blesser et de tuer au hasard dans les deux armées; alors six chefs sarrasins descendirent de leurs chevaux, et vinrent dresser une espèce de rempart de grosses pierres de taille pour se mettre à l'abri des viretons et des flèches. Or, Joinville et ses chevaliers, voyant ces apprêts de défense, décidèrent que la nuit venue ils iraient renverser cette muraille. Si court que fût ce délai, il parut sans doute encore trop long à un prêtre, nommé messire Jehan de Waysi, lequel, aussitôt qu'il eut fini de confesser les chevaliers, et de leur verser de la cendre sur le front, opération qu'il faisait la cuirasse au corps, mit un casque sur sa tête et une épée sous son bras de manière à ce que les Sarrasins ne vissent pas qu'il était armé, et marcha droit à la lumière : les six Turcs ne firent point attention à cet homme qui venait seul, et continuèrent leur besogne ; mais à peine fut-il à portée, qu'il tira son épée, et, courant sus aux travailleurs, se mit à frapper sur eux avant qu'ils eussent eu le temps de se mettre en défense. Deux tombèrent, l'un blessé, l'autre mort, et les autres prirent la fuite. Le prêtre les poursuivit quelques instans; mais, voyant qu'un gros de Sarrasins venait au secours de ceux qu'il chassait, il se retourna vers l'armée des chrétiens, poursuivi à son tour par une quarantaine d'hommes qui piquaient leurs chevaux à grands coups d'éperons. Alors un même nombre de chevaliers et de gens d'armes monta à cheval du côté des chrétiens pour soutenir le prêtre. Ils n'eurent pas besoin de faire d'autres démonstrations; les Sarrasins, les voyant debout, se retirèrent. Les chevaliers ne chargèrent pas moins sur eux ; ne pouvant les joindre, un des croisés leur lança à toute volée sa dague : l'arme, jetée au hasard, alla s'enfoncer dans le côté d'un Sarrasin, qui l'emporta en fuyant; mais bientôt il tomba de son cheval, mort ou blessé mortellement, car on ne le vit pas se relever.

A part cette escarmouche, la journée fut assez tranquille; les Sarrasins étaient occupés à recevoir à Mansourah le jeune sultan Touran-Chah, qui était arrivé le jour même de la bataille ; il avait passé par le Caire, où la sultane Cheger-Eddur lui avait remis le pouvoir, et aussitôt, suivi d'une troupe d'élite, il s'était mis en marche pour le théâtre de la bataille. Les deux colombes qui portaient dans la capitale, l'une la nouvelle de l'attaque des Français, l'autre le récit de leur défaite, passèrent au-dessus de sa tête sans qu'il apprît rien des avis dont ces oiseaux étaient porteurs; de sorte que le soir il arriva au moment où les Sarrasins proclamaient capitaine de l'armée, en remplacement de Fakreddin, Bibars, surnommé Bondocdar, parce qu'il était général des arbalétriers. Le nouveau sultan confirma sa nomination; et convaincu comme les autres que c'était le roi de France lui-même qui était tombé sous les coups de ses soldats, il fit exposer sa cotte d'armes, afin de redoubler leur courage. Il ne s'était pas trompé : à cette vue, tous se mirent à crier le cri de guerre, et demandèrent à combattre; mais Bibars, voulant leur laisser un jour de repos, fixa le vendredi pour le jour de la bataille. Le soir même, des espions vinrent prévenir le roi de ce qui s'était passé, et lui annoncèrent qu'il serait attaqué le lendemain. Louis rassembla aussitôt ses chevaliers, et, du tertre sur lequel était élevée sa tente, dominant la foule, il étendit la main pour demander le silence, et leur dit :

— Mes fidèles, vous qui avez partagé avec constance mes travaux et mes dangers, sachez que demain nous devons être attaqués par toutes les forces réunies des ennemis du Seigneur. Or, que devons-nous faire? Si nous faisons retraite, nos ennemis se réjouiront, triompheront de nous et se glorifieront de notre fuite; et, plus agiles que nous, animés encore par la vue de notre faiblesse, ils nous poursuivront sans relâche, jusqu'à ce qu'à la honte de la chrétienté ils nous aient exterminés tous: alors la gloire universelle sera perdue, et la France couverte d'opprobres. Invoquons donc le Seigneur, que nous avons, à ce qu'il paraît, grièvement offensé par nos péchés; attaquons avec confiance nos ennemis tout sanglans du sang de nos frères, et tirons d'eux une vengeance solennelle, afin qu'on ne puisse pas dire que nous avons supporté avec patience les injures faites à Jésus-Christ.

Et à ces paroles du roi, dit Matthieu Pâris, tous furent animés et armés comme un seul homme : *Armati sunt et animati quasi vir unus, universi*. Alors le roi, voyant cet enthousiasme, en conçut bon augure, fit approcher tous les capitaines de l'armée, leur ordonna de faire armer et préparer tous leurs gens d'armes, et que chacun couchât hors des tentes et des pavillons, et tout à l'entour de l'entrée du camp, afin qu'on ne pût être surpris. Grâce à ces ordonnances, la nuit fut assez tranquille, et les croisés purent prendre quelque repos.

Au point du jour le roi organisa ses batailles.

Nos lecteurs connaissent déjà la position des chrétiens : ils étaient appuyés au canal de l'Achmoun, qui se rend du Nil au lac de Menzaleh ; ils avaient à leur droite Mansourah, aux sanglans souvenirs ; à leur gauche et à l'extrémité occidentale de la plaine de Daquelich les ruines de Mendes, et devant eux la vaste plaine qui s'étend jusqu'au Caire.

Louis disposa son armée sur toute cette ligne. La première bataille, commandée par le comte d'Anjou, se trouvait la plus proche de Mansourah ; elle était composée de chevaliers qui avaient perdu leurs chevaux dans les batailles précédentes, de sorte que le frère du roi était à pied comme les autres.

La seconde avait pour capitaines messire Guy d'Ibelin et messire Baudouin, son frère : ils commandaient aux croisés de Chypre et de Palestine ; ne s'étant point trouvés à la dernière bataille, pour n'avoir pu passer le canal à temps, ils étaient frais et reposés, et avaient tous leurs chevaux et toutes leurs armes.

La troisième était sous les ordres de messire Gauthier de Châtillon ; il avait avec lui les meilleurs prud'hommes et les plus braves chevaliers de toute l'armée. Et le roi Louis avait mis ainsi ces deux belles compagnies à côté l'une de l'autre pour qu'elles pussent se défendre, et secourir celle qui venait après elles.

La quatrième était la plus pauvre de toutes ; elle se composait du reste de la milice des templiers. Elle était commandée par le grand-maître, Guillaume Sonnac, encore tout mutilé de son dernier combat. Sentant sa faiblesse, elle s'était entourée d'un rempart qu'elle avait élevé avec les débris des machines de guerre sarrasines.

La cinquième était celle de messire Guy de Malvoisin, peu nombreuse mais composée toute de braves chevaliers, frères et amis, ne formant qu'une famille, combattant toujours ensemble et partageant tout, gloire, danger et butin. Elle était déjà fort diminuée depuis le commencement de la campagne, et la journée qui se préparait devait la réduire encore.

La sixième bataille commençait l'aile gauche, que commandait le comte de Poitiers, comme le comte d'Anjou l'aile droite. Elle était toute composée de gens de pied, au milieu desquels monseigneur le frère du roi était seul à cheval; il avait à sa gauche un de ses chevaliers, qu'il avait amené en Égypte avec lui, et qui se nommait messire Jocerand de Brançon : il commandait avec son fils une autre petite troupe de pédaille; et dans celle-ci comme dans l'autre, les deux chefs seuls étaient à cheval.

La septième bataille était celle de Guillaume, comte de Flandre, qui n'avait pas donné dans l'autre combat, et qui était toute fraîche et ardente. Aussi avait-on mis en quelque sorte à l'abri, sous son aile de fer, la petite troupe du sénéchal de Champagne, qui formait le demi-cercle et venait s'appuyer au canal, à quelque distance de l'endroit même où l'armée l'avait passé à gué. En effet, Joinville et ses chevaliers étaient si meurtris de la dernière lutte, que deux ou trois à peine avaient pu revêtir leurs cuirasses; les autres, et parmi eux était le bon sénéchal, n'avaient pour toute arme défensive que leur casque, et pour toute arme offensive que leur épée.

Au centre de ces huit batailles, et prêt à se porter partout où besoin serait, était Louis avec ses plus preux et ses plus fidèles, dont huit s'étaient réunis pour lui former une garde, que l'on appelait les prud'hommes du roi. Enfin, le long du canal, protégés par cette muraille de fer, bivouaquaient les gens de l'armée, bouchers, valets, vivandiers, femmes et pages, qui avaient passé le pont aussitôt après le combat de Mansourah, et s'étaient établis à l'entour des logis des chevaliers, se bâtissant des huttes avec les débris des engins et des machines de guerre que les croisés avaient conquis sur les infidèles.

Pendant que Louis prenait ses dispositions, le général sarrasin ne restait pas en retard pour établir les siennes. Comme le soleil se levait, les croisés le virent paraître à la tête d'à peu près quatre mille chevaliers bien montés et bien armés, qu'il disposa sur une ligne pareille à celle des chrétiens, les divisant en autant de batailles que Louis en avait fait de son côté; puis il alla chercher une telle assemblée de gens à pied, pour soutenir sa chevalerie, qu'elle enveloppait tout le camp des Français comme aurait pu le faire une muraille. Bientôt, outre ces deux armées, en arriva une troisième; c'était celle qu'avait amenée avec lui le jeune sultan Touran-Chah. Cette dernière bataille fut rangée à part, afin qu'elle pût manœuvrer selon les circonstances. Ces ordonnances faites, le général sarrasin passa une dernière fois devant le front de ses troupes, monté sur un petit cheval de course, s'avançant jusqu'à cent pas de l'armée française, examinant ses batailles, et augmentant ou diminuant les siennes, selon qu'il avait reconnu celles des chrétiens pour fortes ou pour faibles; ensuite il fit approcher trois mille Bédouins aussi près qu'il le put du pont qui joignait l'armée au camp du duc de Bourgogne, afin, le cas échéant, de s'opposer à ce que les croisés reçussent aucun secours pendant la bataille.

Ces préparatifs durèrent jusqu'à midi à peu près; tout étant réglé, un grand bruit de tambours et de cors s'éleva dans l'armée sarrasine, qui se mit en marche, fantassins et chevaux, et vint attaquer l'armée chrétienne.

Le premier point sur lequel le combat s'engagea fut celui que commandait le comte d'Anjou : non que de part ou d'autre on eût usé en cela de tactique, mais parce qu'il se trouvait le plus rapproché des Turcs; ceux-ci s'avancèrent, disposés en manière de jeu d'échecs, les pions ou gens de pied marchant les premiers, armés de tubes par lesquels ils soufflaient le feu grégeois, et derrière eux les cavaliers qui profitaient du trouble produit pour entrer dans les rangs, et y frapper à droite et à gauche. Cette manœuvre, adoptée à l'égard des gens de pied, mit bientôt le désordre dans la bataille du comte d'Anjou, à pied lui-même au milieu de ses soldats. Heureusement, le roi, du point élevé où il était placé, dominait toute la plaine, et vit l'extrémité dans laquelle se trouvait son frère. Aussitôt il frappa son cheval des éperons, et, suivi de sa garde, il vint se jeter, l'épée au poing, tout au milieu des infidèles. A peine y était-il qu'un Sarrasin, se trouvant à sa portée, souffla sur lui le feu grégeois, et cela si près et si hardiment, que son cheval en fut tout couvert; mais avec l'aide de Dieu, pour lequel Louis combattait, ce qui eût dû sauver les Sarrasins les perdit : le noble animal, dont la crinière et la croupe flamboyaient, perdu par la douleur, ne sentant plus ni frein ni voix, emporta son maître au plus profond des rangs infidèles, où il entra comme l'ange exterminateur; derrière lui venaient les plus braves, qui avaient juré de suivre le roi partout, et qui le suivaient, heurtant et renversant tout ce qui se trouvait devant eux, si bien que la bataille des infidèles, frappée au cœur de cette blessure profonde, recula, dégageant le duc d'Anjou et sa compagnie. Le roi remonta sur un autre cheval, et revint prendre ce poste élevé, d'où, comme l'aigle, il pouvait tout embrasser et s'abattre partout.

Pendant cette charge merveilleuse exécutée par le roi, le combat s'était engagé sur toute la ligne, d'une égale ardeur, mais avec des succès différens. Messire Guy d'Ibelin et Beaudouin, son frère, avaient vigoureusement reçu les Sarrasins; car, on le sait, ni hommes ni chevaux de leur compagnie n'avaient encore donné. Il y a plus : Gauthier de Châtillon s'étant réuni à eux avec une troupe d'élite, les Sarrasins furent bientôt forcés de s'enfuir, et d'aller reformer leur bataille, abandonnant les fantassins, qui furent presque tous tués.

Mais il n'en était pas de même de la quatrième bataille, commandée par frère Guillaume de Sonnac, maître du Temple, à qui il ne restait que quelques-uns de ses soldats réunis aux débris des hospitaliers. Vainement ils s'étaient, comme nous l'avons dit, fait un rempart avec des palissades tirées des machines de guerre. Les Sarrasins jetèrent le feu grégeois sur cet amas de planches, qui s'enflamma aussitôt et leur découvrit à travers les flammes le peu d'hommes qu'elles défendaient; alors, sans attendre que cette faible défense fût détruite, ils s'élancèrent au milieu de l'incendie, qu'ils traversèrent, pareils à des démons, et vinrent se heurter contre les restes de cette terrible milice. Cependant, tout affaiblis qu'ils étaient, les templiers n'étaient pas gens à succomber ainsi, et, au bout de quelques minutes, les infidèles repoussés, après avoir perdu leurs plus braves, passaient à travers les flammes, mais cette fois pour se sauver. Cependant, comme ils n'étaient pas poursuivis, ils s'arrêtèrent à distance; alors leurs arbalétriers s'avancèrent, firent pleuvoir sur les templiers une telle quantité de traits, qu'à cinquante pas derrière eux la terre en était couverte comme d'une moisson. Cette pluie meurtrière avait fait plus de mal qu'un combat corps à corps, presque tous les chevaux qui restaient en avaient été frappés ; le grand maître et quatre ou cinq chevaliers seulement avaient conservé leurs destriers, encore étaient-ils tout hérissés de dards et de flèches. Les Sarrasins jugèrent que le moment était alors venu de défaire ces invincibles, et se ruèrent tous ensemble et d'un seul effort une seconde fois sur eux. Au moment du choc, le grand maître, qui avait déjà perdu un œil au combat du mercredi, reçut un coup d'épée qui lui creva le second ; mais, tout aveugle et sanglant, il piqua son cheval, qui le jeta parmi les Sarrasins, où il frappa au hasard, jusqu'à ce que percés de coups monture et cavalier s'abatissent pour ne plus se relever ; et tous eussent été détruits comme lui dans cette charge, si Louis, voyant leur détresse, ne fût venu à leur secours, comme il était venu à l'aide du duc d'Anjou. Les Sarrasins n'attendirent pas le roi, et pour la seconde fois ils traversèrent en désordre cette ligne de flammes qui n'étaient plus que de la fumée.

Pendant que le roi Louis portait secours aux soldats du Temple et de Saint-Jean, son frère, le comte de Poitiers, commandant l'aile gauche de l'armée, se trouvait en grand péril. Il était, comme nous avons dit, seul à cheval au milieu de toute une bataille de gens à pied; de sorte que ce qui était advenu pour le comte d'Anjou advint pour lui. Les infidèles arrivèrent, fantassins contre fantassins, poussant le feu grégeois devant eux ; de sorte que les cavaliers n'eurent qu'à entrer et frapper au milieu de cette pédaille épouvantée. Le comte d'Anjou se jeta au-devant d'eux ; mais, après avoir abattu deux ou trois Sarrasins, il fut enveloppé et pris, et déjà on l'emmenait prisonnier, et il était traîné hors du camp, lorsque tous les gens de l'armée, pages, valets, bouchers, vivandières, qui l'aimaient à cause de sa bonté, s'émurent et s'armèrent. Tout leur fut bon, haches, épieux, couperets et couteaux ; toute cette troupe, sur laquelle nul ne comptait, se rua sur les Sarrasins, coupa les jarrets des chevaux, égorgea les cavaliers qui tombaient, se prit corps à corps et de lutte avec les fantassins, et se battit avec de tels cris et une telle rage, que les infidèles, étourdis de leurs clameurs et de leur acharnement, prirent la fuite, relâchant le comte de Poitiers, qui, abandonné par ses soldats, fut secouru par des vilains.

Les Sarrasins furent encore plus rudement reçus par les trois dernières batailles. L'une était, comme nous l'avons dit, sous les ordres de messire Jocerand de Brançon, qui en était le maître et le chef : c'était un digne chevalier, oncle de Joinville, et il avait assisté dans sa vie à trente-six batailles et journées de guerre, où presque toujours il avait emporté le prix des armes. Un jour de vendredi saint en carême, comme il était en l'armée du comte de Mâcon, son cousin, il s'en vint à Joinville et à un de ses frères et leur dit : « Mes neveux, venez m'aider avec toute votre puissance à courir sus aux Allemands, qui abattent et pillent le moustier de Mâcon. » Joinville et son frère répondirent aussitôt à l'appel, et, sous la conduite de leur oncle Jocerand de Brançon, ils entrèrent tous armés jusque dans l'église, ce que Dieu leur pardonna sans doute, car ils faisaient cela pour la bonne cause, et, à grands coups de taille et de pointe ils chassèrent les Allemands du saint lieu. Cela fait, messire Jocerand descendit de cheval, et s'agenouilla tout armée devant l'autel, criant : « Beau sire Jésus-Christ mon Seigneur, je vous prie, si vous croyez me devoir quelque récompense, de m'accorder celle de mourir à votre service ! » Or, messire de Brançon s'était croisé un des premiers, avait, dans les batailles du mardi et du mercredi, frappé comme un des plus forts; si bien que, de toute sa troupe, lui et son fils avaient seuls conservé leurs chevaux. Lorsqu'il voyait ses gens pressés par les Sarrasins, il faisait semblant de fuir par les ouvertures des ailes de la bataille, puis il revenait avec son fils par-derrière les infidèles, à grande course de chevaux : ceux-ci étaient obligés de se retourner, et, pendant ce temps, ses gens reprenaient courage et se ralliaient. Enfin Dieu lui fit la grâce qu'il avait demandée, et, dans une de ces charges audacieuses, il fut renversé et mis à mort, ne voulant pas se rendre. Son fils alors lui succéda dans le commandement de sa petite troupe, avec laquelle il battit en retraite jusqu'à la rive du canal. Arrivé là, messire Henry de Cone, qui était de l'autre côté et dans le camp du duc de Bourgogne, amena force arbalétriers et archers, qui, d'une rive à l'autre, firent, chaque fois que les Turcs chargeaient, pleuvoir sur eux une telle grêle de traits et de flèches, que, sur vingt chevaliers dont se composait la suite de Jocerand, douze seulement périrent, et que le reste fut sauvé.

Après la bataille de messire Jocerand, on se rappelle que venaient celles de monseigneur Guillaume de Flandre et de Joinville, la plus forte et la plus faible de l'armée; elles étaient près l'une de l'autre et protégées l'une par l'autre. Le comte et ses Flamands étaient pleins d'ardeur, ayant passé le fleuve la veille, et tous bien montés et bien armés : ils attendirent les infidèles, qui, de leur côté, arrivèrent sur eux avec courage; mais à peine en furent-ils venus aux mains, que Joinville et ses chevaliers, qui, étant blessés et meurtris, n'avaient pu endosser leurs armures, saisirent des arcs et des flèches et se mirent à seconder de leur mieux les archers et les arbalétriers, qu'ils avaient disposés de manière à prendre les Turcs en flanc. Ceux-ci se mirent aussitôt en désordre; le comte Guillaume profita de ce trouble pour leur courir sus. Les Turcs ne purent supporter le choc de cette merveilleuse chevalerie, portée sur ses lourds destriers flamands qui semblaient des coursiers héroïques. Ils prirent la fuite; les croisés les poursuivirent au delà des limites du camp. Les cavaliers arabes échappèrent seuls, grâce à la vitesse de leurs chevaux; mais tout ce qui était homme de pied parmi les infidèles fut tué et taillé en pièces; de sorte que tous les gens d'armes du comte, parmi lesquels était au premier rang messire Gauthier de la Horgue, revinrent chargés de targes et de boucliers.

Ce fut ainsi que la mêlée s'engagea sur toute la ligne. Elle dura depuis midi jusqu'à sept heures du soir. A ce moment, les Sarrasins, repoussés partout, grâce à la vigilance de Louis, qui, toujours en tête de sa bataille royale, venait en aide à ceux qui faiblissaient, commencèrent à se retirer. Les chrétiens les poursuivirent jusqu'aux limites de la lice; mais, cette fois, instruits par l'expérience, ou plutôt brisés par la lassitude, ils s'arrêtèrent aux barrières de leur camp. Sur la longueur d'une lieue et sur une largeur de cinq cents pas, la terre était toute couverte de morts, parmi lesquels on comptait trois infidèles pour un chrétien.

Alors Louis, voyant le combat terminé à la plus grande gloire de ses armes, rassembla ses barons devant sa tente royale, et là, de même qu'il leur avait parlé avant le combat pour leur donner courage, il leur dit après la victoire pour les féliciter : « Seigneurs et amis, maintenant vous pouvez voir et connaître les grandes grâces que Dieu nous a faites et nous fait encore, puisque mardi dernier, qui était jour de carême prenant, nous avons, par son aide, chassé et débouté nos ennemis de leurs retranchemens, où nous sommes logés à cette heure, et que, aujourd'hui, nous nous sommes défendus, à pied et mal armés, contre eux bien armés à pied et à cheval, et en deux endroits. » Puis à la France, à qui il ne devait autre chose que la vérité, il envoya cette relation, simple et grande comme son âme : « Le premier vendredi du carême, le camp ayant été attaqué par toutes les forces des Sarrasins, Dieu se déclara pour les Français, et les infidèles furent repoussés avec beaucoup de perte. »

Cependant, malgré cette double victoire et les actions de grâces qu'il en rendait au ciel, Louis commençait à comprendre que la campagne était manquée : l'armée avait perdu presque tous ses chevaux, un tiers des chevaliers était blessé et le reste écrasé de fatigue; d'un autre côté, chaque jour augmentait le nombre des ennemis. Il ne fallait plus songer à aller au Caire, et quelques-uns pensaient déjà, même avec crainte, qu'il serait impossible de rester où l'on était. On parla de retourner à Damiette; mais retourner à Damiette, c'était fuir. Or, des chevaliers français, des soldats du Christ, pouvaient-ils fuir devant un ennemi vaincu ? Ce conseil fut donc repoussé. On mit le camp en état de défense, afin de se garantir de toute surprise de la part des Sarrasins, et l'on attendit une nouvelle attaque.

Ce fut en vain ; les Sarrasins demeurèrent cois et couverts. Eux aussi attendaient et ne furent pas trompés dans leur attente.

Huit ou dix jours après la bataille, les corps qui avaient été jetés dans l'Achmoun se corrompirent et remontèrent à la surface du fleuve. Le courant alors les emporta vers la mer ; mais bientôt ils rencontrèrent le pont que les chrétiens avaient établi sur le canal, et comme l'eau était haute, ils ne purent passer entre les piles, et s'y amassèrent en si grande quantité que l'on ne voyait plus le courant à plus d'une portée de trait au-dessus du pont. Alors le roi loua cent hommes de travail pour séparer les chrétiens des infidèles. Ces hommes portaient les premiers dans de grandes fosses creusées pour leur donner la sépulture, et avec de longues perches ils enfonçaient les corps des Sarrasins sous l'eau, jusqu'à ce qu'ils suivissent le courant, qui les entraînait entre les piles, et de là à la mer. Il y avait là des pères qui cherchaient leurs fils, des frères qui cherchaient leurs frères, des amis qui cherchaient leurs amis. Tout le temps que dura cette funèbre besogne, Degville, le chambellan du comte d'Artois, ne quitta point un instant le rivage, espérant toujours reconnaître le prince. Mais le dévouement de ce brave serviteur fut inutile, et le corps du martyr de Mansourah ne fut pas retrouvé.

Or, comme nous l'avons dit, on était depuis quinze jours entré dans le carême, et les croisés, quoique en campagne et en guerre, suivaient à la lettre les commandemens de l'église, jeûnant et faisant maigre les jours désignés, comme s'ils eussent été dans leurs villes ou dans leurs châteaux. Il en résultait que, comme la pénurie était extrême, ils n'avaient pour tous vivres qu'une espèce de poissons que l'on pêchait dans le canal même de l'Achmoun, lesquels, étant des poissons voraces et carnivores, n'avaient vécu que de cadavres, sur lesquels on les voyait, depuis que ces cadavres étaient remontés sur l'eau, fondre en grandes troupes. Soit dégoût, soit qu'effectivement cette odieuse nourriture eût communiqué à leur chair des qualités nuisibles, bientôt le scorbut se déclara dans l'armée. Ceux qui avaient mangé du poisson, et c'était le plus grand nombre, furent malades. Les gencives leur enflaient jusqu'à ce qu'elles recouvrissent les dents ; et alors les barbiers de l'armée, qui occupaient en même temps l'office des médecins, étaient forcés de détacher avec leurs rasoirs ces excroissances corrompues, ce qui était une des plus douloureuses opérations chirurgicales qui se pût voir. « Si bien, dit Joinville dans la naïve bonhomie de son langage, que l'on n'entendait que cris et plaintes, comme si l'armée tout entière n'était composée que de femmes en travail d'enfant. »

A cette épidémie vint s'en joindre une autre, causée par les exhalaisons méphitiques des cadavres. Celle-ci s'attachait à tout le corps, mais particulièrement aux jambes, qui se desséchaient jusqu'à l'os, et dont la peau devenait tannée et noire « à la ressemblance, dit encore Joinville, d'une vieille botte de cuir qui eût été longtemps cachée derrière des coffres. » La mort se présentait donc déjà aux chrétiens sous ce double aspect, lorsque ces deux fantômes appelèrent à leur aide un troisième plus terrible encore, la famine.

L'armée tirait ses approvisionnemens de Damiette; aussi la première tactique du soudan avait-elle été d'occuper ses soldats non plus à combattre les chrétiens, mais à les affamer. Il avait fait descendre trois mille cavaliers et six mille fantassins jusqu'à Scharmesah, les avait éparpillés aux deux côtés du Nil, et avait barré le fleuve avec une flotte, de sorte que, ni par terre ni par eau, rien ne parvenait plus au camp. Les chrétiens ne comprenaient ni ce silence ni cet abandon, lorsqu'une galère du comte de Flandre, qui avait brisé l'obstacle et était passée de force, vint annoncer la nouvelle du blocus. Alors il fallut s'approvisionner par les Bédouins, espèce de horde de sauvages pareille à celle des chacals et des hyènes, qui rôdait sans cesse autour des deux camps, pillant l'un comme l'autre, et prête à tomber sur le plus faible au premier cri de détresse qu'il jetterait. Il en résulta une telle cherté que, lorsque Pâques fut venu, un bœuf se vendait quatre-vingts livres, un mouton trente livres, le muid de vin dix livres, et un œuf douze deniers, prix exorbitant si l'on compare à la valeur actuelle la valeur de l'argent à cette époque.

Quand le roi vit l'armée réduite à cette extrémité, ses dernières illusions disparurent; il comprit qu'il n'y avait pas un instant à perdre pour retourner vers Damiette, si déjà même il n'avait attendu trop longtemps. Il ordonna donc de tout préparer pour repasser le canal; mais, jugeant avec raison que la retraite ne s'opérerait pas sans obstacles, il fit établir à la tête et aux deux côtés du pont des fortifications couvertes, qui permettraient même aux gens de cheval de le traverser à l'abri. Louis ne s'était pas trompé. A peine les Sarrasins virent-ils ces préparatifs, qu'accourant de tous côtés, sans que l'on sût d'où ils sortaient, ils reformèrent ces batailles qui avaient momentanément disparu. Mais le roi continua de donner ses ordres pour le départ, convaincu que chaque jour de retard, en affaiblissant l'armée, rendrait encore le passage plus périlleux et plus difficile. La tête de colonne, composée des malades et des blessés, se mit donc en marche, tandis que de chaque côté du pont et en avant d'eux, pour les protéger, le roi, ses deux frères et tout ce qui restait encore debout attendaient, l'épée au poing, qu'ils fussent passés jusqu'aux derniers. Cette attitude imposa aux Sarrasins.

Après les blessés, les harnais et les armes passèrent; puis vint le tour de Louis, qui dut à regret les suivre. Ce fut le moment que les Sarrasins choisirent pour attaquer, car ils avaient vu que partout où était le roi, là aussi était la victoire. Louis suivait donc une des barbacanes (1), et le comte d'Anjou l'autre, lorsqu'on entendit de grands cris à l'arrière-garde de l'armée, commandée par Gauthier de Châtillon. C'étaient les Sarrasins qui chargeaient; la bataille était engagée de nouveau. Le comte d'Anjou se retourna aussitôt, et sortit des retranchemens avec une troupe encore terrible, quelque malade et affamée qu'elle fût. Il était temps; Gauthier de Châtillon, accablé sous le nombre, allait succomber, car il s'était jeté presque seul entre l'arrière-garde et les Sarrasins. Messire Érard de Vallery était pris, et son frère, à pied, ne voulant pas l'abandonner, frappait sur ceux qui l'entraînaient, sans autre chance que de tuer et d'être tué. Au cri de guerre que le comte d'Anjou poussa en reparaissant, tous reprirent courage. Les Sarrasins lâchèrent messire Érard, qui, n'étant pas blessé, ramassa la première épée venue, et se mit à son tour à défendre son frère, comme son frère l'avait défendu. Gauthier de Châtillon, que toute l'armée infidèle n'avait pu faire reculer d'un pas, reprit l'offensive du moment qu'il se vit soutenu par le comte d'Anjou.

(1) Nom des palissades que le roi avait fait établir pour protéger le passage de l'armée.

L'arrière-garde passa le pont, sauvée par le dévouement et le courage de deux hommes.

Le lendemain, le bruit se répandit que des négociations de paix étaient entamées entre le roi de France et le soudan. En effet, messire Geoffroy de Sargines, chargé des pleins pouvoirs de Louis, venait de repasser le canal pour avoir une entrevue avec l'émir Zeineddin, mandataire de Touran-Chah. Une lueur de joie ranima le cœur de tous ces hommes qui se regardaient comme perdus, et ils attendirent avec anxiété le retour du messager. Vers les cinq heures du soir, messire Geoffroy de Sargines rentra au camp, et l'on pouvait juger à son visage triste, sinon abattu, qu'il était porteur de fatales nouvelles.

En effet, les négociations, arrêtées sur tous les points, s'étaient rompues sur un seul. Louis devait rendre au soudan la cité de Damiette, et le soudan rendre aux chrétiens la ville de Jérusalem.

Ce premier article avait été adopté.

Louis devait emmener tranquillement tous ses malades de Damiette et reprendre, dans les magasins de la ville, toutes les chairs salées dont les musulmans ne mangent point, et dont le roi avait besoin pour nourrir son armée en mer.

Ce second article avait été adopté.

Louis offrait de donner pour sûreté du pacte, et jusqu'à son entier accomplissement, l'un de ses deux frères en otage, soit le comte de Poitiers, soit le comte d'Anjou. Et ce fut ici que les négociations se rompirent. L'émir Zeineddin avait reçu du soudan l'ordre de n'accepter d'autre otage que le roi. A cette prétention, Sargines se récria; les envoyés du soudan insistèrent, et messire Geoffroy se retira, déclarant que l'armée chrétienne se ferait tuer, depuis son premier baron jusqu'à son dernier valet, avant de donner son roi en gage. C'était cette nouvelle qu'il rapportait. La retraite fut fixée pour le mardi soir, après les octaves de Pâques.

Cette résolution arrêtée, le roi, qui lui-même était malade de l'épidémie, fit venir Josselin de Corvant, l'inventeur de la grande machine de guerre, et, le nommant chef des maîtres d'œuvres et ingénieurs, il lui ordonna, au moment où il verrait l'armée se mettre en marche, de rompre la chaussée qui communiquait à l'autre rive de l'Achmoun, afin que les Sarrasins ne pussent le poursuivre sans aller à deux lieues de là chercher le gué, ce qui donnerait toujours aux chrétiens quelques heures d'avance sur les infidèles. Puis, cette précaution prise, Louis fit venir lui-même les mariniers et leur commanda d'ordonner leurs vaisseaux, afin qu'ils fussent prêts au moment désigné à recueillir les malades pour les conduire à Damiette.

De ces deux ordres un seul fut exécuté. Lorsque la nuit fut venue, sombre et propice, chacun se prépara à partir. On avait allumé, comme d'habitude, des feux sur la rive, autant pour réchauffer les malades que pour ne pas donner des soupçons. Joinville venait de descendre dans son vaisseau avec deux chevaliers et quelques valets, seuls débris de toute sa maison de guerre, lorsque du milieu du fleuve, où il était parvenu, il vit à la lueur des flammes les Sarrasins pénétrer dans le camp. Soit trahison, soit impossibilité, Josselin de Corvant et ses ouvriers n'avaient point rompu le pont, ainsi qu'ils en avaient reçu l'ordre, de sorte qu'il était au pouvoir des Sarrasins, qui passaient par milliers sur la rive, et s'étendant comme un immense demicercle, enfermaient toute l'armée.

Alors toutes les craintes eurent le roi pour objet; tous les efforts tendirent à le faire embarquer sans retard. Mais, quoique malade et affaibli, quoique vêtu d'un justaucorps de soie en place d'armure, quoique montant un faible cheval au lieu de son destrier de bataille, le roi s'arrêta au premier cri d'alarme, déclarant qu'il ne descendrait dans les barques que lorsqu'il aurait vu embarquer le dernier de ses malades et de ses soldats. Les mariniers, perdant la tête en ce moment ou songeant à se sauver eux-mêmes, coupèrent les cordes des galères, qui avaient à peine recueilli un tiers de l'armée, et les laissèrent dériver malgré les clameurs des chevaliers qui criaient de toute part : *Attendez le roi! sauvez le roi!* Joinville, qui était dans sa barque, vit venir à lui cette flotte insensée, qui ne pensait qu'à fuir, et se trouva pris et presque brisé entre les gros vaisseaux. Quelques pilotes cependant, cédant aux instances des chevaliers, s'approchèrent de la rive; mais sitôt qu'ils y abordaient, Louis faisait entrer dans leurs navées des malades et des blessés; puis, lorsqu'elles étaient pleines, il leur ordonnait de reprendre leur route et continuait de demeurer, disant qu'il aimerait mieux mourir que d'abandonner son peuple. Un si grand exemple rendit, non pas le courage, nul ne le perdit dans cette terrible circonstance, mais la force à quelques chevaliers. Érard de Vallery, Geoffroy de Sargines, demeurèrent près du roi, jurant de le défendre jusqu'à la mort. L'occasion de tenir leurs sermens ne se fit pas attendre : les Sarrasins s'étaient rués comme des troupeaux de loups au milieu des malades et des blessés, égorgeant sans choix et sans trêve. Bientôt les arbalétriers arrivèrent avec le feu grégeois. Une multitude de flèches enflammées sillonna l'air, éclairant le champ de bataille et le dévoilant dans toute sa confusion et dans toute son horreur. Ces traits tombaient en telle quantité qu'on eût cru que c'étaient les étoiles qui pleuvaient du ciel. Alors tout fut perdu : les mariniers gagnèrent le large, les blessés et les malades firent un dernier effort, et les uns se jetèrent à l'eau pour poursuivre les barques, les autres se mirent à genoux pour attendre la mort. Partout on égorgeait. Sur une étendue de deux lieues, la plaine n'était qu'un lit d'agonie; et cependant le roi ne voulait pas quitter cette terrible mêlée, pleurant et levant les mains au ciel pour invoquer le Seigneur. Une dernière galère restait, c'était celle du légat du pape : on pressait Louis d'y monter. Mais il déclara qu'il suivrait la rive, pour protéger autant qu'il le pourrait les restes de son armée, et ordonna aux mariniers de rejoindre la flotte. Ils obéirent. Louis alors ordonna à sa bataille de marcher vers Damiette, sous la conduite d'Érard de Vallery, et, toujours accompagné de son fidèle Sargines, il alla prendre sa place à l'arrière-garde.

La petite troupe marcha toute la nuit. Au point du jour un vent très fort s'éleva qui repoussa toute la flotte vers Mansourah. En même temps que cette rafale augmentait le danger de ceux qui s'étaient embarqués, elle donnait quelque répit à ceux qui suivaient la rive, en élevant entre eux un nuage de poussière si épais qu'il les dérobait à leur vue. Alors, s'il faut en croire l'historien arabe Salih, les chrétiens étaient tellement abandonnés de leur Dieu, que le cadi

Gazal-Uddin, s'apercevant que la victoire allait échapper aux Sarrasins, adressa la parole au vent, lui criant de toute sa force :

— Au nom de Mahomet! je t'ordonne de diriger ton souffle contre les Français. Et le vent obéit.

Ce changement dans la direction du vent, qui fut le résultat d'un hasard ou d'un miracle, avait soulevé les flots du Nil ; plusieurs des bâtimens, chargés outre mesure, avaient été submergés, et d'autres jetés à la côte. De ce nombre était la galère de Joinville. De l'endroit où il était échoué, il voyait, de l'autre côté du fleuve, une grande partie des vaisseaux déjà tombés au pouvoir des infidèles, qui égorgeaient les équipages, jetaient les cadavres à l'eau et tiraient hors des nefs les coffres et les harnais qu'ils avaient gagnés. En même temps il vit venir à lui une troupe de Turcs, qui, le voyant échoué, accouraient pour s'emparer de son navire; mais le sort qui les attendait rendit quelque puissance à ses gens, de sorte qu'après des efforts inouïs, ils se retrouvèrent à flot. Les Sarrasins arrivèrent au rivage comme ils venaient de le quitter, de sorte que, voyant qu'ils ne pouvaient les rejoindre, ils les accablèrent de traits et de flèches en telle quantité que Joinville, tout blessé qu'il était, revêtit son haubert pour se garantir de cette pluie de viretons qui tombait dans son vaisseau. Arrivé au milieu du Nil, le pilote continua son chemin vers l'autre rive sans que Joinville remarquât son intention; mais un de ses gens se mit à crier alors :

— Sire, sire! notre marinier, parce que les Sarrasins le menacent, nous veut mener à la terre, où nous serons tous tués et occis. — Aussitôt Joinville lui ordonna de suivre le courant, mais il ne tint pas compte de cette injonction, si bien que le bon sénéchal se fit soulever, et, tirant son épée, lui déclara que, s'il faisait un pas vers la terre, il le tuerait sans miséricorde. Cette menace produisit son effet : le pilote se maintint à une égale distance des deux rives, mais bientôt les vaisseaux arrivèrent à l'endroit où le Nil était barré par la flotte du soudan. Le pilote alors demanda à Joinville ce qu'il aimait le mieux, ou de continuer sa route, ou de gagner le rivage, ou de jeter l'ancre au milieu du fleuve. Joinville se décida pour ce dernier parti ; mais à peine l'avait-on mis à exécution, que l'on vit paraître quatre galères du soudan, qui contenaient bien mille hommes, et qui s'avançaient de front, dans le but d'enfermer la flotte française et de lui ôter tout espoir de salut. A cette vue, Joinville délibéra avec ses chevaliers pour savoir si l'on devait se rendre aux Sarrasins de l'autre rive ou à ceux des vaisseaux. L'avis fut unanime pour qu'on se rendît à ces derniers, parti qui leur offrit au moins la chance de n'être point séparés les uns des autres. Il n'y eut, dans tout l'équipage, qu'un clerc qui voulait que l'on ne se rendît pas, mais qu'on se fît tuer pour aller en la compagnie de Dieu; mais il fut le seul de son avis.

Alors Joinville prit un petit coffret dans lequel étaient ses joyaux les plus précieux et ses reliques les plus saintes, et, afin qu'il ne tombât point entre les mains des infidèles, il le jeta dans le fleuve. Un de ses mariniers s'approcha de lui, et lui dit qu'ils étaient tous perdus s'il ne le laissait dire aux Sarrasins qu'il était le cousin du roi. Joinville lui répondit de dire tout ce qui lui plairait. En ce moment les galères arrivaient bord à bord ; l'une d'elles jeta son ancre par le travers du bâtiment chrétien. Le bon chevalier se croyait perdu et recommandait déjà son âme à Dieu, lorsqu'un Sarrasin, touché de pitié sans doute, vint à la nage, lui disant :

— Sire, si vous ne m'en croyez, vous êtes mort. Jetez-vous promptement à l'eau; ils ne vous verront pas, occupés qu'ils seront à piller votre vaisseau : alors je vous sauverai. Joinville, qui ne s'attendait pas à un tel secours, ne perdit pas une seule minute pour profiter de l'avis et se laissa glisser dans le Nil. Alors le Sarrasin le soutint, car il était si faible que seul il se fût noyé. Ils abordèrent ainsi à la rive. A peine y eurent-ils mis le pied, que les égorgeurs se jetèrent sur eux; mais le Sarrasin couvrit Joinville de son corps, criant : Le cousin du roi ! le cousin du roi ! Il était temps. Joinville, sentant déjà sur son cou le froid du couteau, était tombé à genoux. L'espérance d'une riche rançon l'emporta sur la soif du sang. Le prisonnier fut conduit jusque dans un château occupé par les Sarrasins, qui, le voyant si faible, eurent pitié de lui, le dépouillèrent de son haubert, et lui jetèrent sur le dos une couverture d'écarlate, fourrée de menu-vair, que sa mère lui avait donnée ; en même temps un autre lui apporta une courroie blanche dont il se ceignit les reins ; enfin, un troisième lui donna un chaperon dont il se couvrit la tête.

Quant au roi, il avait vu le désastre de sa flotte, et, ne pouvant y porter secours, il avait continué sa route, toujours poursuivi et toujours gardé si fidèlement par Sargines et par Châtillon, que pas un Sarrasin n'osait en approcher, car, à grands coups d'épée, les deux chevaliers chassaient les infidèles, comme des serviteurs vigilans, dit Joinville, écartent les mouches du hanap de leur maître. Enfin, épuisé de fatigue, ne pouvant plus se soutenir sur son cheval, il fut forcé de s'arrêter à Minieh, où il descendit *au giron d'une bourgeoise qui était de Paris*, et là il fut reconnu si mal, que l'on crut qu'il ne passerait pas la journée.

Il se jetait sur un lit, lorsque messire Philippe de Montfort accourut près de lui, disant qu'il venait d'apercevoir, parmi ceux qui les poursuivaient, l'émir Zeineddin, avec lequel des pourparlers de paix avaient été échangés à Mansourah. Il venait demander au roi si son bon plaisir était qu'il tentât un dernier effort près de lui, afin d'obtenir au moins une suspension d'armes. Le roi lui donna toute liberté d'agir comme il voudrait. Messire Philippe de Montfort prit une petite escorte pour l'accompagner, sortit de la ville, s'achemina vers les infidèles, et les joignit comme ils se reposaient et reprenaient haleine pour attaquer la ville où ils avaient vu entrer le roi. Leurs armes étaient couchées à côté d'eux, et leurs turbans déroulés et étendus sur le sable.

Le chevalier laissa son escorte à cinquante pas des Sarrasins, marcha droit à l'émir, qui, voyant s'avancer un homme seul, et se doutant qu'il était chargé de quelque message, avait fait signe qu'on le laissât passer. Alors il lui rappela les conditions offertes par le soudan, c'est-à-dire la reddition de Damiette en échange de Jérusalem, que devait garantir la personne même du roi, restée en otage. Ces conditions, Louis les ratifiait, et messire Philippe de Montfort venait demander à l'émir Zeineddin s'il était toujours dans l'intention de les accepter. Telle était la crainte que le roi, tout malade et abandonné qu'il était, inspirait encore aux Sarrasins, que leur chef consentit aussitôt. Alors le sire de Montfort tira son anneau en marque d'engagement pris, et le donna à l'émir ; mais, au moment où celui-ci allait le passer à son doigt, un traître, nommé Marcel, sortit de la ville, et, courant à l'escorte de Montfort : « Seigneurs chevaliers, rendez-vous tous ; le roi vous le mande par moi. Ne le faites pas tuer en résistant. » Aussitôt les chevaliers, ne se défiant pas de lui, jetèrent leurs armes et leurs harnais : les Sarrasins, saisissant l'occasion offerte, se précipitèrent sur la petite troupe. Alors l'émir rendit l'anneau à Philippe de Montfort en disant : « On ne traite pas avec des prisonniers. »

Cette réponse fut le signal d'une nouvelle attaque. Philippe de Montfort rejoignit, lui troisième ou quatrième, la compagnie de Gauthier de Châtillon. Les Sarrasins, conduits par les deux émirs Zeineddin et Gemal-Eddin, marchèrent vers la ville. Le roi, entendant le bruit du combat, fit un dernier effort, et, quittant la maison ouverte et sans défense dans laquelle il avait été reçu, se rendit dans le palais d'Abiad-Allah, seigneur de Minieh, qui pouvait au moins opposer quelque résistance, et Gauthier de Châtillon se plaça, avec le reste de son arrière-garde, au bout de la rue étroite qui conduisait à la forteresse royale.

Alors la dernière lutte s'engagea. Tout ce qui s'était rallié à Gauthier était ce qu'il y avait de plus brave dans la chevalerie française, et le chef qui la commandait était digne d'une pareille troupe. On eût dit que lui et son cheval étaient de fer comme leurs armures, tant ils avaient tous deux supporté de fatigues devant Mansourah sans en paraître atteints ni inquiétés. Lorsqu'il vit s'avancer les Sarrasins, il tira son épée et marcha de nouveau à eux comme si c'eût été un premier combat, criant : « A Châtillon, chevaliers ! à Châtillon, mes prud'hommes ! » Et les Sarrasins le reconnurent et le retrouvèrent tel qu'il s'était montré à eux sur le canal de l'Achmoun. Les infidèles, étonnés d'une pareille résistance lorsqu'ils croyaient tout espoir perdu pour les Français, reculèrent d'abord jusqu'aux portes de la ville. Gauthier de Châtillon profita de ce moment de trêve pour arracher de son bouclier, de sa cuirasse et de son corps, les viretons d'arbalète dont il était tout couvert, de sorte qu'en retournant à la charge les Sarrasins le retrouvèrent encore le premier à la tête de ses chevaliers, tout sanglant, mais debout et prêt à continuer le combat. Cette fois ce fut un carnage. Les Sarrasins, irrités d'une si longue lutte, revenaient avec des forces décuples de celles des Français. Tout ce qui était là fut tué. Gauthier de Châtillon tomba le dernier, percé de coups, et frappant, sans vouloir de merci, tant qu'il put lever le bras. Un Sarrasin s'empara de son épée et de son cheval mourant.

Les infidèles alors se précipitèrent vers le palais du roi. Quand Louis les entendit briser les portes, le courage du guerrier l'emporta sur la résignation du martyr; il prit son épée et se leva ; mais, presque aussitôt, il tomba évanoui. Le premier qui entra dans la chambre et qui porta la main sur lui fut l'eunuque Rechild; il fut suivi de l'émir Sufeddin Eckanieri : Louis était prisonnier.

Alors, sans respect pour le courage, pour la faiblesse, pour la majesté du martyr, ils lui mirent une chaîne aux pieds et le transportèrent sur le Nil dans un bateau de guerre, entouré de ses serviteurs prisonniers et enchaînés comme lui. Aussitôt les cors, les tambours et les cymbales retentirent de tous côtés en signe de victoire et de joie; le bruit se répandit partout que le soudan des Français était pris. Les égorgeurs cessèrent un instant la besogne qui les éparpillait dans la plaine, et accoururent sur la double rive du Nil, qu'ils remontèrent dans le désordre du triomphe, accompagnant la barque qui portait le roi, et qui était suivie elle-même de toute la flotte.

Le lendemain le roi arriva à Mansourah, fut conduit dans la maison de Fakreddin-Ben-Lokman, et remis à la garde de l'eunuque Sabib.

Le jeune sultan ne pouvait croire à une victoire aussi complète; à peine en eut-il la certitude, et la vue seule du roi captif put la lui donner, qu'il écrivit à tous ses gouverneurs pour leur annoncer cette grande nouvelle. L'Arabe Mokrisi nous a conservé la lettre de Touran-Chah à Dgemal-Eddin-Ben-Jagmour; elle peint, par la joie qu'elle exprime, la crainte qu'il avait éprouvée. La voici :

« Grâces soient rendues au Tout-Puissant qui a changé notre tristesse en joie ! C'est à lui seul que nous devons la victoire. Les faveurs dont il a daigné nous combler sont innombrables, et la dernière est la plus précieuse. Vous annoncerez au peuple de Damas, ou plutôt à tous les Musulmans, que Dieu nous a fait remporter une victoire complète sur les chrétiens dans le temps qu'ils avaient conjuré notre perte. Le lundi, premier jour de cette année, nous avons ouvert notre trésor, et avons distribué nos richesses à nos fidèles soldats. Nous leur avons donné des armes ; nous avons appelé à notre secours les tribus arabes ; une multitude innombrable de soldats se sont rangés sous nos étendards. Le soir du mardi au mercredi, nos ennemis ont abandonné leur camp avec tout leur bagage et ont marché vers Damiette. Malgré l'obscurité de la nuit, nous les avons poursuivis. Trente mille des leurs sont restés sur le champ de bataille, sans compter ceux qui se sont précipités dans le Nil. Nous avons fait périr et jeter dans le fleuve les captifs sans nombre que nous avions faits. Leur roi s'était retiré à Minieh ; il a imploré notre clémence. Nous lui avons accordé la vie et rendu les honneurs qu'exigeait sa qualité. »

A cette lettre était joint, comme don, le bonnet du roi de France, qui était tombé pendant la bataille ; il était d'écarlate, fleurdelisé d'or et fourré de petit-gris. Le gouverneur de Damas le mit sur sa tête pour lire au peuple la lettre du soudan, puis il répondit à son maître :

« Dieu, sans doute, vous destine à la conquête de l'univers, et vous allez marcher de victoire en victoire, puisque, en gage de cet avenir, vos esclaves se couvrent déjà des dépouilles que vous faites sur les rois. »

Cependant la nouvelle de la défaite s'était répandue à la fois chez les amis et les ennemis. La reine l'apprit à Damiette, trois jours avant que d'accoucher, et sa douleur fut grande ; il lui semblait à tout moment, malgré les précautions prises par le brave gouverneur, qui répondait d'elle au roi, que Damiette était prise et que les Sarrasins entraient dans sa chambre. Alors, tout endormie, elle s'écriait : « A l'aide ! à l'aide ! » Enfin, sentant combien ces terreurs pouvaient nuire à l'enfant qu'elle portait en elle, elle fit veiller auprès de son lit un vieux chevalier âgé de plus de quatre-vingts ans, qui ne lui lâchait point la main, et qui, chaque fois qu'elle s'écriait ainsi dans les songes, la réveillait en lui disant : « Madame, n'ayez garde ; je suis avec vous et vous veille. » Enfin, la nuit qui précéda le jour de son accouchement, cette terreur fut si grande, que la reine fit sortir tous ceux qui étaient dans la chambre. Puis, restant seule avec le vieux chevalier, elle descendit de son lit et se jeta à genoux devant lui, le requérant de lui accorder un don ; le chevalier aussitôt le lui octroya par serment, comme femme à qui il devait courtoisie, et comme reine à qui il devait obéissance. Alors Marguerite de Provence lui dit : « Sire chevalier, je vous requiers, sur la foi que vous m'avez donnée, que, si les Sarrasins s'emparent de cette ville, vous me couperez la tête avant qu'ils ne me puissent prendre. » Et le chevalier lui répondit : « Très volontiers, je le ferai, madame, car j'avais eu la pensée de le faire sans que vous me le demandassiez, si la chose que vous craignez arrivait. »

Le lendemain, la reine accoucha d'un fils qui fut nommé Jean, et surnommé Tristan, en mémoire de ce qu'il avait vu le jour en tristesse et en pauvreté.

Elle venait d'être délivrée à peine, lorsqu'on vint lui dire que les chevaliers de Pise et de Gênes, qui avaient leurs vaisseaux dans le port, voulaient fuir et abandonner Damiette. Or, abandonner Damiette, c'était abandonner le roi. Damiette était la seule rançon que Louis pût offrir pour sa personne ; Damiette était donc le dernier espoir de la chrétienté. Elle fit en conséquence prier les chevaliers pisans et génois de venir lui parler, et ordonna aux chambellans, toute souffrante qu'elle était, qu'ils fussent introduits auprès d'elle. Dès qu'elle les aperçut, elle se souleva sur son lit, et tendant les mains vers eux : « Seigneurs, dit-elle, au nom de Dieu, je vous supplie de ne point abandonner cette ville, car, si vous le faisiez malgré mes prières, vous savez bien que monseigneur le roi et tous ceux qui sont avec lui seraient perdus ; et, si vous ne le faites pour lui, qui ne vous est ni maître ni souverain, au nom de la Vierge et de l'enfant Jésus, faites-le pour la pauvre femme et pour le pauvre enfant que vous voyez couchés et gisans devant vous. » Tous lui répondirent qu'il était impossible qu'ils restassent plus longtemps, parce qu'ils mouraient de faim. Et alors la reine se fit apporter un coffre plein d'or, l'ouvrit devant eux, et leur dit qu'elle allait faire acheter tout le pain et toutes les viandes qui se trouvaient dans la ville, de sorte qu'à l'avenir ils seraient nourris aux dépens du roi. Moyennant cette promesse, ils restèrent, et il en coûta à la reine, pour tenir cet engagement, 370,000 livres. Ce n'était pas acheter trop cher la possession de Damiette.

Le soir, une troupe considérable d'hommes armés apparut à l'horizon, se dirigeant vers la ville. A mesure qu'ils approchaient, on reconnaissait les harnais, les armures et les bannières des chrétiens. Cependant, comme il y avait quelque chose d'étrange dans la manière dont ils s'avançaient et dans le silence qu'ils gardaient en s'approchant, le gouverneur fit fermer les portes et monter les soldats sur les murailles. En effet, à leurs visages basanés et à leurs longues barbes, Olivier de Thermes reconnut bientôt la ruse. Les Musulmans, couverts des armures chrétiennes et marchant sous les bannières saintes, avaient espéré surprendre la ville ; mais, se voyant reconnus et découverts, ils n'essayèrent pas même de poursuivre leur projet, et se retirèrent sans combattre. Cet échec eut un bon résultat, en ce qu'il prouva aux infidèles que, quoique les chrétiens connussent la prise de leur roi, ils n'en étaient point abattus et se tenaient toujours prêts à la défense.

Cependant Touran-Chah songeait à tirer parti de sa victoire, et commençait à comprendre qu'ayant entre les mains la fortune de la France, il devait l'estimer à sa valeur ; il avait calculé, non par humanité, mais par avarice, que ceux que l'on tuait ne se rachetaient pas, et il avait donné l'ordre de ne plus tuer que les pauvres gens desquels on ne pouvait espérer rançon, et de garder les chevaliers. Alors le roi apprit que quelques-uns de ceux-ci, pressés de sortir des mains des infidèles, avaient déjà entamé des négociations particulières; aussitôt il fit faire défense à qui que ce fût, même à ses frères, de conclure aucun accord, disant qu'il traiterait pour eux, puis, qu'ayant traité pour tout le monde, il traiterait pour lui; il avait amené son armée en Egypte, ajoutait-il, c'était à lui de l'en faire sortir. Le soudan vit donc que c'était au roi qu'il lui fallait avoir affaire; et, soit qu'il voulût le bien disposer en sa faveur, soit qu'il fût réellement touché de son courage, il envoya à Louis cinquante habits magnifiques, que le roi refusa, disant qu'il était souverain d'un royaume plus riche que l'Egypte, et que c'était à lui de donner et non de recevoir. Alors Touran-Chah, ayant appris que la reine était accouchée à Damiette, fit partir une ambassade chargée d'offrir de riches présens à la mère et un berceau d'or à son fils. Marguerite voulait refuser d'abord; mais elle se rappela les présens des rois Mages, qui étaient infidèles comme le soudan, et, en souvenir du divin enfant et de sa sainte mère, elle accepta.

Alors le soudan commença de marcher à son but, et fit demander à Louis s'il voulait lui rendre Damiette et les cités que les Français avaient en Palestine, disant qu'alors il serait libre. Mais le roi répondit que Damiette était à lui, il est vrai, puisque notre Seigneur avait permis qu'il la conquît sur les infidèles, mais qu'il n'avait aucun droit sur les autres villes de la Judée. Le soudan renvoya devers le roi. Les nouveaux messagers étaient chargés de lui demander s'il voulait, pour sa rançon, rendre Damiette et les châteaux de Rhodes et du Temple. Et le roi répondit qu'il ne le pouvait faire, attendu que la chose serait contre le serment accoutumé, et que les châtelains et gouverneurs de ces forteresses juraient à Dieu et à Notre-Seigneur de ne les rendre aux Sarrasins pour la rançon du corps d'aucun homme, fût-ce celui du roi. Les messagers reportèrent cette réponse à Touran-Chah.

Alors vint un émir avec des soldats; cette fois il était porteur, non plus de propositions, mais de menaces; les ambassadeurs avaient fait place aux bourreaux; ils avaient mission d'annoncer au roi que, comme il refusait tout arrangement, le soudan avait décidé de le mettre à la torture jusqu'à ce que la douleur eût obtenu de lui ce que ne pouvait obtenir la persuasion. Et Louis répondit qu'il était le prisonnier du soudan, que le soudan pouvait faire de lui ce qu'il voudrait, et que toute douleur et affliction qui lui serait envoyée par Notre-Seigneur Jésus-Christ serait la bienvenue dès qu'elle venait en son nom.

Alors les massacres recommencèrent. Les chevaliers étaient dans des pavillons, et les soldats et valets dans une immense cour ; ces derniers, qu'on avait promptement reconnus pour des gens de peu d'importance, avaient été entassés pêle-mêle entre ces murailles de terre, où rien ne les garantissait de l'ardeur du soleil, et où nul ne s'occupait de les nourrir. Et cependant ce n'était pas la maladie et la famine qui en tuaient le plus, c'était le caprice du soudan ; chaque nuit on en faisait sortir quelques centaines ; on les emmenait au bord du fleuve, où les attendait une troupe de bourreaux, et là on leur demandait s'ils voulaient apostasier ; ceux qui reniaient avaient la vie sauve; ceux qui refusaient de renier étaient égorgés et jetés dans le Nil ; puis le courant les entraînait vers Damiette, où ils portaient de terribles nouvelles de l'armée.

Cependant les conseillers du soudan, qui se composaient de la cour jeune et voluptueuse qu'il avait ramenée avec lui de la Mésopotamie, voyaient avec crainte ces retards et ces massacres. Tout ce qui pouvait prolonger la présence des chrétiens en Orient les effrayait; car ils sentaient instinctivement qu'il existait une haine sourde entre les émirs, la milice des mamelouks, fondés par le père, qui avaient tout fait dans cette guerre, et la troupe frivole des courtisans du fils, arrivés après le combat, et juste à temps pour partager les dépouilles des prisonniers qu'ils n'avaient pas vaincus, et des morts qu'ils n'avaient pas tués. Il était donc important que le soudan fût débarrassé d'un ennemi si puissant encore, tout captif qu'il était, afin d'affermir au dedans son pouvoir et de commencer véritablement son règne. De nouveaux messagers furent envoyés à Louis; ils venaient lui offrir la liberté, à la condition qu'il payerait pour sa rançon cinq cent mille livres. Mais Louis répondit qu'un roi de France ne se rachetait pas pour de l'or; que, si tel était le bon plaisir du sultan, il donnerait pour son armée les cinq cent mille livres, et pour lui la ville de Damiette. Touran-Chah trouva la proposition si digne, qu'il ne voulut point être en reste de générosité avec son captif, et qu'il s'écria lorsqu'on lui eut reporté cette réponse : « Par ma foi! le Français est libéral, qui n'a pas marchandé sur une si grande somme, mais qui octroie et paie tout ce qu'on lui demande. Allez lui dire que pour sa rançon j'accepte la ville de Damiette, et que sur celle de ses gens je lui fais remise de cent mille écus. »

Cet accord terminé, le soudan fit monter le roi et ses barons sur quatre galères, afin de les conduire à Damiette en descendant le fleuve. Arrivée à Charescour, la flotte jeta l'ancre; Louis devait y avoir une entrevue avec Touran-Chah; soit dans ce but, soit en honneur de la victoire de Minieh, un grand pavillon de bois de sapin, recouvert de toile peinte, avait été élevé au bord du fleuve. Devant ce monument il y avait un vestibule, où les émirs reçus en audience par le soudan laissaient leurs épées et leurs bâtons; ce pavillon avait, au centre des bâtimens divisés en quatre ailes, une grande cour carrée, au milieu de laquelle s'élevait une tour dont la plate-forme dépassait toutes les terrasses environnantes, et du haut de cette tour le soudan distinguait tout le pays d'alentour et les deux armées; puis, par un berceau de treilles doublé de riches étoffes de l'Inde, on communiquait de ce pavillon au Nil, et ce passage était réservé au jeune soudan lorsqu'il voulait aller se baigner dans le fleuve.

Les chrétiens arrivèrent devant ce palais improvisé, le jeudi d'avant la fête de l'Ascension de Notre-Seigneur; aussitôt arrivé, le roi fut conduit à terre et reçu par le soudan. C'était un beau jeune homme de vingt-quatre à vingt-cinq ans, de la famille des Ayoubites, Curde d'origine et dernier descendant de la postérité de Salah-Eddin; élevé, comme nous l'avons dit, loin de son père, qui, arrivé au trône par usurpation, avait craint pour lui le sort qu'il avait fait à son frère. Le jeune prince, dans son exil aux bords de l'Euphrate, avait pris ces habitudes de mollesse et d'insouciance léguées par les Assyriens aux peuples qui leur ont succédé. Comme nous l'avons vu dans ses différentes relations avec le roi, il ne manquait pas d'une certaine élévation de caractère; mais elle se montrait sans continuité, sans direction, et par lueurs passagères et rapides comme des éclairs.

La première chose qu'il avait faite en arrivant au Caire, avait été de demander compte à la sultane Cheger-Eddur des trésors de son père, qu'il avait aussitôt distribués entre ses favoris : acte doublement impolitique, en ce qu'il ruinait l'État pour enrichir des hommes inutiles, et qu'il mécontentait ceux qui venaient de sauver l'Égypte à Mansourah. Ceux-ci, les mameloucks baharites, formaient à cette époque une milice de huit cents cavaliers, commandés par Bibars, qui, ainsi que nous l'avons dit, avait été proclamé émir sur le champ de bataille en remplacement de Fakreddin. Or, cette milice, qui se perpétua jusqu'à nos jours, qui disposa pendant sept siècles de la vie des différens soudans qui se succédèrent en Égypte, avait été fondée par Nedjm-Eddin, père de Touran-Chah, un jour qu'au siége de Naplouse il avait été lâchement abandonné par ses troupes, et soutenu par les esclaves, turcs d'origine, que lui avaient vendus des marchands syriens. Reconnaissant de ce courage et de ce dévouement, qu'il n'avait pas droit d'attendre de la part de gens achetés, il les combla de bienfaits, les éleva aux premières dignités, et comme il venait de faire bâtir un palais dans l'île de Roudah, il leur en confia la garde. De pareils hommes étaient à craindre. Aussi les conseillers les plus sages du nouveau roi lui recommandaient-ils toujours de les ménager; mais lui, jeune, sans expérience des hommes ni des choses, porté tout à coup, et comme par un tourbillon, de l'exil au trône, arrivé en Égypte pour voir tomber devant lui l'armée la plus brave de la chrétienté, riait de ces conseils, donnés le plus souvent au milieu d'une orgie, et, tirant alors son sabre, il faisait voler avec le tranchant l'extrémité des bougies qui éclairaient le repas, et disait, pour toute réponse : « — C'est ainsi que je traiterai les esclaves baharites. » Tel était l'homme qui régnait alors en Égypte, et qui disposait des destinées du roi Louis et des premiers princes et barons de la France. Cependant, esclave de sa parole, en digne fils du prophète, il renouvela avec son royal prisonnier les conditions arrêtées, et il fut convenu que, le samedi suivant, c'est-à-dire le surlendemain, le roi rendrait Damiette. Ce point établi, Touran-Chah voulut retenir Louis à un grand dîner qu'il donnait le jour même aux

Mamelouks ; mais le roi, pensant que cette invitation lui avait été adressée non pas pour lui faire honneur, mais pour l'exposer à la curiosité de ses vainqueurs, refusa, malgré les instances du prince, et retourna sur sa galère, rapportant aux chevaliers l'heureuse nouvelle que toutes les conventions étaient réglées définitivement aux termes convenus entre les messagers, et que le samedi suivant ils seraient libres. Ce fut une grande joie alors parmi tous les prisonniers, qui, après s'être vus si près de la mort ou de la captivité éternelle, ne pouvaient croire à leur délivrance.

De son côté, Touran-Chah n'avait jamais été si fier et si joyeux : il était maître souverain du royaume d'Egypte, l'un des plus antiques, l'un des plus beaux et des plus riches de la terre ; chef d'une milice si brave, qu'elle venait de vaincre une armée dont aucune nation n'eût attendu le choc sans frémir. Enfin, aux trésors de son père, que lui avait remis la sultane, il allait joindre 400,000 écus d'or que devait lui payer le roi. C'était une merveilleuse féerie, c'était un conte des *Mille et une Nuits* digne d'être ajouté aux contes arabes les plus incroyables et les plus dorés.

Un souffle fit écrouler toute cette Babel, qui, en tombant, écrasa Touran-Chah sous ses débris.

Pendant le dîner, le soudan n'avait point remarqué les conversations à voix basse des mamelouks et les coups d'œil échangés entre les convives. Lorsque le moment de quitter la salle du repas fut venu, il se leva en chancelant et demanda à Bibars son sabre, qu'il avait déposé en entrant dans la chambre : or, comme l'émir n'obéissait pas, Touran-Chah renouvela sa demande d'une voix impérieuse. En ce moment Bibars tira le sabre du fourreau, et, frappant le bras du soudan étendu vers lui, il lui fendit la main entre le troisième et le quatrième doigt. Le soudan, blessé profondément, leva sa main ensanglantée, et, se retournant vers les autres émirs : « — A moi ! cria-t-il, à moi ! vous voyez que l'on veut me tuer. » Mais ceux-ci tirant leurs sabres à leur tour, lui répondirent : « — Nous ne te faisons que ce que tu voulais nous faire ; et mieux vaut que tu meures, toi qui es un lâche, que nous qui sommes des braves. » Alors Touran-Chah vit que ce n'était pas une vengeance individuelle, mais une révolte générale. Il se précipita sur l'escalier, gagna la tour qui s'élevait au milieu du préau, et referma les portes derrière lui. Bibars, craignant que le reste de l'armée ne vînt secourir le soudan, moins encore peut-être par amour pour lui que poussée par cette haine instinctive des soldats pour les corps privilégiés, sortit du pavillon, et, s'adressant aux chevaliers sarrasins et aux Arabes, il leur annonça à haute voix que Damiette était prise, et leur ordonna, au nom du soudan, qui allait s'y rendre, de l'y précéder. Les guerriers sarrasins et les soldats arabes n'eurent aucun soupçon de la ruse, et, montant à cheval, ils s'élancèrent tous à l'envi l'un de l'autre. Les mamelouks restèrent seuls.

Les chrétiens, effrayés de cette course précipitée, et croyant que la nouvelle de la prise de Damiette était vraie, virent alors un étrange spectacle. A peine l'armée eut-elle disparu, que les pavillons qui enfermaient la tour furent abattus comme par enchantement, laissant à découvert toute la milice des Mamelouks menaçante et en armes. A l'une des fenêtres de cette tour était le soudan, agitant sa main sanglante et demandant merci. Les chrétiens commencèrent alors à comprendre qu'une de ces révolutions militaires, si communes en Orient, allait se dénouer devant eux.

Le soudan priait et implorait toujours, et Bibars, devenu à son tour le maître, lui ordonnait de descendre; mais Touran-Chah ne voulait pas le faire que les émirs ne lui eussent promis la vie sauve. Alors, jugeant inutile de prendre cette tour, dans laquelle ils craignaient de trouver quelques soldats fidèles disposés à défendre le sultan, les révoltés formèrent un grand demi-cercle qui enfermait la tour entre eux et le Nil, et lancèrent sur le dernier asile du malheureux soudan une pluie de flèches ardentes. Les croisés, placés au milieu du fleuve, ne perdirent aucun des détails de la scène. La tour, comme nous l'avons dit, était de bois et de toiles peintes ; elle s'enflamma sur tous les points attaqués par le feu grégeois avec une rapidité effroyable; en un instant le soudan se trouva au milieu des flammes; la tour brûlait à la fois par la base et par le faîte; les flammes montaient et descendaient, menaçant de se rejoindre. Touran-Chah, menacé à la fois au-dessus et au-dessous de lui, monta sur le rebord de la fenêtre, où il parut un instant hésitant et suspendu; puis, comme l'incendie n'était plus qu'à quelques pieds de lui et allait l'atteindre, il s'élança de la hauteur de vingt pieds, et, étant tombé sans se faire aucun mal, il se précipita vers le Nil, n'ayant plus d'espoir et de secours à attendre que des prisonniers, que la veille encore il menaçait d'une captivité éternelle ou de la mort.

Bibars vit son intention et s'élança à sa poursuite : avant qu'il n'eût gagné le fleuve, il le joignit et lui donna un second coup d'épée dans le côté; Touran-Chah n'en continua pas moins sa course, se jeta dans le Nil et se mit à nager vers les galères. Tous les chrétiens étaient attentifs à cette odieuse lutte; instinctivement et généreusement ils excitaient le fugitif de leurs cris, et déjà le soudan se croyait sauvé, lorsque Bibars et six autres mamelouks, se dépouillant de leurs habits, s'élancèrent à sa poursuite, le poignard entre les dents. Touran-Chah, quoique affaibli par ses deux blessures, faisait des efforts inouïs pour leur échapper; mais comme, en s'éloignant du bord, le courant était plus rapide, ses vêtemens ralentirent ses mouvemens. Les assassins le rejoignirent, et, malgré ses cris et ses supplications, ils le poignardèrent sans pitié; puis, le traînant sur la plage, l'un des émirs, nommé Fares-Eddin-Octaï, lui ouvrit la poitrine, en tira le cœur tout sanglant, et le montrant aux mamelouks : « — Voilà, dit-il, le cœur d'un traître; qu'il soit mangé par les chiens et par les oiseaux. » Et il le jeta loin de lui, pour que cette condamnation reçût son accomplissement : personne ne songea à le ramasser, et sans doute il fut fait par les animaux de proie ainsi qu'il avait été décidé par les hommes.

Alors les chefs des mamelouks se jetèrent, au nombre de trente, dans une barque, et se firent conduire aux galères des prisonniers. Fares-Eddin-Octaï, accompagné de deux ou trois hommes, monta sur le vaisseau de Louis, et se présentant à lui, la main tout ensanglantée : « — Roi des Francs, lui dit-il, que me donneras-tu pour t'avoir délivré d'un ennemi qui te trahissait, et qui, après t'avoir repris Damiette, t'aurait fait mettre à mort? » Mais Louis ne répondit rien, soit qu'il ne comprît pas ce que lui disait le meurtrier, soit que le roi lui-même ne voulût point paraître approuver l'assassinat d'un autre roi. Alors l'émir, prenant ce silence pour du mépris, tira le poignard qui venait d'ouvrir la poitrine de Touran-Chah, et, l'appuyant sur le cœur du roi : « — Roi des Francs, lui dit-il, ne comprends-tu pas que je suis maître de ta personne? » Louis croisa les bras et sourit dédaigneusement. La colère monta comme une flamme au visage de l'assassin. « — Roi des Francs, cria-t-il d'une voix altérée par la colère, fais-moi chevalier, ou tu es mort. — Fais-toi chrétien, lui répondit le roi, et je te ferai chevalier. »

Soit qu'Octaï n'eût pas réellement de mauvaises intentions contre son prisonnier, soit que ce calme lui en imposât, il ne répondit rien, remit lentement son poignard dans le fourreau et sortit du navire.

Il trouva tout en confusion sur la galère de Joinville; les autres émirs y étaient montés avec des cris et des menaces, ayant leurs épées nues à la main et leurs haches d'armes au cou. Joinville demanda alors à messire Baudouin d'Ibelin, qui entendait la langue sarrasine, ce que demandaient ces furieux. Le chevalier répondit qu'ils venaient pour couper la tête des prisonniers, s'il fallait en croire ce qu'ils disaient. Joinville se retourna et vit une troupe de ses gens qui se confessaient tous ensemble à un religieux de la Trinité : cela lui confirma la vérité de ce que venait de lui annoncer messire Baudouin ; mais comme il ne se rappelait avoir commis aucun péché, il s'agenouilla devant un mamelouk, et, tendant le cou, il fit le signe de la croix, et, résolu à son sort, il dit seulement : « — Ainsi mourut sainte Agnès. » Or, pendant qu'il était à genoux, messire Guy d'Ibelin, connétable de Chypre, qui était dans la même posture, attendant la mort comme lui, lui demanda qu'il voulût bien recevoir sa confession. Joinville y consentit, et, lorsqu'il eut fini, lui accorda l'absolution qu'il pouvait lui donner ; mais, de tout ce qu'il avait entendu, le bon sénéchal avoue lui-même qu'il ne se rappela point un seul mot, une fois relevé. Ce fut en ce moment qu'Octaï parut et ordonna que pas un seul coup de sabre, de hache ou de poignard ne fût donné. Les mamelouks obéirent, et les chrétiens se retirant tous ensemble, et pressés comme un troupeau de moutons, vers la poupe de leur galère, ils tinrent conseil à la proue ; puis, la décision arrêtée, ils redescendirent dans leur barque et se firent conduire au vaisseau du roi.

Cette fois, leur manière d'y aborder fut toute différente ; ils montèrent en silence sur le pont et se présentèrent respectueusement à Louis ; ils lui dirent qu'il n'arrivait rien que par le jugement de Dieu, qui, lorsqu'il voulait un événement, en préparait d'avance les causes ; qu'il fallait donc que les chrétiens oubliassent ce qui venait de se passer sous leurs yeux ; que ce qui était fait était fait, et que la seule chose que les mamelouks exigeassent du roi, c'était l'accomplissement du traité fait avec le soudan. Le roi répondit qu'il était prêt à le tenir ; mais les mamelouks pensèrent alors que les sermens du roi avaient été faits à Touran-Çhah, et non à son successeur ; de sorte qu'il fallait que ces promesses fussent renouvelées. Le roi y consentit, et, de part et d'autre, des négociateurs furent nommés pour rédiger la formule des nouvelles conventions.

Il fut stipulé que les sermens que devaient prêter les mamelouks seraient au nombre de trois et conçus en ces termes :

Le premier, que, s'ils ne tenaient au roi leurs conventions et promesses, ils voulaient être honnis et déshonorés à l'égal du musulman qui, à cause de ses péchés, est condamné à faire, tête nue, le pèlerinage de la Mecque ;

Le second, que, s'ils ne tenaient pas leurs conventions et promesses, ils voulaient être honnis et déshonorés à l'égal du musulman qui, ayant répudié sa femme, la reprend après avoir vu un autre homme couché près d'elle et dans son lit ;

Le troisième, que, s'ils ne tenaient pas leurs conventions et promesses, ils consentaient à être honnis et déshonorés à l'égal du musulman qui mange de la chair de porc.

Les émirs firent les sermens demandés ; puis, à leur tour, ils présentèrent par écrit ceux qui devaient être prononcés par le roi ; il y en avait deux : ils avaient été rédigés par des apostats. Les voici :

Le premier, que, si le roi ne tenait pas ses promesses et ses conventions, il consentait d'être à jamais séparé de la compagnie de Dieu, de sa digne mère, des douze apôtres et de tous les autres saints et saintes du paradis ;

Le second, que, si le roi ne tenait pas ses promesses et ses conventions, il serait réputé parjure comme le chrétien qui a renié son Dieu, son baptême et sa foi, et qui, en mépris de Dieu, crache sur la croix et la foule aux pieds.

Louis répondit aux messagers des émirs qu'il était prêt à prononcer le premier serment, mais qu'aucune puissance humaine ne lui ferait jurer le second, qui était un blasphème.

A cette réponse, il s'éleva un grand tumulte dans l'assemblée ; car tous s'écriaient à la fois qu'ils avaient juré tout ce que le roi avait voulu, tandis qu'à son tour le roi refusait le serment qu'il avait promis de faire. Un des messagers dit alors qu'il savait bien d'où venait l'empêchement et l'hésitation, et que c'était, non pas du roi, mais du patriarche de Jérusalem, qui était son conseiller. Aussitôt les émirs montèrent de nouveau dans une barque, et se rendirent pour la troisième fois au vaisseau de Louis. Ils le trouvèrent toujours ferme et calme, quelques menaces qu'ils lui fissent ; puis, voyant que rien ne pouvait l'ébranler, et croyant, comme l'avait dit le messager, que c'était le patriarche de Jérusalem qui l'affermissait ainsi par ses conseils, ils se saisirent de ce prêtre, et quoique ce fût un beau et vénérable vieillard de quatre-vingt-six ans, ils l'attachèrent à un poteau, et devant le roi ils lui serrèrent les mains avec une corde, de telle force que ses mains enflèrent et que le sang en jaillit. Mais le martyre des autres ne put avoir d'influence sur celui qui était prêt à le subir lui-même, et quoique le patriarche, vaincu par la douleur, lui criât : « — Jurez, sire, jurez hardiment, j'en prends le péché sur moi et sur mon âme ; » le roi lui répondit qu'il valait mieux mourir en bon chrétien que de vivre dans le courroux de Dieu et de sa mère. Enfin les Musulmans, voyant que le vieillard était évanoui et que Louis ne voulait pas jurer, le détachèrent, et dirent qu'ils se contenteraient de la parole du roi, mais que c'était bien le plus fier chrétien que l'on eût jamais vu en Orient.

Le soir même, Louis envoya un messager à la reine ; il lui ordonnait de partir pour Aix à l'instant même, car Damiette devait être livrée le surlendemain. Marguerite reçut le message, souffrante et alitée des suites de sa couche; mais aussitôt elle se leva, préférant risquer sa vie à l'horreur de se voir, ne fût-ce qu'un instant, à la merci des infidèles; de sorte que, lorsque le roi arriva le lendemain au pavillon qu'il avait fait tendre à quelque distance des murailles, sa femme et son fils étaient déjà en mer, et par conséquent en sûreté.

Damiette était libre; il n'y restait plus que les malades, qui devaient demeurer en otage jusqu'à ce que le roi, qui payait comptant deux cent mille livres, c'est-à-dire la moitié de la somme convenue, eût renvoyé d'Aix le reste de sa rançon. Les Sarrasins entrèrent, au soleil levant, dans la ville, conduits par messire Geoffroy de Sargines, qui remit les clefs de la ville aux mains des amiraux; puis l'on commença de faire le payement des 200,000 livres.

Cette opération se faisait au poids et dans des balances; chaque pèsement était de 10,000 livres. Cela dura depuis le samedi matin jusqu'au dimanche à trois heures du soir; et afin que les choses se fissent d'une manière loyale, le roi y avait assisté pendant tout le temps. Les dernières 10,000 livres pesées, Louis rentra dans sa tente et s'occupa des préparatifs de son départ. Il allait quitter le rivage, lorsque messire Philippe de Montfort, qui avait été chargé de livrer l'argent, lui dit qu'il avait fraudé les Sarrasins d'une balance; alors le roi, malgré les supplications de ses gens, qui le voyaient avec terreur se remettre aux mains des infidèles, rentra dans sa tente, fit rouvrir un coffre et renvoya les 10,000 livres.

Le lendemain, Louis, ayant fidèlement rempli ses promesses comme roi et comme chrétien, quitta, avec trois galères et cinq cents chevaliers seulement, cette terre d'Égypte, qu'il avait abordée avec onze cents vaisseaux, neuf mille cinq cents chevaliers et cent trente mille fantassins.

Dix-huit ans après, un poëte arabe, nommé Ismaël, ayant appris que Louis se préparait à une seconde croisade contre l'Afrique, fit les vers suivans :

« Français, ignores-tu que Tunis est la sœur du Caire? Songe au sort qui t'attend. Tu trouveras dans cette ville le tombeau au lieu de la maison de Fakreddin-Ben-Lokman, et les deux anges de la mort, *Munkir* et *Nakir*, remplaçant l'eunuque Sahil, viendront te demander qui est ton Seigneur, qui est ton prophète. »

Louis partit pour Tunis, et la prédiction du poëte fut accomplie le 25 août 1270.

La maison de Fakreddin-Ben-Lokman, qui servit de prison à saint Louis, s'élève encore, ombragée de palmiers séculaires, sur la rive gauche du Nil, qu'elle domine majestueusement; trois croisées immenses, composées, au lieu de verres, de fuseaux tournés, capricieusement agencés les uns dans les autres, dominent une porte ronde, dont l'archivolte est enrichie de pierres rouges et blanches alternées; la partie gauche de la maison est flanquée d'une petite construction basse, percée d'une seule ouverture dont la dimension ne mérite pas le nom de croisée; c'est la modeste chapelle dans laquelle le saint roi priait; l'émir, cédant au scrupule pieux de son prisonnier, la fit édifier, afin que Louis pût réciter ses prières dans un lieu dont l'entrée était interdite aux musulmans. Nous fîmes halte un instant devant la maison consacrée; puis nos rameurs reprirent avec insouciance leurs chants de la veille, et la djerme vola, doublement emportée par les rames et par le courant. La nuit nous surprit sans nous arrêter; lorsque nous nous réveillâmes, le lit du fleuve s'était visiblement élargi, et les murailles blanches de Damiette nous apparaissaient au-dessus du rideau de feuillage qui borde le Nil. Cette ville, située à deux lieues plus haut que ne l'était l'ancienne, a l'aspect italien : les maisons sont grandes et belles ; celles qui bordent les quais ont toutes des terrasses entourées de treillages verts, qui produisent le plus agréable effet.

Nous étions à peine descendus chez le vice-consul de France, que déjà Toualeb, Béchara et tous nos fidèles Arabes étaient auprès de nous. Ils venaient prendre nos ordres pour nous conduire par El-Arisch et le désert jusqu'à Jérusalem ; mais la récente expérience que nous venions de faire de l'allure par eau nous avait tellement charmés, ce moyen de transport nous semblait si préférable à celui que nous promettaient les Arabes, et notre avis fut si complétement adopté par monsieur Linant et par le vice-consul, qu'il fut résolu que nous irions par mer jusqu'à Jaffa.

Nous quittâmes nos Arabes comme de vieux et véritables amis, et ce ne fut pas sans un serrement de cœur que nous jetâmes un dernier regard sur nos dromadaires, qui, agenouillés et immobiles, avec leurs yeux de gazelle tournés vers nous, semblaient protester contre ce que nous disions de la rudesse de leurs mouvemens. Bientôt cependant ils nous prouvèrent qu'ils n'avaient oublié aucun de leurs agrémens ; ils se relevèrent en deux temps, selon le classique usage du désert, et emportèrent leurs cavaliers avec un petit trot capable de désarçonner un cuirassier.

Les préparatifs furent bientôt terminés pour notre petite traversée; la djerme que nous avions nolisée avait environ vingt pieds de longueur; trois marins turcs la conduisaient, c'est-à-dire trois graves personnages exclusivement occupés à fumer dans de longues chibouques d'excellent tabac de Lafakié.

Afin de profiter de la brise du matin pour passer le Boghaz (l'embouchure du Nil), nous quittâmes Damiette à six heures.

Au moment de pousser au large, un Turc s'approcha du baron Taylor et lui demanda l'hospitalité du passage jusqu'à Jaffa. La joie du solliciteur fut extrême quand on lui dit que sa demande était accordée. Il entra dans la barque, et s'empressa d'organiser une chibouque avec le tabac de nos marins ; puis, se joignant au groupe, il s'en éleva bientôt une colonne de fumée qui put faire supposer à ceux qui nous voyaient marcher ainsi sans apercevoir personne aux manœuvres, que nous allions par le moyen de quelque vapeur nouvelle.

Les bords du Nil, près de l'embouchure, sont rians et plantés de rizières ; les arbres sont plus rares à mesure que l'on avance ; mais la configuration des rives ne change pas ; elles suivent une pente insensible jusqu'à la mer ; en quelques endroits le fleuve a trois quarts de lieue de large ; en d'autres il se rétrécit jusqu'à n'en avoir plus qu'un quart ; à l'embouchure il peut avoir, au jugé, une lieue et demie.

Les courans sont rapides, et le fond, rempli de roches à fleur d'eau, présente les plus grandes difficultés. Le patron de la djerme, nonchalamment étendu, donnait ses ordres aux deux matelots; deux fois il nous jeta contre les brisans, et je lui dois cette justice, qu'il ne parut pas le moindrement ému du danger que nous courions. A neuf heures nous étions en pleine mer, glissant sur la surface unie, poussés par une brise fraîche qui venait de terre.

C'était le dernier adieu de l'empire des Pharaons, le dernier soupir de cette mystérieuse Egypte, qui bientôt ne domina plus la mer que d'un mince filet de verdure semblable à un serpent marin, et, quand vint le soir, disparut dans un ciel de pourpre et d'or. Nos yeux furent tournés vers ce point étincelant jusqu'à ce que le voile de la nuit, en descendant, eût rendu tous les horizons semblables. Nous cessâmes enfin de voir; mais nos yeux ne se fermèrent pas, l'ardeur de l'attente nous tint éveillés : au jour nous devions saluer la *Terre Sainte.*

FIN DE QUINZE JOURS AU SINAI.

TABLE DES MATIÈRES

ÉMILE COLIN. — IMPRIMERIE DE LAGNY

www.ingramcontent.com/pod-product-compliance
Ingram Content Group UK Ltd.
Pitfield, Milton Keynes, MK11 3LW, UK
UKHW020106200726
13856UKWH00002B/397